U0856578

浓缩哈佛精华，挑战教育极限

上哈佛

从娃娃抓起

王铁梅◎编著

天津科学技术出版社

图书在版编目(CIP)数据

上哈佛从娃娃抓起 / 王铁梅编著.—天津:天津科学技术出版社,2010.8

ISBN 978-7-5308-5976-6

Ⅰ.①上… Ⅱ.①王… Ⅲ.①家庭教育 Ⅳ.①G78

中国版本图书馆 CIP 数据核字(2010)第 166621 号

责任编辑:张 萍

责任印制:白彦生

天津科学技术出版社

出版人:蔡 颢

天津市西康路 35 号 邮编 300051

电话(022)23332398(事业部) 23332697(发行)

网址:www.tjkjcbs.com.cn

新华书店经销

北京雷杰印刷有限公司印刷

开本 710×1 000 1/16 印张 17.5 字数 211 000

2010 年 10 月 第 1 版第 1 次印刷

定价:32.00 元

前 言

享有“先有哈佛，后有美国”盛誉的哈佛大学，既在常春藤盟校中居于首位，又在世界著名高等学府排名榜上始终位居前列。

自创办以来，哈佛培养了8位美国总统、34名诺贝尔奖获得者和32名普利策奖获得者；造就了一大批世界级的学术大师，像诺伯特·德纳、拉尔夫·爱默生、亨利·梭罗、亨利·詹姆斯、查尔斯·皮尔士、罗伯特·弗罗斯特、威廉·詹姆斯、杰罗姆·布鲁纳、乔治·梅奥等；培育了一代代华人科学家、作家和学者，像胡刚复、竺可桢、杨杏佛、赵元任、陈寅恪、林语堂、梁实秋、梁思成、江泽涵等。

哈佛之所以能够长盛不衰地屹立于世界著名高等学府之林，是因为它能够秉承革故鼎新、质量并重、教研结合和内外协作的办学理念。

从仿效英、德到独创新制，由只学固定课程到采取自由选修制、集中与分配制、普通教育制，以至形成以普通教育为基础、以集中与分配为指导的自由选修制等，无一不是哈佛革故鼎新的结果。

由初创时的教师1人、学生4名，到如今的教师2000余人、学生近20000名，哈佛在“量”方面的增长是惊人的，但哈佛在“量”方面急速增长的同时也没有忽视在“质”方面的提升。为此，哈佛不仅不断充实和完善设备，而且十分重视人的素质，严选教师，精挑学生。

哈佛的教师都有科研任务，哈佛的高年级学生或成绩优异者也在学习的同时从事一定的科研工作。哈佛的图书馆和博物馆，既是为教学与科研服务的机构，本身也从事教学与科研工作。哈佛做到了教学与科研相结合，两者相互促进，相得益彰。

哈佛不仅内部各单位息息相通，使学生可以自由交叉注册，进行跨系跨学科学习，而且又同麻省理工学院等名牌大学和有影响的科研机构通力合作，使哈佛人能够分享尽可能丰富的资源、拥有最大限度的学术自由。

可以毫不夸张地说，在世界上所有高等学府之中，自近代以来，若论及对世界文化、政治、经济、教育等领域产生最为深远、广泛和持久影响的话，非哈佛莫属。如此卓越的一所高等学府，自然会是诸多学子的理想所在，也会是众多父母的期望所在。

哈佛如此卓越，自然要选择卓越的人才进行培育。娃娃要成为卓越的人才，首先要拥有渊博的知识和较强的求知能力。为此，父母需要从快乐学习、自主学习、爱好写作、创新能力、审美能力、特殊天赋等方面培养娃娃。其次，要能够善于与人合作。为此，父母需要从诚实守信、谦让虚心、乐观积极、与人交往、礼貌待人、关爱他人、宽容待人等方面培养娃娃。再次，要能够精于处理事务。为此，父母需要从珍惜时间、自我管理、正视挫折、充满自信、热爱劳动、善于理财等方面培养娃娃，从而使孩子成为卓越的人才，实现进入哈佛等世界名校深造的理想。

由于编写时间和编者水平有限，如若存在不妥之处，恳请不吝指正。

——编者

目 录

第一章 哈佛大学的素质教育

在世界著名高等学府中，哈佛大学的素质教育被公认为最成功的。哈佛大学能够广受称赞，这不是偶然的现象，而是她一贯严格执行高质量的择生标准和始终秉承先进的教育理念的必然结果。

哈佛大学的择生标准

哈佛大学在招生时，并不特殊偏爱那些功课成绩最好的学生，更看重的是学生的综合能力和整体素质。哈佛大学认为，学生在某些方面的能力非常突出固然是值得看重的，但是具备能够实现全面发展的能力却是必不可少的。

哈佛大学对申请就读学生的语言能力方面的要求是很高的。语言能力既包括书面表达能力，也包括口头表达能力。对于中国申请进入哈佛就读的学生而言，口头表达能力常常是一个瓶颈，因为英语并非中国学生的母语，又加上绝大部分学生只有在课堂上才能说两句英语，使得中国学生的英语口头表达能力普遍偏差。基于此，那些有意向申请到哈佛就读的学生，在平时的学习和生活中要尽可能地为自己创造进行口头表达能力训练的机会，有意识地提高口头表达能力。

哈佛大学对申请就读学生的数学能力也是有一定要求的。对于中国学生来说，数学能力一般是不成问题的。中国的中学数学教育传授给学生的知识的难度远远大于美国的中学数学教育传授给学生的知识的难度，这是众所周知的。需要提醒中国学生的是，在学习数学的过程中，我们往往犯了过于注重结果的错误。其实，对于数学的学习而言，更重要的是方法的掌握。掌握了数学方法，学习数学就能收到事半功倍的效果。

哈佛大学对申请就读学生的获奖情况也是十分重视的。中国学生在校期间常常因为功课好而获得各种各样的奖励，但是，这不是哈佛大学特意关注的获奖方面。哈佛大学更为看重的是诸如文学、艺术、体育等方面的获奖情况。通常情况下，能在这些方面获奖的学生都是兴趣比较广泛的学生，而这正是哈佛大学所需要的。只有不光会死读书，全面地培养兴趣的学生才能够健康成长，才能够获得较好的发展前景。

如果申请就读哈佛大学的学生有丰富的社会实践，那么他（她）就又增加一个申请成功的筹码。热心于社会实践的学生，可以培养自己的公民意识、团队合作意识、与人交往能力，能够更轻松自如地处理人与人之间的关系，应对各种各样突发的情况。这一点显然也是哈佛大学非常看重的。

具有良好诚信声望的学生也比较容易获得就读于哈佛大学的机会。无论何种时代，无论何种国度，都莫不反复强调诚信的重要性。这主要是因为诚信是一个人之所为为人最起码的条件。但是，诚信说起来容易，做起来却相当不容易。因此，申请就读哈佛大学的学生，对于提供的材料，一定要做到完全真实，不存在半点虚假的成分。否则的话，哈佛大学一旦发现申请者存在诚信问题，不管申请者多么优秀，如何出色，都会毫不迟疑地予以否决。

哈佛大学的教育理念

一般大学采取的是专才教育模式，而哈佛大学采取的却是通识教育模式。哈佛大学采取的通识教育模式，是基于哈佛大学的通识教育理念而建立的。

哈佛大学创建于1636年，办学伊始，哈佛大学吸收的是英德等欧洲大学的传统的教学理念，借鉴的也是他们的传统的教学模式。到了19世纪，世界各地纷纷建立起来了研究型大学。虽然专业化的研究越来越精细和发达，但是人们发现大学正在沦为一种培养专业技能的场所，这是非常不利于大学自身发展的。在这样的教育背景下，哈佛大学为了谋求更大的发展，形成了通识教育理念，开创了通识教育模式。

所谓通识教育，是指让学生和教师在日益专业化的教育背景下共同思考社会生活中存在的重大问题。

正如所有事物总是在不断发展变化的一样，通识教育也不是一成不变的，也需要随着时代的发展和环境的改变而做出相应的调整。比如说，在第二次世界大战期间，基于对抗反动的法西斯思想和进步的共产主义思想，维护资本主义文明的价值理念，哈佛大学出现了“自由社会的通识教育”；在20世纪70年代，哈佛大学开始强调教授学生“方法”，而非“知识”，因为相对于知识的获取来说，方法的习得更为重要，学生掌握一定的方法就可事半功倍地获得所需要的知识，而学生即使掌握了丰富的知识，但没有掌握一定的方法，至多是成为一个能够“走动的图书馆”而已。

哈佛大学通识教育的革新主要体现在“核心课程”的更新方面。不断地进行自我批评从而不断地进行自我完善，是哈佛大学的优良传统之一。每隔若干年，哈佛大学都会重新审视自己的过去，对其中的缺点加以改善，同时对其中的优点加以吸收。就哈佛大学目前的课程设置现状来说，哈佛大学的许多课程已经超出了通常意义的学科分类，在更大的范围内实现了学科间知识的交融与贯通。

哈佛大学贯彻通识教育理念和实施通识教育模式是有着自己的教育目标的,那就是培养出能够为社会作出最大贡献的人才。那么,具体体现在哪些方面呢?

首先,实施通识教育是为了使学生更充分地“认识自我”。接受传统思想文化的影响和经典艺术作品的熏陶是需要的,但这还只是学生被动地受到客观情况影响。学生只有从主观上认识所接触到的事物,才能够实现从量的积累到质的突破。

其次,实施通识教育是为了使学生树立正确的伦理道德观念。哈佛大学认为,学生对伦理道德形成正确的认识比掌握丰富的知识复杂重要得多。培养学生批判性地思考问题,明白应该选择什么样的生活,这是哈佛大学一直致力做的。哈佛大学的学生毕业时大都能够蜕变为具有独立思考能力的个体,就是哈佛大学通识教育取得成就的明证。

再次,实施通识教育是为了将学生培养成为一名合格的公民。立足于美国的客观情况,哈佛大学致力于将学生培养成为具有民主意识的公民,让学生了解当代世界的政治、经济、科学、文化和教育等方面的现状和演变趋势。

最后,实施通识教育是为了培养学生应对各种各样突发事件和复杂问题的能力。学生在学校有针对性地接受职业教育,有益于实现从学校到社会的人生角色的转变。但是,如果学生想在社会上作出更大的贡献,那么学生应该首先掌握的是应对各种各样突发事件和复杂问题的能力。

将哈佛教育理念与早期教育相结合

哈佛大学的教育理念无疑是先进的。但是,对于我们中国学生和家长而言,了解哈佛大学的教育理念的目的是为了将其融入孩子的早期教育中去，也是为了让孩子尽可能早地理解哈佛大学的教育理念，更是为了让孩子实现进入哈佛大学深造的理想。

父母在对孩子进行早期教育时要关注孩子自我认识能力的培养。孩子掌握了基本的文化知识,就能够具有进一步学习的能力,但是拥有能力并不代表就一定会取得进步，因为能否取得进步还取决于孩子是否有运用这种能力的想法和愿望。孩子既拥有了相应的能力,又具备了求取进步的想法和愿望,才能够算是接受了较为优良的早期教育。

孩子步入社会需要具备基本的为人处世能力。这不是说父母要将孩子培养成为巧舌如簧的辩士,而是说父母要让孩子具备诸如诚实守信、谦虚忍让、乐观积极、礼貌待人、关爱他人和宽容待人等良好的社交观念。

父母应当让孩子掌握书本的知识，这是孩子进一步深造的前提。但是,孩子仅仅掌握书本上的知识是远远不够的。除此之外,孩子还要关心国际政治格局演变、世界经济形势变化、全球科学技术更新等方面的资讯,养成立足于全球、从大处着眼分析问题的习惯。

当今社会,经济形势日新月异,政治局势风云变幻,这使得我们不时会遇到突发的事件和难以处理的复杂问题。孩子具备处理突发事件和复杂问题的能力，就可以更轻松地处理学习和生活中遇到的问题，就能够更快地融入社会,就容易成为一个表现优异的学生。

总而言之,父母将哈佛教育理念与早期教育相结合,在以上所述的方面努力培养孩子，就很容易让孩子达到哈佛大学的择生标准,让孩子顺利进入哈佛大学就读。

下面,我们将分十九章,具体讨论培养孩子上哈佛的方方面面。

第二章 快乐学习——让孩子在快乐中学习

学习不应成为令孩子苦不堪言的煎熬过程，而应成为使孩子接受新知识的享受过程。不少为人父母者，由于受到自身已有的不如意的求知经历的影响，存在着对学习的不正确看法。不得不说的是，之所以出现如此的局面，通常情况下，是因为他们在学习中注入了过多的功利因素。

让孩子健康地成长是每个为人父母者都梦寐以求期望做到的，但孩子健康的成长离不开学习，当然，这里所说的学习是指把它作为启迪心智的过程而言的。

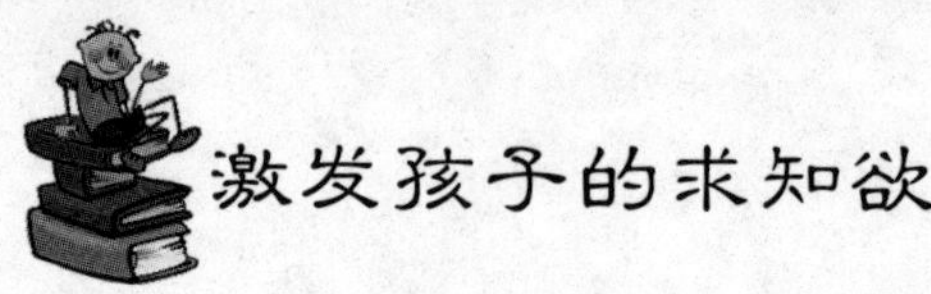

激发孩子的求知欲

家教案例

伟大的生物学家达尔文之所以能够发现被马克思盛誉为“19世纪最伟大的三大发现”之一的进化论，得益于他对生物界进行了长期坚持不懈的观察。

达尔文从小就喜爱观察植物。他注意到花的颜色并不是单一的，而是五颜六色的，就试图使用不同颜色的水浇灌以使它开出自己想要的颜色。当然，他的这种尝试以失败而告终，但也使他明白了花的颜色不会因为用水的颜色不同而改变，也就是说，使他对观察到的现象的认识又深入了一步。

达尔文在广泛游历世界各地和数十年日积月累的观察基础上，完成了划时代巨著《物种起源》。他在谈到自己所取得的成就时，谦虚地说：“我能够完成《物种起源》这部著作，不是因为我有杰出的理解能力，也不是因为我有敏锐的思维能力，而是因为我有对瞬息即逝的事物进行精细的观察的能力。”

激发孩子求知欲最直接的方式是引导孩子观察事物，培养孩子的观察力。

那么，什么是观察呢？

所谓观察，是一种有目的、有计划、比较持久的知觉活动。每个人都能对事物进行观察，所不同的是每个人对事物观察的细致入微的程度不同。这种对事物细致入微的观察的能力就是观察力。因此，父母要想提高孩子的智力，就应该考虑如何提升孩子的观察力。

提升孩子观察力的途径多种多样，但大体上是从以下几个方面考虑的：

第一，使孩子明确观察目的。观察目的不明确，犹如走马观花—

样，通常会导致一无所获；观察目的明确，观察时就容易做到细致入微，观察的效果就会较为明显。父母不仅仅要让孩子明确观察的目的，而且要使孩子树立观察意识，知道观察对于思考的重要性。

父母通常都会带着孩子到动物园游玩。不懂得如何培养孩子观察能力的父母，一般是带着孩子在动物园内到处闲逛，往往向人多的地方靠拢。而懂得如何培养孩子观察能力的父母，就会在来之前先告诉孩子他们来观察什么，进入动物园后引导孩子寻找到被观察物体，让孩子由远及近，从前后左右各个不同的角度观察物体，获得对该物体全方位的不同状态下的认识。这样，离开动物园后，前者的孩子就只可能是疯玩一天，后者的孩子不仅对自己的观察所见欣喜不已，而且更重要的是观察能力也在无形中得到了提升。

第二，开启孩子的好奇心。因为孩子经历过的事物不多，他对绝大多数事物都会感到陌生。从某种程度上说，人类的进化史也就是人类的好奇心不断得到满足的历史。换句话说，人类从不缺少好奇心。孩子对陌生事物存在好奇心也是自然而然的事情。明智的父母总会引导孩子开启好奇心。

一个孩子通过对阳台上的花和卧室里的花进行观察，发现两处花的叶子颜色不一样，就向父亲请教。这位父亲为了让孩子彻底明白原因，就找来碘酒做实验。父亲先将碘酒滴在从卧室里采摘下来的叶子上，叶子没改变颜色，然后将碘酒滴在从阳台上采摘下来的叶子上，叶子变成了蓝色。

父亲向孩子解释说："碘酒遇淀粉变蓝色。从卧室里采摘的叶子没有变蓝色，是因为叶子上没有淀粉。从阳台上采摘的叶子变成了蓝色，是因为叶子上有淀粉。那么，为什么从卧室里采摘的叶子上没有淀粉，而从阳台上采摘的叶子上有淀粉呢？这是由于植物的光合作用。从阳台上采摘的叶子，受到阳光的照射，能够进行光合作用。光合作用能够产生淀粉，但需要一定的条件才能进行。这条件就是空气、水和光照。空气、水和光照对于植物光合作用来说不是可有可无的，而是不可或缺的。这也就是在从卧室里采摘的叶子上滴加碘酒后不变色的原因。"

这位父亲通过实验和解说，不仅使孩子得到了问题的答案，而且也使孩子眼界大开，知识大增。孩子的好奇心一旦得到满足，就会增

强求知欲。

第三，让孩子在观察中思考。知识的获取，需要在观察的基础上进行思考，否则便难以实现。丹麦天文学家第谷耗尽大半生观察行星，积累大量有关行星的数据，但他没有思考这些庞杂的数据，没能从中发现任何有价值的规律。而第谷的助手——德国天文学家开普勒则不然，他在第谷去世后，对第谷积累的庞杂数据进行了严谨细致的思考，终于发现了行星运行的轨迹是椭圆形这一规律。

父母不能让孩子为观察而观察，应该使观察为进一步思考打下基础。例如，父母让孩子观察一棵幼苗。孩子只看到了有一棵刚刚破土而出的幼苗，没有再深入思考幼苗为什么能够破土而出，破土而出需要什么条件，幼苗的继续成长需要什么营养，幼苗的健康成长需要什么样的环境之类的问题。这时，父母要以恰当的方式引导孩子思考，使孩子在观察的基础上思考获得更多的知识。

第四，向孩子说明不同的观察方法。同种事物可以运用不同的观察方法进行观察，但是不同的观察方法观察的结果往往不尽相同，有时甚至会是截然相反。观察不同事物可能需要使用不同的观察方法，但也可能只需要使用相同的观察方法即可。由此可见，观察方法对于孩子正确观察来说是至关重要的。

父母应该告诉孩子不同的观察方法。通常使用的观察方法主要有以下几种。

(1) 全面观察和重点观察

全面观察是从各个角度、各个方面、各个层次对事物进行观察，以获得对事物尽可能全面的认识。重点观察是根据特定的目的和要求，对事物的某个或某些方面进行专门的观察，以获得对事物某个或某些方面比较深入的认识。

(2) 直接观察和间接观察

直接观察是本人亲自接触事物，对其进行观察，可以得到比较令自己信服的信息。间接观察是在他人直接观察的基础上进行的活动，可以快速获得大量信息，但有些信息不太可靠，需要进一步证实。

(3) 自然观察和实验观察

自然观察是在自然条件下进行的观察，但由于自然条件往往千变万化，自然观察的可重复性不太强。实验观察是在人工控制条件下进行的观察，适合于观察变化因素少的事物，通常可以重复进行。

(4) 长期观察和短期观察

长期观察是在较长的时期(如数周、数月甚至数年等)内对事物进行的持久观察，主要用于观察存在时间或变化历时比较长的事物。短期观察是在较短的时间(如数秒、数分钟或者数小时等)内对事物进行的短暂观察，主要用于观察存在时间或变化历时比较短的事物。

每种观察方法在观察事物时都有自己的优势，但同时也存在着劣势。只有综合运用各种方法，才能获得对事物全面的科学的认识；也只有运用合适的观察方法观察事物，才能获得想要的观察结果。

教育专家对父母的忠告

孩子的求知欲是无限的。父母应该做的是激发孩子的求知欲，使其不断得到激发，而不至于使其被埋没，更要避免使其受限制。

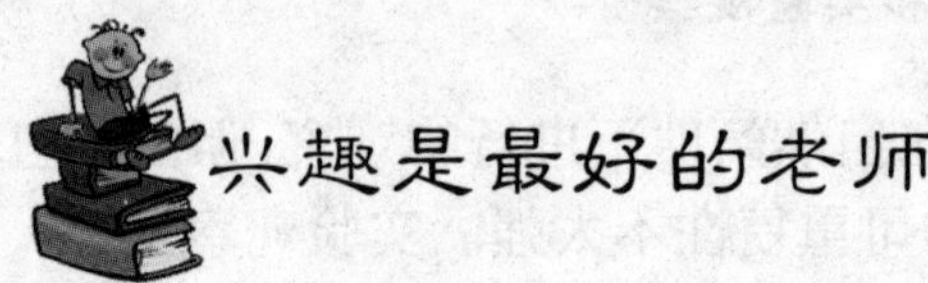

兴趣是最好的老师

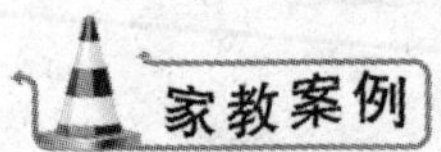

家教案例

老威特教育卡尔·威特的独特方法是值得父母深思和借鉴的。

老威特没有像其他父母那样，对小威特进行填鸭式教育，而是先唤起小威特学习的兴趣，然后让他自己主动去接受新知识，从而达到教育小威特的目的。

在小威特三四岁时，老威特就每天带他散步一两个小时。老威特这样做，不只是为了让小威特锻炼身体，更是为了让小威特能够从野外获得更多知识。老威特一边同小威特散步，一边同他交谈。

看到花朵时，老威特不仅会向小威特介绍花的名称、颜色等浅层次的知识，而且还会向小威特说明花的来源、颜色变化的原因等深层次的知识。遇到昆虫时，老威特也不仅仅局限于告诉小威特昆虫的名字、外形等一般性的知识，而且还会向小威特解说昆虫大家族演变、昆虫的外形是为了适应环境才形成的等较为专业性的知识。

日复一日，年复一年，老威特选取自然界中生动的素材，扩大了小威特的视野，增加了小威特的知识，培养了小威特的兴趣。

如果说小威特在生物方面的知识是得益于老威特每天带他散步时与他进行的交谈的话，那么，小威特在地理方面的知识则是来自于老威特有目的地让他进行的观察思考。

老威特经常带小威特到附近的村庄去。在小威特对附近的村庄有了初步的了解之后，老威特便带他登上村里的一座高塔，让他俯视周围地理环境。在此基础上，老威特让小威特试着画出周围的地图，并与书本上的地图进行比较，不断修正有误的地方。在有目的的观察思考下，小威特不断获得了有关地图的正确概念，也积累了丰富的地理常识。

老威特在小威特提出问题时，总能够及时地回答，并表示鼓励。当然，老威特也不是什么知识都懂。在老威特不能解答小威特提出的问题时，老威特总能坦诚地告诉小威特："爸爸也不懂这个问题。让我们一起查找资料找到答案吧！”随后，老威特就会带着小威特不辞辛苦地到图书馆查找资料，直至找到满意的答案为止。

宇宙有多大范围？宇宙有多大年龄？宇宙中都有些什么？诸如此类的问题，几乎每个孩子都曾经提出过。老威特为了帮助小威特解决这些问题，请来了塞肯得罗夫做小威特的天文学老师。塞肯得罗夫早就得知了小威特的过人才华，也很乐意传授给小威特知识。塞肯得罗夫在自己家里，手把手地教小威特用望远镜观察太空，向小威特介绍星系的构成，还不失时机地讲述有关星座的传说。塞肯得罗夫不仅将他那渊博的知识传授给了小威特，也使小威特养成了以学问为乐的态度。

通常情况下，孩子到了三四岁的年龄，对世界有了一个基本的认识后，会觉得不理解的地方越来越多，提出的问题层出不穷，常常令父母烦不胜烦。但是，父母切记，父母此时不可敷衍孩子的问题，应该不厌其烦地解答孩子的问题，并且时常鼓励孩子自己解决问题，引导孩子获得正确答案。

如果父母面对孩子提出的各种问题，很少给予理睬，甚至大加斥责，就会使孩子提出来的问题变得越来越少。渐渐地，孩子对见到的事物习以为常，不再觉得身边有什么新鲜的事物，即使见到新鲜的事物也不加理会。这种情况的出现，就是父母扼杀了孩子求知的兴趣导致的。

父母要意识到呵护孩子兴趣的重要性，意识到随着年龄的增长，孩子越来越难以产生对事物的兴趣。如果在成长的过程中，孩子对事物产生的兴趣一再遭到蹂躏，那么随着孩子越来越大对事物会渐渐失去兴趣。现在普遍实行的早期教育，也正是要避免对孩子造成这方面的不利影响。对孩子实施早期教育，能够培养他们产生对事物的兴趣，同时尽可能地发掘孩子的潜能。

教育专家对父母的忠告

如何能够让孩子在既轻松又愉快的氛围中获得丰富的知识，是为人父母者常常思考的问题。但是，从何入手来解决这个问题，却又令很多为人父母者颇感困惑。其实，要解决这个困惑并非难事，那就是培养孩子学习的兴趣。

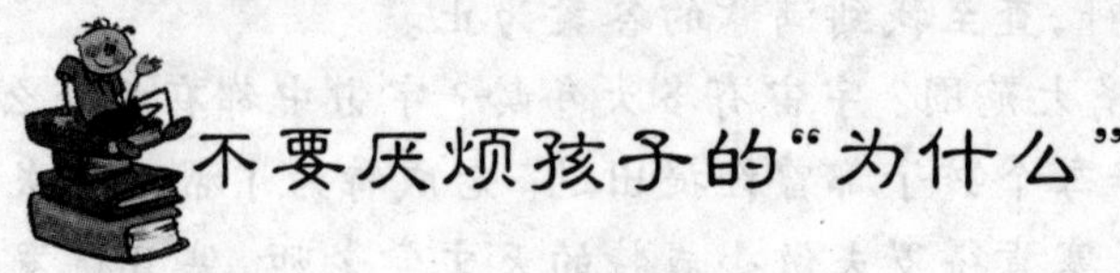

不要厌烦孩子的"为什么"

家教案例

一位工作一天精疲力竭的父亲回到家，刚坐在沙发上准备小憩一下再吃晚饭。这时，几岁的儿子看到父亲回来了，赶忙兴高采烈地向父亲跑去，手里还拿着一本小人书。

"爸爸，鸟儿为什么在天上飞呀？"儿子没容父亲有太多喘气的时间，就问起父亲来。

"鸟儿本来就在天上飞，没有什么为什么。"父亲一脸疲惫地回答。

"鸟儿最高能飞多高？"儿子对父亲的答案显然不是太满意，但还是接着问了下面一个问题。

"我不知道。你去问鸟儿它能飞多高吧。"父亲有点不耐烦地说。

"鸟儿为什么有羽毛？鸟儿为什么有尾巴？……"儿子没有看出父亲的不耐烦，又问了一连串的问题。

"你哪来的那么多为什么啊！要是真想知道，就在学校问你们老师。"父亲被儿子烦得实在受不了，就对儿子发起火来。

儿子被父亲发火的样子吓坏了，满眼含泪地跑到母亲身边后才敢哭出声来。

自从父亲向儿子发火后，儿子几乎不再向父亲问这儿问那儿，而且儿子和父亲交流的次数也变得越来越少。

我们知道，婴儿都喜欢将拿到手的东西往嘴里放，也喜欢用手去感受物体，这是他们不会说话时的表现。当婴儿慢慢长大了，会说话的时候，他们就会常常问东问西，对不认识的东西总喜欢问是什么，对不理解的事情也总喜欢问为什么。

这些正是婴儿对这个变幻莫测的世界充满好奇的表现，也是他们不断学习知识的动力所在。然而，很多父母认为婴儿的问题是非常幼稚的，常常懒得理会。这样的父母常常以“哪来那么多为什么”“不知道”“烦不烦啊，自己去查资料”之类的回答来搪塞。

然而，父母有没有时常站在婴儿的角度来看待和思考婴儿提出的问题呢？恐怕不少父母没有做到这一点。父母倘若能够放下所谓大人的架子，以婴儿那个年龄段的知识储备和生活经验为基础来看待婴儿提出的问题，那么就会惊奇地发现婴儿提出的很多问题都是值得表扬的。

更不幸的是，挫伤了婴儿求知欲的父母，往往并没有意识到由于自己的不经意之举而对婴儿造成了伤害。他们如果不改变自己对待婴儿的态度，就会逐渐地将婴儿对事物的好奇感磨损得荡然无存，没有什么比这对婴儿的成长造成的伤害更为巨大了。

善于提问题的孩子往往具有丰富的想象力和较强的创造力。在提出问题、分析问题和解决问题的学习过程中，孩子能够促进自己的求知欲。明智的父母总会认真对待孩子提出的每一个问题，与孩子一起分析问题，共同解决问题，让孩子获得亲自经历解决问题的愉悦感。

那么，父母应该怎样才能更好地对待孩子提出的问题呢？父母应该主要做到以下几点。

(1) 鼓励提出问题

父母鼓励孩子提出问题，不仅要让孩子多提出问题，还要注意回答孩子问题时的态度。如果父母因为孩子的问题过于浅显、过于幼稚，而表现出轻视甚至蔑视的态度，那么，即使父母再怎么鼓励孩子多提问题，也不会有什么较好的效果。孩子可能会误以为父母让自己多提问题，只不过是希望自己给父母多增添一点笑料罢了。

(2) 耐心解答孩子的问题

父母不能以自己的知识储备和生活经验为基准来评判孩子的理解能力。哪怕一个看似十分简单的问题，由于孩子可能没有经历过，或者简单问题的背后隐含着很多信息，而这些信息孩子是不知道的，孩子就会对简单问题作出的简单解答感到困惑不解。这时，父母要有足够的耐心逐步地解答孩子的问题。

(3) 运用孩子的思维思考问题

父母的思维逻辑严密、条理清晰，孩子的思维简单直接、跳跃性强。例如，孩子问父母鸟儿为什么会有羽毛。父母可以这样回答：人穿的衣服可以起到保暖的作用，鸟儿的羽毛也可以起到保暖的作用；人穿上衣服可以变得更漂亮，鸟儿有了羽毛也可以使鸟儿变得更漂亮。

(4) 坦诚面对无法解答的问题

当遇到无法回答孩子提出的问题时，父母绝不可以随便编造一个虚假的答案应付了事，而应该坦诚地对孩子说"爸爸也不清楚这是怎么回事。我们一起查找资料获得答案吧？"之类的话。或许部分父母会认为对孩子坦诚不知道问题的答案，会降低父母在孩子心目中的威望。其实，这种顾虑是多余的。父母向孩子坦诚自己的无知，不向孩子提供错误的答案，不仅不会误导孩子，反而会使孩子知道父母不会弄虚作假，更会使孩子意识到学海无涯。

教育专家对父母的忠告

由于在生活中往往是问题出现后才想办法解决，大多数人都认为问题的解决比问题的提出重要，甚至认为问题的提出是可有可无的。这是一个很大的误解。其实，提出问题远比解决问题要重要得多，因为解决问题固然需要拥有一定的智力才能做到，但是提出问题却不仅仅如此，还需要拥有创造性的想象力。

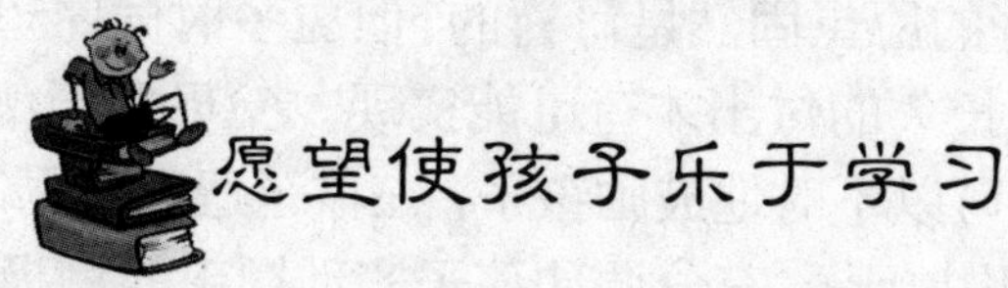

愿望使孩子乐于学习

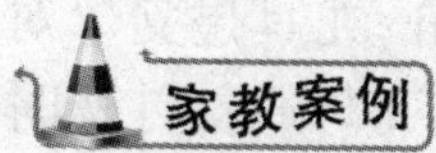

家教案例

蒸汽机的发明者詹姆斯·瓦特，曾被不称职的老师讥讽为“笨孩子”。瓦特喜欢摆弄玩具，时常将新买的玩具拆开，然后再自己一步步将它们组装起来。瓦特的父母对瓦特的爱好从不加以阻止，而鼓励他这样做。在父母给予的宽松教育环境下，瓦特不断提高了动手能力，对机械的了解逐步深入，最终发明了人类历史上最重要的科技成就之一——蒸汽机。

孩子在成长过程中时常会产生各种各样的愿望。这些愿望在孩子心中都是美好的，也常常希望能够得到父母的认可。在孩子的心目中，父母是世界上最有能力的人，能够解决很多很多孩子不能解决的问题。当然，父母不是万能的，也有很多不能解决的问题，也不能帮助孩子实现所有的愿望。父母应该做好自己力所能及的事情，同时，一定要保持孩子的天性，肯定孩子的愿望。

在实现愿望的过程中，孩子会认识到自己的知识有限，萌发学习的冲动。孩子的愿望越强烈，求知的意愿也就越强烈，也更能够体会愿望实现过程中带来的快乐。

生病住院的孩子通常会产生长大后成为一名医生的愿望。有了这个愿望后，孩子就会有意识地观察医生的言行举止，不仅如此，他还会不分场合不论时间地模仿医生的行为。例如，拿支体温计当成针筒，见人就给对方“打针”；将一根绳子绑在一个有盖的瓶子上，一只手将瓶子倒举着，另一手将绳子的另一头按在别人的手臂上，这就表示给人“吊盐水”，等等。

父母可能会觉得孩子这些行为纯粹是捣乱。其实，在孩子看来，他是在实现自己的“愿望”。这个时候，父母如果有时间的话，不妨主动“配合”一下孩子的行为，给予孩子正确的引导，使孩子不断获得成就感。

孩子产生好的愿望固然是可喜的，但更多时候愿望的实现不是简单的事情，需要长久的付出才有可能实现。父母要想帮助孩子保持实现愿望的热情，可以不时地鼓励孩子。在孩子遇到问题时，父母要主动上前帮助孩子解决问题，充分调动孩子实现愿望的积极性。

孩子对自己的看法常常来自于他人对自己的评价，尤其是父母对孩子的评价。孩子将自己的愿望告诉父母时，父母要认真倾听，并及时鼓励孩子，引导孩子实现自己的愿望。

没有孩子不渴望得到父母的表扬。父母表扬了孩子，孩子就会更加努力地做事情，使父母更加称赞自己所做的事。在这个过程中，孩子的能力也会得到不断提升。

孩子在成长过程中，愿望时常彼来此往地不断变化。但是，不管孩子的愿望如何变化，父母要做的是保持孩子学习的热情，使孩子能够抱定某些长远愿望而不断努力学习。

孩子的许多行为往往是幼稚的，有时甚至是怪诞不经的，但是孩子的愿望却往往表现出他的天性。父母在培养孩子时，不要太在意孩子犯下的过失，要多看到孩子想法中的闪光点。

教育专家对父母的忠告

父母要正确对待孩子的愿望，协助孩子实现愿望，更重要的是使孩子通过不断实现愿望而乐于学习。

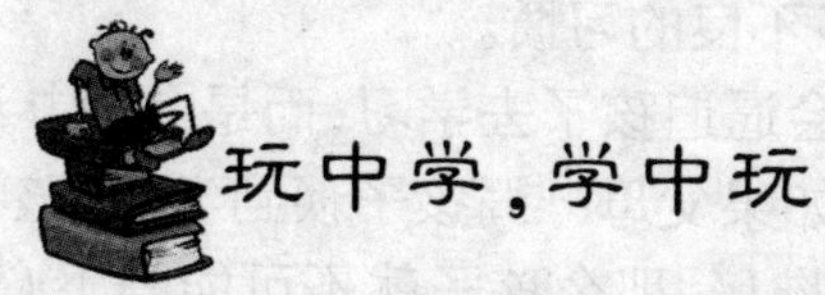

玩中学，学中玩

家教案例

一个小女孩成绩比较优秀，但就是数学不好，也非常讨厌数学。为此，她的父母不仅时常指导她学习数学，甚至还让她参加了很多补习班，但都于事无补。后来，一位有着丰富教学经验的数学老师对她进行了指导，让她做脑呼吸想象训练。

数学老师先让小女孩调整好呼吸，将身心处于放松状态，想象着数学书。小女孩非常得意地突然对数学老师说："数学书没有了！"数学老师赶忙问她怎么回事。小女孩解释说她想象着将数学书扔进了水池里。数学老师理解了小女孩是多么痛恨数学，让小女孩接着想象自己将数学书从水池中捞出，摊开晾干，然后把数学知识存入电脑游戏中。数学老师说："现在，乘法和加法要进行比赛了，到底谁将胜出呢？让我们发挥自己的想象吧！"小女孩很兴奋地想象着乘法和加法之间的对决，双方你来我往，比得难解难分。最后，小女孩终于满脸笑容地对数学老师说："耶！乘法战胜了加法，最终胜出。"

在这位数学老师的启发下，小女孩渐渐地对数学不再反感，产生了对数学的兴趣，数学成绩也得到了突飞猛进的提高。

父母常常为孩子不专心学习、沉迷于玩乐而感到困惑不已，因为父母总存在孩子由于玩耍而荒废学业方面的顾虑。其实，孩子亲自动手做自己喜欢的事情，可以锻炼动手能力，还能够培养孩子发现问题、分析问题和解决问题的能力。孩子喜欢玩耍，通常是因为孩子能在玩耍中发现自己的进步，获得成就感和满足感。

有些孩子一刻都安静不下来，因而常被父母误认为患有"多动症"。对于这些好动的孩子，父母可以让他们尽情地玩耍。在孩子玩耍的时候，他不仅可以激活大脑的知觉，促进脑细胞的信息传递，而且还可以清除脑细胞中不良的因素。孩子通过玩耍,不仅可以使智力得到开发,也能克服许多不良的习惯。

明智的父母不会逼迫孩子去学习,而是会想办法在游戏中达到使孩子学习的目的。如果父母一同孩子谈到学习,孩子就有反感情绪并以各种各样的理由推辞,那么孩子就不可能静下心来专心学习,当然学习起来也就没有什么效率可言了。

父母要不失时机地利用孩子玩耍的时间让孩子学到东西。如果孩子在玩耍中体会到学习原来也是件很有趣的事情,那么他(她)在没有父母看管的条件也能自觉地学习。

一对父母总是埋怨孩子笨,反应慢,学习成绩不好,怀疑孩子心理不正常。没办法,这对父母带着孩子去看一位心理医生。心理医生和孩子交谈后,给这对父母开了一个偏方:“一张笑脸,两句鼓励,三份野餐,须在草地、河边、阳光照耀下全家一起食用。‘药’不限剂数,周六、周日常用。”

原来,这位心理医生和孩子交谈了半天,发现孩子头脑清晰,反应灵敏,用词准确,根本没有什么不正常的地方。孩子向心理医生坦言:“我每天的生活很枯燥、乏味,早上吃完饭就上学,放学回家吃完饭写作业,然后睡觉。星期六还得去补习学校上课,有空还要练吹小号。爸妈好不容易说带我出去玩一天,爸爸又说有事。我现在就想玩。”孩子还悄悄告诉心理医生:“其实,我特想看动画片,可是爸妈一回家就打开电视看股市行情,不让我看。”

根据孩子的诉说,心理医生得出结论:孩子一切都很正常,不正常的反倒是孩子的父母,于是开出了以上偏方。

父母对孩子的学习都很重视,一遇到孩子贪玩,便不是斥责就是打骂。岂不知,玩是孩子的天性。孩子的爱好,通常是与玩结合在一起的。玩出兴趣就有提高的欲望,就有钻研的劲头,于是逐渐向更深的方向发展,创造出成果来。

莱特兄弟曾经回忆说:“我们最早对飞机产生兴趣是从少年时开始的。一天,父亲给我们带回一个玩具,用橡皮筋做动力,使它飞入空中。我们照着这个玩具仿制了几个,都能成功地飞起来。”正是这个能飞的玩具,引发了莱特兄弟制造飞机的想法。后来莱特兄弟几经周折,

让世界上第一架真正的飞机飞上了蓝天。莱特兄弟在飞机上使用的螺旋桨，就是少年时玩具上的那种螺旋桨。玩使莱特兄弟受到了启发，发明了飞机。

父母不要泯灭了孩子好玩的天性，因为玩使孩子拥有了一份好奇心，这是创造的驱动力。没有驱动力，一切发明创造都不可能成为现实。

父母从玩中发现孩子某一方面的兴趣，若能因势利导地培养、强化这种兴趣，就可以培养出孩子某种特殊的才能，使孩子在某些方面作出特殊的贡献。

数学物理学家麦克斯韦在数学方面的天赋，就是他的父亲发现和培养出来的。麦克斯韦的父亲偶然发现儿子画的画很特别，引起了注意。儿子画了一个插菊花的花瓶，但是所有的菊花和其他图案都是由几何图形组成的。大小不一样的三角形的叶片，它们的形状搭配得非常巧妙。父亲非常惊异地发现了儿子对几何图形的控制能力，继而不断地启发引导，使他很快对数学入迷，终于成为一代杰出的数学物理学家。

玩是一种主动学习的态度。玩可以培养动手能力，可以启发兴趣爱好，培养主动性。有许多有特长的孩子，就是在课余时间玩自己爱玩的东西，从而有了小发明、小创造的。

孩子由于自制力比较差，玩起来往往会没完没了。父母可以让孩子在玩的时候尽兴地玩，但要把握好一个度，不能让孩子陷入疯玩之中。父母要让孩子做到在玩中学，学中玩，应该把握好以下几个方面。

(1) 爱好玩耍是孩子的天性

孩子自从来到这个世上那天起，就是在玩耍中不断认识事物的。父母看到孩子哭喊时，摇动铃铛逗她，她就会转哭为笑。为了能够获得更大自由的玩耍空间，孩子慢慢学会了走路和奔跑。当然，孩子在这当中是免不了遭受跌倒之苦的，但也正是这个过程让孩子初步有了失败是成功之母、成功来之不易之类的意识。

很多孩子进入校园之后通常都会安静很多。这一部分原因是孩子不怎么会玩耍，更重要的是孩子害怕因玩耍而在同学面前出洋相，被同学嘲笑，渐渐地也就失去了玩耍的勇气。其实，孩子在玩耍中能够比在课堂中学到更多的东西，获得的不仅仅是书本上理论知识那么简单，还有动手能力之类的实践知识。所以，父母应该鼓励孩子多玩耍，引导孩子善于玩耍。

(2) 不要给孩子施加过多的压力

父母把孩子作为自己生命的延续看待，希望孩子能够完成自己今生不能达成的心愿。父母的这种想法可以说是很自私的，因为他们将孩子当成了自己再次挑战命运的筹码。诚然，父母对孩子寄予厚望是无可厚非的，毕竟父母是希望孩子能够生活得更好。然而，父母都无法达到的心愿却偏偏让孩子来完成，从某种程度上来说，对孩子总归不公平的。

孩子的成才离不开学习，但是父母为了孩子成才而丝毫不顾孩子感受逼迫他(她)学习，常常会事与愿违。由于时间大都用于学习，孩子没有了玩耍的时间，自然会认为是学习占用了玩耍的时间，从而会对学习产生反感情绪。所以，父母应该让孩子在学习中有玩耍，既可起到休息调节作用，也可避免孩子对学习产生厌烦心理。

(3) 给孩子创造快乐的成长环境

不少父母在教育孩子时通常都会采取严加管教的方式，虽然不至于像过去那样动不动就拳脚相出、棍棒相加，但是也常常采用语言暴力、肢体暴力，对孩子进行一定的干涉。结果，父母的这种对待孩子的态度给孩子带来了一定的心理阴影。

教育专家对父母的忠告

现在的父母由于受到自身生活压力的影响，过早地就对孩子的人生大加规划。其实，人生中每个阶段都有每个阶段的任务，从某种程度来说，孩子在他那个人生阶段的任务就是在玩耍中学习。所以，父母应该给孩子创造快乐的成长环境，让孩子在玩耍中体验到学习的乐趣，不至于过早地厌倦学习。

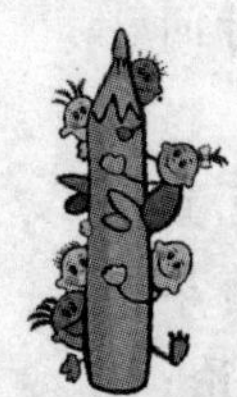

第三章 自主学习——鼓励孩子主动地求知

孩子自主学习能够取得更好的学习效果，因为孩子自主学习，不必受到父母的严格管束，完全是孩子自愿的活动，学习的动力更为充足，学习的耐心也会更为持久。父母与其每日费尽心思地监督和强迫孩子学习，不如想办法让孩子自主学习；这样，父母管得轻松，孩子也学得自由。

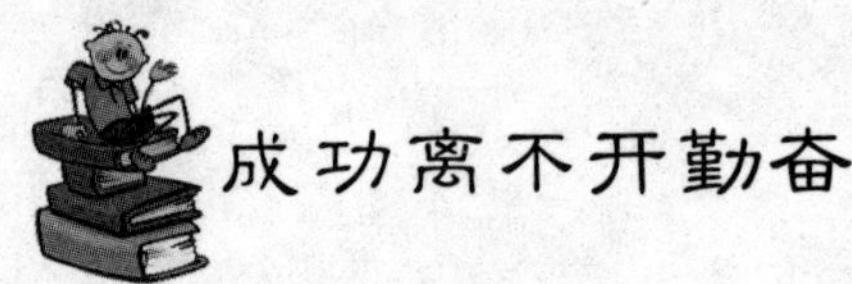

成功离不开勤奋

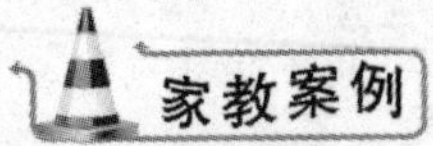

美国第 11 任总统詹姆斯·波尔克小的时候虽然比一般人上学晚，但是在学校期间，他进步很快，并取得了优秀的学习成绩。这优秀成绩的取得显然不是因为他的基础扎实，而是因为他比别人更为勤奋。他把所有的时间安排得紧紧的，但为了身体的健康，他也总腾出一定的时间进行长距离的散步。

1816 年，波尔克进入了北卡罗来纳大学。由于成绩优秀，波尔克直接作为二年级的插班生进行学习。三年之后，波尔克以优异的成绩毕业。大学期间，波尔克担任过学校辩论会的主席，经常参加学会的辩论；有 8 篇优秀的论文被选入学校的档案馆进行永久保存。毕业时，作为出色的学生，波尔克被选中在毕业典礼上用拉丁文进行告别演讲。

所有的这些成绩和荣誉的获得，都是由于波尔克的勤奋和对时间的珍惜的缘故。即使在入主白宫之后，波尔克也依然一如以往地勤奋。

诺贝尔物理学奖获得者丁肇中曾说：“成功的秘诀只有三个字，那就是勤、智和趣。”丁肇中所说的“勤”指的就是勤奋。在中学时，丁肇中就是一个以勤奋学习而出名的学生。在大学时，丁肇中更加勤奋好学。人们常说，勤奋与成功是近邻。丁肇中选择了勤奋，也就与成功做了邻居，自然就更容易获得成功。

诺贝尔文学奖获得者柏格森也是一个十分勤奋的人。柏格森毕业后从事教学工作。在教学的同时，他大量阅读各种哲学著作，不断思索着，并进行哲学研究工作。在长期的研究工作中，柏格森非常勤奋。他曾经对朋友说：“近十多年来，我从来没有真正休息过一天或者半天。”

物理学大师爱因斯坦说：“如果让我在天才与勤奋之间作出选择的话，我会毫不迟疑地选择勤奋，因为它才是一个人取得成功的先决条件。”

季羡林先生曾经说过：“勤奋出灵感。”缪斯女神总是会格外青睐勤奋的人，源源不断地送给他们灵感。

美国新罕布什尔州的查维斯夫妇，一个是技术讲解员，一个从事文秘工作。他们虽然只有高中文化程度，可是却培养了5个孩子先后考入了著名的哈佛大学。他们认为，培养孩子学习的兴趣、勤奋的精神，对孩子接受更好的教育是至关重要的。实际上，孩子掌握知识的丰富与否，主要取决于他的勤奋程度。

孩子的意志薄弱，做事的耐心不足。为了使孩子养成勤奋好学的习惯，父母要循循善诱地加以引导。在对孩子循循善诱时，父母要注意以下几个问题。

⑴ 注意培养孩子具有比较宽广的知识面。

⑵ 注意抓住时机。引导孩子勤奋学习要选择孩子有学习欲望的时候。

⑶ 注意把握好度。不要以成人的标准去要求孩子，不要超过孩子所能承受的范围。

⑷ 注意态度平和。引导孩子勤奋学习应该怀有一颗平常心，不要急于求成，否则可能会适得其反。

人们常说：“有志者事竟成。”孩子拥有了远大的志向，就会自觉用远大的志向激励自己勤奋学习。

当李云经带着儿子李嘉诚来到汕头的海边时，他一边指着港口来往如梭的巨轮，一边给李嘉诚讲解生活的道理。但是，年幼的李嘉诚对父亲讲解的生活道理并没有在意，而对停靠在码头的巨轮产生了浓厚的兴趣。

李嘉诚觉得这么大的轮船居然能够稳稳当当地在海上航行，简直不可思议。于是，他指着巨轮对父亲说：“爸爸，我将来也要做一名巨轮的船长！”

李云经高兴地对儿子说：“好孩子，你的想法很好！但是，做一名船长可不是简单的事。你必须考虑很多问题，也需要思考得很全面。”李云经话犹未尽，把手放在李嘉诚的肩膀上，语重心长地说：“现在天气很好，巨轮能够在海上安全地航行。但是，如果出海之后，一旦来了风暴，该怎么办？做船长的人，就得提前想到这种情况，提早做好一切准备工作。要不然，风暴来临了，他就会后悔莫及。其实，做任何事情前都要像做船长一样，全面考虑问题，随时准备应付一切可能出现的问题。”

李嘉诚从小就树立了做船长的理想，也朝着这个目标而不断努力。虽然他最终没有做巨轮的船长，但是他一直以指挥巨轮航行的船长心态经营他的事业和人生。他喜欢把自己的人生比做一条船，也喜欢把自己的李氏王国比做一条船。他曾经自豪地说：“我就是船长，我就是这艘航行在波峰浪谷中巨轮的船长。”

教育专家对父母的忠告

父母要及时发现孩子的志向，帮助孩子明确自己的志向，帮助孩子朝着志向而不断努力。为了实现自己的志向，孩子也就会主动学习，勤奋读书。

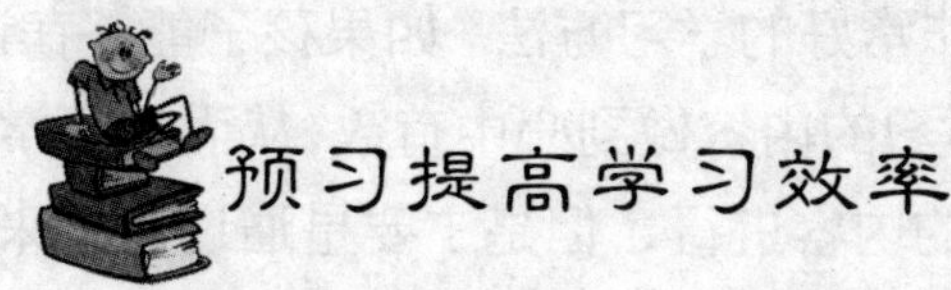

预习提高学习效率

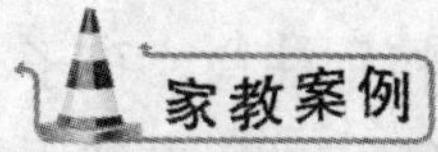

家教案例

艾丽丝就要从幼儿园升入小学了。妈妈为了培养艾丽丝预习的习惯，就对她说："艾丽丝，妈妈陪你做一个好玩的游戏，好不好？"艾丽丝很兴奋地说："好呀！好呀！妈妈，这个游戏怎么玩？"

妈妈拿出一本书说："我们的艾丽丝比较喜欢看故事。妈妈手中的书就有很多故事。做这个游戏前，需要我们的艾丽丝看这本书中的故事。这本书是上小学的哥哥姐姐们用的。我们的艾丽丝有兴趣阅读这本书吗？"

艾丽丝来了兴致，从妈妈手中取到了书，问："接下来怎么做呢？"

妈妈看艾丽丝有了兴趣，就说："我们的艾丽丝每天看这本书中的一个故事，看完后，把看的故事讲给妈妈听。此外，我们的艾丽丝还要说出从故事中学到了什么。"

就这样，艾丽丝按照妈妈定的游戏规则看书中的故事，然后讲给妈妈听，并且还说出了自己的体会。渐渐地，艾丽丝养成了预习的好习惯。

一位同学上课从不带教材，只听老师讲课，可是考试成绩却比那些一丝不苟做笔记同学的还要好。老师和同学对此都疑惑不解。直到在这位同学家中做家访时，老师才明白其中的原因。

这位同学从小就阅读姐姐的教材。慢慢地，他不仅自学了许多知识，而且养成了预习的习惯。在课堂上，其他同学既要阅读教材，又要听老师讲课，还得将老师讲课的内容记录下来，手忙脚乱地，听课效果也不好；而这位同学则一边听老师讲课，一边印证自己预习过的内容，当堂就能够完全消化老师所教的内容。回到家后，这位同学又温习一下教材，就完全掌握了所学的内容。所以，这位同学虽然不带教材，仍然能够取得优异的成绩。

预习是一种非常好的学习方法。如果孩子能够在课前做好预习工作，就能对将要学习的内容做到心中有数，从而提高学习效率。预习虽然是按照书本上的内容进行，但是主要是通过自学来掌握关键内容、思考难点，尝试解决遇到的问题，这是对思维的一种有效的训练。有效的预习能够使孩子带着问题听课，对自己不懂的内容特别注意。孩子如果发现思考的和老师讲解的不一致，就会认真听老师讲解，直到弄懂为止。

如果孩子不善于预习的话，刚开始预习时，父母先让孩子选择一两门比较薄弱的科目进行预习。在获得一定的经验后，如果孩子的学习时间允许，父母再让孩子预习更多的科目。

怎样合理分配预习时间，让有限的时间发挥最大的作用是很重要的。父母应该让孩子把预习的重点放在自己比较薄弱的科目上。至于擅长的科目，孩子可以酌情减少预习时间。如果付出了大量的预习时间，自己比较擅长科目的成绩提高并不显著，就要相应缩短预习的时间，将节省下来的时间用于比较薄弱的、收效明显的科目，这样有利于孩子整体学习水平的提高。

预习的方法多种多样，最常运用的是阅读法与回顾法。

(1) 阅读法

首先，从头到尾朗读或者默读一遍，对新内容进行简单的浏览，了解知识脉络和大体结构，扫清字词障碍，确定基本内容。然后，再读一遍，以圈、点、勾、画的方式做标记，使预习过的内容重点突出，一目了然，有利于听课时合理分配时间和精力；同时对课文的重点和难点进行思考，尽可能地加以理解，减轻听课时的压力。最后，将一时无法理解的地方记录在预习笔记本上，留到听课时认真听老师讲解。上课的时候，孩子将自己的理解与老师的讲解做一下比较，检验自己的理解是否正确。如果出现错误，孩子就及时找出错误的原因，就可以发现自己的不足。

(2) 回顾法

首先复习巩固已经学过的知识，以发现自己掌握知识的薄弱环节，然后在复习已经学过的知识的基础上预习新的知识。在遗忘规律的作用下，学过的知识很可能记不清楚或者忘记了。如果孩子不复习记不清楚或者忘记的知识，就会在学习新知识时遇到障碍。如果缺乏一定的知识基础，对课堂上老师讲的新课就很难迅速理解，进而影响对后面知识的掌握，所以，预习时要先回顾相关的旧知识。

具体采用哪种方法应该根据学科的特点和孩子的具体情况而定，孩子也可以吸取两者之长而自己发现一种独特的方法。总之，不管什么方法，只要孩子比较喜欢运用而且效果比较明显，那就是好方法。

一位小学生曾经这样说："在预习新内容的时候，我往往不能完全弄懂知识的内在关系。我的方法就是把不懂的问题提前勾画出来。在听老师讲课时，我就能做到心中有数了。当老师讲到我还没弄懂的问题时，我就会特别细心地听。我有重点地听老师课程，听课时有张有弛，学习起来轻松自如。"

预习时会遇到不易解决的问题。此时，孩子首先应该自己独立思考，想办法解决。即使无法解决，也不要过于焦虑，因为预习新知识难免会遇到不能弄明白的问题。孩子可以使用某些符号来对预习时遇到的问题做出标记。例如，"？"表示疑问，"____"表示不太清楚，"□"表示不懂的词语等。

教育专家对父母的忠告

预习是孩子对学习内容的初步了解。当然，其中既会有正确的见解，也会有错误的见解；既会有全面的认识，也会有片面的认识。但是，如果孩子能够在老师讲解的时候认真去听，发现自己的错误并及时纠正过来，就能够留下较深的印象，更好地掌握学习内容。

复习巩固掌握的知识

家教案例

李明在一所寄宿制学校读书。在同学们眼中，他是一个爱好玩耍、爱开玩笑、爱睡懒觉的人。每天晚上，当其他同学还在埋头苦学的时候，李明总是一个人回到宿舍里钻到蚊帐中睡觉。

令人不解的是，学期末考试，李明每科考试成绩却都名列前茅。为什么李明没有像其他同学那样埋头苦读却仍然能取得好成绩呢？和李明关系比较好的一位同学向他请教学习的秘诀。

李明诡黠地笑道："你们真以为我是在床上睡懒觉啊？我那是在回忆课堂老师讲的内容，进行复习，而且这种效果很好。"

原来，李明早就养成了睡觉前总结当天所学内容的习惯。例如，当天老师主要讲了些什么，哪些自己已经弄懂了，哪些自己还没有弄懂，等等。

李明把当天学过的内容进行归纳和总结，找出各个知识点之间的联系，并用一条主线把它们联系起来。他在想到某一点的时候，能够把所有学习的内容全部回想起来。除此之外，他还把当天学习的内容与以前学过的知识联系起来，找出内在的联系。就这样，李明轻轻松松地掌握了当天所学的知识。

复习可以使孩子学过的知识得到巩固和强化，使孩子的知识更加条理化和系统化。孩子在复习中达到对知识的深入理解和精确掌握，并提高运用知识的技巧，进而使知识融会贯通，达到举一反三的效果，才能使知识真正据为己有。

(1) 制订复习计划，养成良好的复习习惯

小羽的妈妈是一位教师，很清楚复习对孩子学习的重要性。自从小羽刚上学时起，小羽的妈妈就要让小羽每天坚持复习当天学习的内容。小羽的妈妈还根据遗忘曲线给小羽制订了相应的复习计划。小羽严格执行复习计划，在长期的学习过程中，不知不觉地形成了良好的复习习惯。

(2) 把握好复习的时间和规律

复习的时间对于复习的效果而言是相当重要的。根据遗忘曲线的"先快后慢"规律，父母应该让孩子及时复习，使所学知识得到有效的巩固。每天放学后，让孩子复习当天所学的内容；每个周末，让孩子进行小结性复习；单元结束后，让孩子进行单元复习。

单元复习是比较重要的复习，可以达到对知识透彻理解、牢固掌握、灵活运用的目的。在进行单元复习时，孩子要重点领会各知识要点之间的联系，掌握重点和攻克难点，并使知识系统化。

固然，复习时间的间隔不能过于长久，但是反复的次数也不能过于频繁，否则会使孩子产生厌倦的情绪，影响复习的效果。复习的内容也应该合理安排，既要侧重重点和难点问题，也要兼顾其他问题，同时，让孩子交叉复习文科和理科，可以起到调节的作用，提高复习的效果。

(3) 根据自身特点选择适合自己的复习方法

复习方法多种多样，包括背诵、做各种各样的练习以及动手操作等。具体采取哪种方法应该根据孩子的不同偏好进行。孩子偏好视觉记忆，复习的时候就以默读为主；孩子偏好朗读记忆，复习的时候就以朗读为主。

(4) 不同的科目采用的复习方法也不同

孩子要针对不同的学习内容采用不同的复习方法。例如，对于整体性、连贯性较强的内容，像英语的语法、语文的语法规则等，可以采用集中复习的方法，即把所学的内容放在一起复习；对于较分散、连贯性不强的内容，像语文的词语、英语的词汇记忆等，可以采用分散复习的方法。

(5) 学会根据具体条件采用不同的复习方法

例如,如果可利用的复习时间较短,就可以运用分散复习的方法,复习一些连贯性不强的内容;如果可利用的复习时间较长,又没有干扰因素存在,就可以运用集中复习的方法,复习整体性、连贯性较强的内容。

(6) 综合运用多种感官进行复习

复习的过程也是对信息进行重新编码的过程。单纯的阅读、背诵往往比较乏味,容易引起孩子的心理疲劳,降低复习的效果。孩子应该综合运用多种感官进行复习,采用看、听、记、背、说、写等多种形式复习整理知识。例如,一边看、一边读、一边用手比划等。有些父母购买一些教育软件让孩子使用,也是一种可供孩子选用的不错的复习方法。通过教育软件进行复习,不但可以提高孩子复习的效果,而且可以让孩子从复习中获得乐趣,培养孩子的学习兴趣。

(7) 要保证复习的效果就需要处于良好的状态

父母要协助孩子消除不良情绪,保持良好的状态进行复习。当孩子心烦意乱时,父母要让孩子进行适当的休息或者活动,做到劳逸结合,调节孩子的身心状态;当孩子遇到困难时,父母要及时鼓励孩子,帮助孩子解决困难。此外,在复习的时候,父母千万不要给孩子施加过大压力,以免孩子心理压力太大而影响复习。

(8) 复习应该注重知识的条理性和系统性

孩子要掌握一些复习的技巧。首先,要加强前后知识之间的联系,将当天所学的知识纳入到已经学过的知识体系中。其次,运用一些形象化的提纲和图表增强复习内容的条理化和系统化。例如,孩子将数学公式整理出来,找出它们相互间的联系,有助于孩子全面地和深入地掌握公式,从而灵活运用公式解题。再次,将回忆与复习相结合,即先尽量回忆已学内容,回忆出来的表明已经记住,回忆不出来的再去翻书复习。例如，孩子背一篇课文，读几遍之后，就合上书，从第一句开始尽量回忆，实在回忆不出来时再翻书看。

(9) 回忆与复习相结合

将回忆与复习相结合的方法对于总结性的复习特别有效。例如，在期末考试前，首先，孩子把一学期或一单元学习内容的大标题回忆出来，实在回忆不出来时再看书。然后，孩子看着书的目录回忆每个标题后的主要内容。这种将回忆与复习相结合的方法，不仅可以提高复习的效果，而且可以让孩子明确哪些内容是已经掌握的，哪些内容还需要强化复习。

(10) 有效利用假期

在假期时，孩子的闲暇时间较多。孩子应该在完成作业外，适当复习以防止知识遗忘。当然，孩子在假期应该适当阅读课外书，加深和拓宽对知识的理解、巩固和运用。父母不要让孩子在假期过度放纵，否则不但浪费了孩子的学习时间，而且容易使孩子在开学的时候无法收心。

教育专家对父母的忠告

《论语·为政篇》说："温故而知新，可以为师矣。"意思是说，(如果)温习旧知识，又能领悟到新知识，(那么)可以做老师了。因此，父母要督促和鼓励孩子复习已经学过的东西，让其通过复习取得进步。

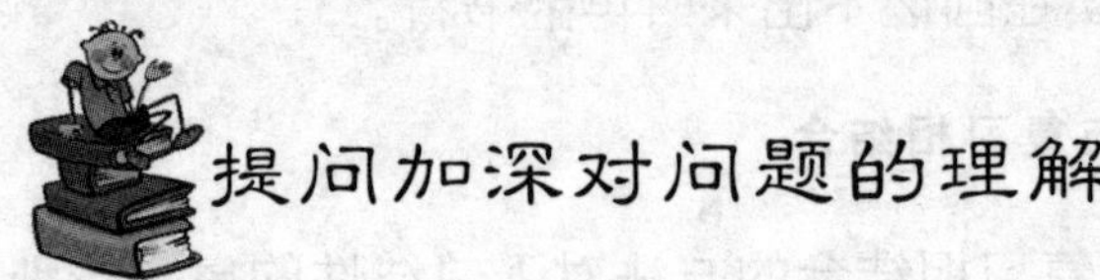

提问加深对问题的理解

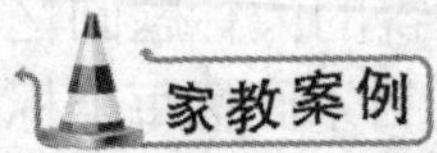

家教案例

有一个班级正在学习俄罗斯作家屠格涅夫的作品《麻雀》。

《麻雀》主要讲的是：一个猎人带着一条猎狗正在森林里行走。这时，一只刚出生不久的小麻雀不小心从窝里掉了下来。猎狗看到后，就匍匐着向小麻雀靠近，要吃小麻雀。在这危急关头，一只老麻雀"呼"的飞了下来，一边发出凄厉的叫声，一边用身体挡住了小麻雀。老麻雀异常威猛，与猎狗展开了周旋。猎狗被老麻雀给吓着了，居然倒退了好几步。猎人看到老麻雀如此拼命救护小麻雀，也产生了同情心，就把猎狗牵走了。

课文讲完后，老师向同学们提问："同学们，这只老麻雀的行为表现了什么？"

同学们都机械地回答道："表现了伟大的母爱。"这个答案就是课文的标准答案。

就在这时，一位男同学举起了手，说："老师，我不完全同意这个答案！"

老师很奇怪地问："为什么？"

这位男同学说："你们怎么知道这只老麻雀是母麻雀呢？我从头至尾阅读这篇课文，没有发现一处说明它是一只母麻雀。怎么能说这是表现了母爱而不是父爱呢？"

老师觉得这位男同学说的有道理，就表扬说："很好！你的看法很正确。我们应该把答案改为表现了伟大的亲子之爱，包括母爱与父爱。"

这位男同学的可贵之处就在于敢于质疑标准答案，敢于提出与他人不一样的看法。

在人们问及爱因斯坦何以会取得如此大的成就时，他说："如果说我还算取得了一点成绩的话，那么，并不是我有什么特殊的天赋，只不过是我喜欢追根究底地提出问题罢了。"爱因斯坦认为,提出问题比解决问题更加重要。针对这个问题,他说:"在科学研究中,并不像人们通常认为的解决问题远比发现问题重要,而是发现问题要远比解决问题重要。解决问题只是实验手段的问题,提出问题则需要改变思维方法,拥有创造能力。"

人们学说:"学贵多疑。"没有产生疑问就不会进步,产生较小的疑问只能取得较小的进步,产生较大的疑问就会取得较大的进步。时常对事物产生疑问,并进行思考就能获得知识,增长学问。

提出问题要求对事物有质疑的心态。著名的数学家希尔伯特是一个想象力异常丰富、十分善于提出问题的人。在1900年第二届国际数学家大会上,他做了题为《数学的问题》的报告,提出了当时数学领域中的23个重大问题——希尔伯特问题。这些问题的提出,有力地促进了数学的发展。为此,希尔伯特总结道:"只要一门科学分支能够提出大量的问题,它就充满着生命力,而问题缺乏则预示着独立发展的衰亡或中止。"

与中国科学技术大学少年班同学交流时,李政道先生曾说:"同学们在一些基础性的问题上有没有提出疑问?例如,对牛顿力学理论,你们有没有问过诸如为什么要学习它、为什么它不可能是不对的、它建立在什么基础上之类的问题?你现在如果还没有这样的质疑态度,将来是很难取得巨大的成绩的。"

质疑是创新思维的源泉。孩子对于一切总是不经思考就接受,把自己的大脑作为装知识的篓子,学习到的知识也是死的知识。

⑴ 父母应该注意培养孩子质疑的习惯,对孩子的质疑应该持鼓励的态度。有些父母认为,孩子提出问题是故意刁难父母;也有些父母出于保护自己威望的目的,竟然拒绝孩子的提问,甚至不惜采取训斥或者恐吓手段。这些都是非常不明智的。

父母若想培养孩子质疑的习惯,就是要顺应孩子对事物的好奇心,因为好奇心是孩子探究未知事物的心理动力。实际上,爱好提问是孩子的天性。而且,孩子由于思维的不成熟或者知识的欠缺,提出的问题在成人看来往往是很可笑的。此时,父母千万不要嘲笑孩子的幼稚。高尔基曾经说过:"对孩子的问题,父母如果以孩子长大后自然会懂得为由拒绝回答,就会逐渐磨灭掉孩子的求知欲。"

孩子能够提出问题,表明他对事物经过了认真的思考。北宋学者程颐说过,学者先要会疑,也就是说,学习首先要会提出问题。不管孩子提出的问题看起来是多么天真幼稚,多么不可思议,父母都要抱以鼓励的态度,保护孩子提出问题的精神。

诺贝尔奖获得者赫伯特·布朗说:“我的祖父总是让我自己提出问题,自己找出原因。在我的整个童年时代,父母都鼓励我提出疑问,从不强迫我去接受一件事物,而是力求理解它。”

(2) 父母要经常向孩子提出一些孩子感兴趣的问题,引导孩子积极思考。孩子只有常常被提问,才会养成思考问题的习惯,也才会养成提出问题的习惯。

一位妈妈在飞机上与她的孩子一直在讨论一些有趣的问题。例如,飞机怎样起飞,飞机在飞的时候为什么“不会动”,飞机上的窗户为什么不能够打开,等等。对于孩子提出的每一个问题,母亲总是耐心地回答。母亲尽管并不能回答孩子提出的所有问题,却仍然与孩子热烈地讨论着,孩子的兴趣越来越浓厚。

(3) 父母应该区别对待孩子的问题。对于孩子能够自己解决的问题,父母最好鼓励孩子自己去解决,可防止孩子养成依赖父母的习惯。父母如果不知道问题的答案,要引导孩子进一步学习知识,让孩子自己去寻求答案。

(4) 父母要善于向孩子提问。善于提问题的父母可以给孩子起到一种示范作用。孩子看到父母经常会提出一些问题,也会自然而然地多提问题。父母可以与孩子比赛提问,通过竞赛的形式,提高孩子提问的兴趣,养成提问的习惯。父母向孩子提出问题的内容,要考虑是否符合孩子的年龄特点和知识范围,不能提得难度过于偏大,否则会挫伤孩子积极性。

教育专家对父母的忠告

在日常生活中,当孩子说出与他人不一样的想法时,父母千万不要呵斥孩子,而要鼓励孩子。即使孩子提出的想法不完全正确,父母也要充分肯定他的求异思维,鼓励孩子提出与他人不一样的想法。

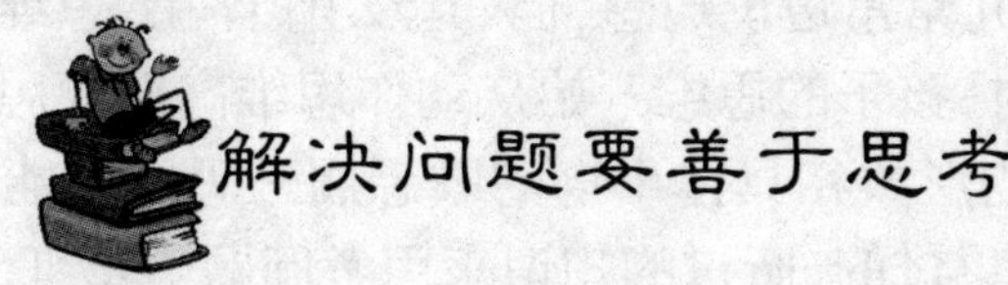

解决问题要善于思考

家教案例

一次，拿破仑·希尔去见一个专门为人提供创意的教授，却被教授的秘书挡在门外。拿破仑·希尔觉得很奇怪，自己这样有名望的人来见一个教授，却被他挡在门外。

大约两个小时后，教授接见了希尔，并向他解释道："我有一个特制的房间，里面漆黑一片，除了一张躺椅外没有什么东西。我每天都会准时在躺椅上默想两个小时。这两个小时是我创造力最为旺盛的两个小时，很多创意都是在这个时候获得的，所以，在这个时间段我什么人都不见。"

听完教授的讲述，拿破仑·希尔突然意识到运用思考才是人生成功的要诀。因此，拿破仑·希尔写下了影响全世界的著作《思考致富》。拿破仑·希尔在这本书中深刻地揭示了如何运用思考去获得成功。任何人要想取得任何成功都离不开思考。

拿破仑·希尔说："思考能够改变一个人的命运。"事实正是如此，有思考力的人才会有创造力，才会掌握自己的命运。

学会思考比单纯获得知识更为重要。培养思考能力，应当优先于获得专业知识。孩子的聪明与否与孩子善于思考直接相关。

英国剑桥大学的迪·博诺教授曾说："一个人智商很高，只能说明他有创造的潜力，并不说明他很会思考。智力与思考的关系，就好比拥有一辆汽车与拥有驾驶技术的关系。你可能拥有一辆性能很好的汽车，驾驶技术却不佳，仍然不能把车开好。反之，你即使拥有的是一辆旧车，驾驶技术却很高超，仍然能把车开好。"

孩子的思维发展趋势是逐步从动作思维，到形象思维，再到抽象思维的。年龄较小的孩子的思维方式主要是动作思维，是依靠感知和

动作来完成的。他们在听、看、玩的过程中进行思维。

例如，婴幼儿常常边玩边想，但一旦动作停止，思维活动也就停止了。大约3岁时，孩子的思维开始从动作思维向形象思维过渡。他可以依靠头脑中的形象和具体事物的联想展开思维，能够不依据具体行动，运用已经见过的、听过的知识来思考问题。大约5岁时，孩子的形象思维开始占主导地位，并初步出现抽象思维。孩子能够从理解事物个体发展到对事物关系的理解，能够从依靠具体形象理解过渡到依靠语言理解；能够对事物进行比较复杂、深刻的评价。五六岁的孩子在看电视时，可以说出谁是好人，谁是坏人，还会用各种理由来证明他的看法。

孩子学习有双重的目的：一是掌握基础知识，二是发展思维能力。大多数父母和教师往往只注意前者而忽略了后者，造成孩子虽然看似知识渊博，却不知道如何思考问题。培养孩子拥有灵活敏捷的思维能力，对开发孩子的智力是不可或缺的。

孩子在遇到问题时，总喜欢向父母请教。如果父母对孩子的问题有问必答，虽然能够解决了孩子当时的问题，但也因此使孩子养成依赖父母的不良习惯。孩子遇到问题时不会独立思考，不会自己去寻找答案，对孩子的成长是没有益处的。

明智的父母在孩子提出问题时，会启发孩子去思考，运用自己学过的知识、已有的经验，自己去获得答案。孩子在寻找答案的过程中，思维能力会得到提高。如果孩子实在无法独立解决问题，父母可以引导孩子请教他人、查阅资料或者反复思考，让孩子不仅获得了问题的答案，也提高了能力。

如果孩子经常遇到各种问题，思维就会比较活跃。父母要想提高孩子的思考能力，就要多向孩子发问。

诺贝尔物理学奖获得者费曼的父亲就非常善于向费曼提问。为了引导费曼思考关于地球的问题，费曼的父亲让他设想自己遇见了火星人。火星人会问费曼许多关于地球的问题，比如，“为什么人要在夜晚睡觉？”“为什么地球会有引力？”费曼的父亲甚至把自己扮演成火星人，与费曼一起来讨论这些问题。

当费曼长大一些时，费曼的父亲就带他去博物馆参观，激起他对博物馆的事物产生好奇心，同时有针对性地提出问题。费曼的父亲还让费曼阅读《大不列颠百科全书》，并向他提问，对于他没有理解的内容，再用浅显的语言耐心地解释。

父母向孩子发问，不要只提出非对即错的封闭式问题。父母要依据孩子的实际能力，提出一些答案不是唯一的开放性问题。例如，茶杯有些什么用途？如果去郊游，你会选择哪里？

如果家庭中充满民主和平等的气息，孩子就会敢于发表自己的意见，思维比较活跃，分析问题也比较透彻。而如果家庭中充满专制和独断的气息，孩子就不敢畅所欲言，容易受家长的暗示而改变主意，在各种看法之间摇摆不定，没有自己的主见。

绘画神童小峰和爸爸一起去看一个个人山水画展。事先，爸爸没有告诉小峰这是一个个人画展。小峰转了一圈后对爸爸说："这好像是一个人画的，每幅画都好。"爸爸有些奇怪地问小峰："是吗？你觉得好在哪里呢？"小峰说："布局合理，气魄宏大，用笔也优美。"

很多孩子不敢发表自己的见解，小峰却敢于发表自己的见解，这与爸爸平时的鼓励是分不开的。

教育专家对父母的忠告

在学习和生活中，孩子经常会提出各种各样的问题。对于孩子的问题，父母要与孩子一起讨论、共同找到答案。在这个过程中，孩子需要进行分析或者归纳，需要想出解决的方法与程序，这是非常有益于让孩子养成思考问题的习惯的。

第四章 爱好写作——使孩子善于表达思想

写作可以提高孩子的书面表达能力，使孩子思维渐趋缜密。孩子通过广泛阅读才能产生写作欲望，但是广泛阅读并不是说孩子遇到什么图书就可以阅读什么图书，父母要选择适合儿童阅读的图书。父母要鼓励孩子多接受新信息，同时要鼓励孩子即兴写作。

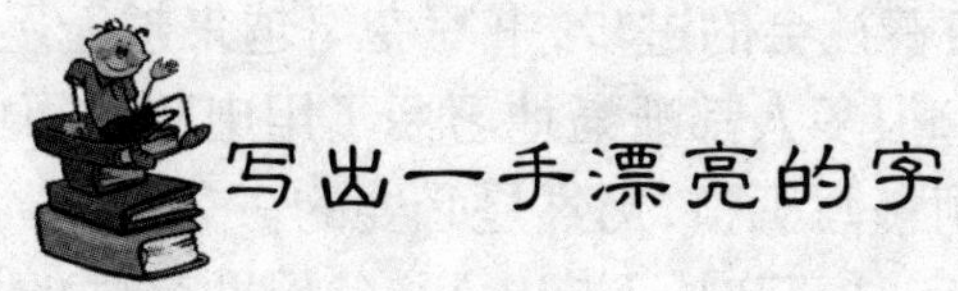

写出一手漂亮的字

家教案例

一位教师通过让学生体会到字体潦草影响交流，而使学生改正了缺点，逐渐写出了一手漂亮的字。

夏雨的字写得实在太潦草了，这是班里同学和老师众所周知的事情。夏雨的语文老师觉得不能任由夏雨这样下去了，就想出了一个办法。

又到了语文老师下发批改好的作文的时候了。与往常不同的是，语文老师这次要求每位严格按照自己的修改意见重新将作文写一遍，否则此次作文就不能算通过。

夏雨拿到语文老师给自己批改的作文后，整个人呆住了。原来，语文老师用一笔狂草书写的修改意见，对于夏雨来说，无异于天书。

夏雨问遍了身边的同学，可是，没有一个人看得懂语文老师的修改意见。没办法，夏雨只好去请教语文老师他写的修改意见是什么。

语文老师看到夏雨一脸苦相地拿着作文本来找自己，就知道自己的方法已经成功了一半。语文老师一脸严肃地对夏雨说："如果想听老师说出写的修改意见是什么意思，你就先把你写的作文什么意思讲给老师听吧。夏雨同学啊，你自己看看，别人能看懂你的字吗？"

夏雨瞅了一下自己的字，脸立即变得通红。

语文老师看出了夏雨的窘态，就连忙缓和语气说："我们写的字是要别人看的。如果我们写出的字十分潦草，那么别人就无法辨认，就会影响我们与别人的交流。你以后还会写一手潦草的字吗？"

夏雨听了老师的话，羞愧得点了点头。

从这以后，夏雨不仅平时书写时注意工整，而且还抽时间专门练字。后来，夏雨的字不仅不再潦草了，而且还在书法比赛中获了奖。

不少父母可能有一种误解，认为孩子没有必要在书写上浪费太多的时间。的确，随着社会的进步，书写变得越来越无足轻重。尤其在电脑的普及应用下，很多人都渐渐地习惯了用电脑做事情。但是，不管怎样，孩子尽量做到书写工整，仍然是必要的。

孩子开始写字时喜欢从下向上写，父母要鼓励他从上向下写。父母要使孩子在书写时觉得自己有控制权，不仅仅学会复写一个字母，同时还在学习用感官进行分析，还在进行口头的信息转换。这样学习不仅可以帮助孩子记得更牢，而且避免孩子在阅读时对相似的字母有识别的困难(如 M 和 N)。

一些非常聪明的孩子却对字母的组成形式时常感到困惑。许多孩子在小学的高年级，甚至初中时，仍然在一些细节处出现问题，如 M 和 N 中有多少转折等。如果孩子能细想一下这些字母在印刷体和草书中有多么不同，这样的问题就会很容易消除了。对字母和单词的视觉记忆，每个孩子都有很大不同，这对孩子书写和拼写有明显影响。

孩子都希望自己写得一手漂亮的好字，但很少能如愿的，这与许多因素有关。对于低年级孩子来说，他们的小肌肉发育尚不完全，手部精细活动不协调。尽管不同的孩子存在着一定差异，但是整体发展的规律是这样的。因此，孩子即使书写时有写好的愿望，书写质量依然较差。我们经常看到一些孩子写字很用力，有时本子都被穿透了，而且一出现错字就拼命地擦，最后却弄得本子又黑又破，字写得还是歪七扭八的。有的孩子书写差与书写姿势不正确有关。例如，歪着(或趴着)身子、作业本没有放正、头和书本的距离过近、执笔姿势不正确等。字的笔顺、笔画、结构掌握不好也是书写差的原因。

父母要注意培养孩子正确的书写姿势。如果孩子的书写姿势出现问题，父母一定要及时进行纠正，保证孩子的视力不受影响。父母可以让孩子通过简单的儿歌来记忆书写的正确姿势，并时刻提醒自己注意。例如，书写要求“三个一”，即眼离桌面一尺远，胸离桌边一拳远，手离笔尖一寸远。父母可以给孩子缝制一个“一尺带”(用彩带按一定尺寸缝起的环形带子)。孩子将带子的一端套在脖子上，另一端套在写字的手的腕部。在写字时，孩子让一尺带绷直，使头部与书保持一尺的距离。

孩子的书写水平可以通过训练得到提高。父母每天可让孩子专门练写几个字，每个字书写遍数不求多，书的字数也不要求过多，重要的是认真地书写。孩子书写时，要先仔细观察要书写的字，了解字的结构框架。父母可以让孩子说说每一笔画的位置、笔顺的先后，及时发现错误立即予以纠正。经过这些准备之后，孩子对要写的字有了较为全面的认识，书写起来就会胸有成竹，流畅自然。

教育专家对父母的忠告

孩子为了巩固所学的知识，仅仅保证正确是远远不够的，还要提高书写水平，因为写得一手好字可以使孩子受益终身。父母可以对孩子每天的作业书写情况加以点评，对孩子在书写上的进步给予表扬，不断激励孩子以正确的态度对待作业的书写。

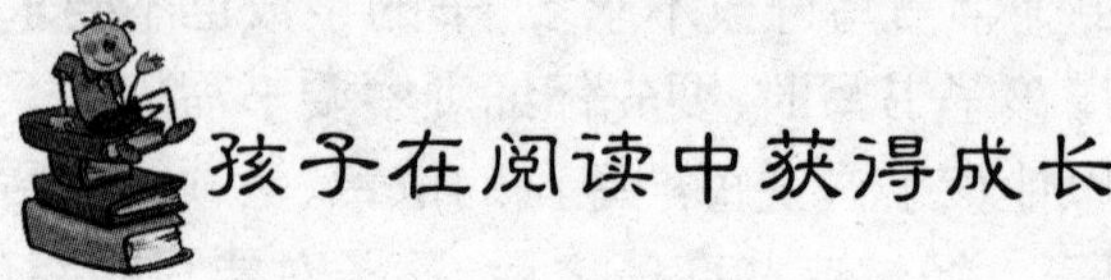

孩子在阅读中获得成长

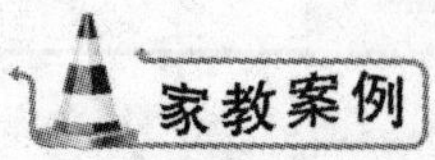

家教案例

美国总统小布什的母亲非常重视与孩子共同阅读，她说："我总是尽可能地抽时间读书给孩子听，有时也让孩子读给我听。直到孩子长大后，我还保持着和孩子共同读书的习惯。当他们放假或者空闲的时候，我们就会轮流地读一本名著。有时，我们还会就精彩的部分进行讨论。"

小布什的母亲常常定期地送书给孩子。每个月的某一天，小布什总会在自己的枕头底下找到自己喜欢的图书。孩子在生日的时候，也总能获得作为礼物的有趣图书。全家出去旅游的时候，他们也总会带一本孩子心爱的图书。慢慢地，小布什养成了阅读的习惯。

俄国著名作家高尔基说："随着阅读的书籍增多，我越来越深入地认识这个世界，越来越觉得生活更加多姿多彩。几乎每一本书都能轻轻地发出一种声音，扣人心弦，使人激动，把我吸引到奇妙的地方去。"他还这样号召人们："热爱书籍吧！书籍能帮助我们生活，能像朋友一样帮助我们，能教会我们去尊重别人，也尊重自己。"

英国历史学家麦考莱曾给一个小女孩写信说："如果上苍要我做最伟大的国王，一生住在宫殿里，拥有花园、佳肴、美酒、大马车、华丽的衣服和众多的仆人，而条件是不让我读书，那么我决不会做国王的。我宁愿做穷人，只要能拥有很多藏书就行了。"

童话大王郑渊洁说："在我小的时候，父亲就常常当着我的面看书。在父亲的耳濡目染下，我养成了阅读的习惯。我不管什么时候都喜欢看书、看报纸、看刊物，还有常常在网上阅读。"

在现实生活中，不少父母对孩子阅读寄予厚望，希望孩子通过阅读能迅速提高学习成绩。所以，父母在阅读的问题上特别容易与孩子发生冲突。例如，孩子总喜欢多看轻松活泼的卡通书，而父母则希望孩子多看有教育意义的书。

如今的孩子生活在一个多元化、信息化的时代。他在空闲时间可以选择阅读，也可以选择看电视、玩电子游戏、听音乐，甚至可以“上网冲浪”。所以，父母应该顺应时代的变化，降低对孩子阅读的期望。

父母应该为孩子提供一个良好的阅读环境，给孩子提供一些他（她）喜欢的、趣味性较强的阅读材料，孩子能够阅读到自己感兴趣的内容，才有可能喜欢上阅读，养成阅读的习惯。

英国哲学家波普尔的父母非常注重环境对孩子的影响。在波普尔的家中，除了餐厅外，其他地方几乎全是书。在一个巨大的藏书室里，更是摆满了弗洛伊德、柏拉图、培根、笛卡儿、斯宾诺莎、康德和叔本华等名家的著作。

波普尔后来回忆，在他还没有能力读懂父亲的这些藏书前，它们就已经成了他生活的一部分。波普尔还说，在他的童年时代，对他影响最大的一本书，就是瑞典作家赛尔玛的《尼尔斯骑鹅历险记》。后来，波普尔反反复复地读这本书，而且他甚至不止一遍地通读了赛尔玛的全部作品。

只要条件允许，孩子会像喜欢收藏其他物品一样，喜欢收藏图书的。所以，父母可以为孩子建立一个小书架，摆上孩子自己的图书，例如童话传说、孩子画报等。一旦有了自己的小书架，孩子就会更热爱图书，喜欢阅读。

孩子阅读能力的提高是需要孩子进行长期广泛的阅读积累。为了提高孩子的阅读能力，父母最好能够和孩子一起阅读。父母如果没有太多的时间，也可以偶尔进行一次，比如每周一次。父母和孩子一起阅读，不仅能营造阅读的氛围，而且能够提前翻翻孩子要看的书，向孩子提出一些有针对性的问题，让孩子带着问题去阅读，提高孩子阅读的效果。对于一些优秀的作品，父母还可以和孩子一起讨论，让孩子发表自己的看法，训练孩子的理解能力，激发孩子阅读的兴趣。

英国的勃朗特三姐妹在文学史上取得了很大的成就。小时候，她们的父母就经常陪她们阅读。冬天，她们围坐在熊熊的炉火前，共同阅读优美抒情的作品；春天，她们常常到野外郊游，朗诵自己或别人的诗作。文学的种子渐渐地播撒到她们幼小的心灵中，使她们能写出《简·

爱》和《呼啸山庄》等世界文学名著。

父母在每天晚上或节假日里，读一些书给孩子听；在孩子安静时，在他身边富有感情地朗读儿歌或者讲故事，会比一味地强迫孩子阅读要有效得多。

父母可以从朗读或者讲故事入手，及早培养孩子的阅读习惯。美国教育家杰姆·特米里斯认为，0～3岁是孩子形成阅读习惯的关键阶段。父母应该在孩子很小的时候就养成每天为孩子朗读的习惯。朗读时间不用太长，可以是每天半小时，但要持之以恒。孩子对阅读的兴趣，在父母抑扬顿挫的朗读中渐渐地就会得到培养。

孩子坚持听读可以使注意力集中，有利于扩大词汇量，激发想象，丰富情感。在每天的听读中孩子会渐渐地领悟到语句结构和词意神韵，产生想阅读的愿望，同时能初步具备广泛阅读的基础。需要强调的是，父母为孩子选取的朗读内容应该生动有趣，能吸引孩子，当然，随着孩子年龄的增长，内容应该相应有所加深。

激发孩子的阅读兴趣应该从孩子最喜欢的图书入手。例如，孩子比较喜欢科普读物，父母就可以让孩子阅读科普读物，让孩子在其中逐渐培养阅读兴趣。在阅读科普读物的过程中，孩子会发现自己知识的欠缺之处，父母要及时引导孩子从教材中去获取知识，弥补欠缺之处。

父母应该从小培养孩子对阅读的兴趣。孩子都很喜欢父母讲故事，特别是年龄较小的孩子常常会缠着父母讲故事。父母多给孩子讲故事，不仅能丰富孩子的知识，而且往往可以引导孩子看书。父母在讲故事时，可以在讲到最有趣的地方停下来，然后告诉孩子："这个故事就在这本书里。你想知道这个故事的结局吗？自己看书吧。"这样，孩子就会自然而然地捧起书，津津有味地阅读起来。

教育专家对父母的忠告

有阅读兴趣的孩子就能够集中精力阅读图书。但是，阅读兴趣不是与生俱来的，而是孩子通过不断的阅读逐渐形成的。父母应该有意识地培养孩子的阅读兴趣，例如，给孩子介绍图书时先描述其中吸引人之处等。

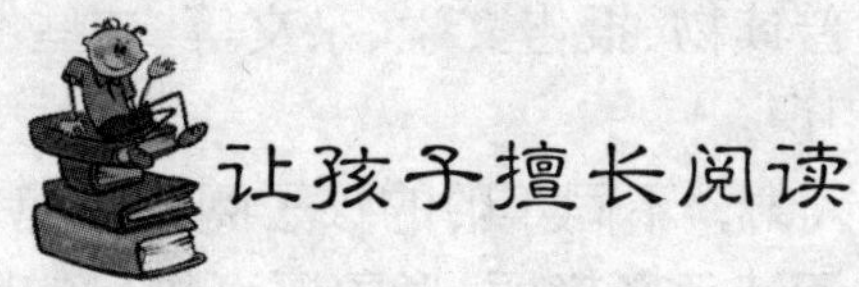

让孩子擅长阅读

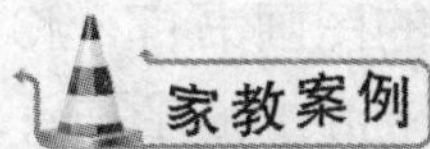

家教案例

晓月是个备受大人称赞的乖孩子。晓月不像其他孩子那样贪玩，有时间就捧着本书看。可是，令晓月的妈妈不解的是，每次问晓月看的内容，她总是一问三不知的。

“真不知道是她在看书，还是书在看她，”晓月的妈妈向前来家访的语文老师说出了自己遇到的难题。

“是吗？晓月现在在哪？”语文老师关切地问晓月的妈妈。

“应该在书房看书吧，”晓月做出一种无奈的表情。

“我们去观察一下晓月是怎么看书的吧？”语文老师建议道。

语文老师和晓月的妈妈观察了晓月半天，发现了晓月看书没有效果的原因。

“晓月，你停一下，让老师给你讲解一下如何阅读，”语文老师微笑着说。

晓月依从语文老师的话停了下来，两只大眼睛望着语文老师。

“晓月，看书时不能只用眼看的，你还要用心看。怎么用心看呢，就是说你要边看边思考看到的内容，这样才能有收获啊。此外，你还要用口看。用口看就是你要边用眼看边用嘴读。读有默读和朗读两种。默读是不出声的阅读，朗读是出声的阅读。你看书时将眼、口、心同时用上，就会理解看到的内容了，就不会看过后一问三不知了，”语文老师详细地指点晓月说。

晓月听完语文老师的话，用语文老师教的方法读了一篇文章，竟然将语文老师提出的几个问题全部答出来了。

随着年龄的变化，孩子会喜欢不同题材的图书。孩子在小学低年级时，容易养成对文学作品的阅读兴趣；初中以后，开始对报纸和杂志产生兴趣。因此，父母要帮助孩子恰当选择各种各样的图书，如童话、民间故事、小说、科普读物、报告文学、杂文等，这些图书能拓宽孩子的视野，丰富孩子的知识。

教育心理学家认为，不同年龄的孩子阅读兴趣有所差异。3岁以前的孩子通常喜欢阅读色彩艳丽、形象逼真物品的图画书；3~6岁的孩子喜欢阅读童话、幻想故事以及有关日常生活行为的图画书；7~10岁的孩子喜欢阅读有一定情节的神话、童话及富有挑战性的图书；10~13岁的孩子喜欢阅读富有幻想、探险、神秘色彩的图书；14~16岁孩子喜欢阅读有关思维、发明、论证、推理及人物传记类的图书。

孩子应该采用不同的阅读方法阅读不同类的图书。常用的阅读方法有两种，即精读和略读。它们都是最基本的阅读方法。

精读比较注重理解与领会，要求孩子善于分析相关内容。在精读的过程中，父母可以让孩子大声朗读，而且要求孩子不可少读一个字，不可多读一个字，不可错读一个字，也不可颠倒字词的次序。这对培养孩子的阅读兴趣是一个很好的训练。父母也要适时表示对孩子朗读的欣赏，鼓励孩子多多朗读。略读比较注重快速地抓住文章的主要内容和某些关键部分。

孩子学习时应该运用精读的方法，反复体会文章的思想内容，其他的书可以采用略读的方法，目的是扩大孩子的知识面。

叶圣陶先生说过，“读书时要先看前言”，这是需要孩子养成的一个习惯。因为前言常常是全书的内容提要之类的内容。孩子先看阅读前言，首先对全书有一个全面的认识，阅读正文内容时就不至茫无头绪了。

父母可以为孩子挑选一些古文或古诗词，让孩子背诵。当然，对于孩子来说，这些书最好是有注释的、比较通俗易懂的。如果孩子能够多背诵一些古诗词，对以后的成长会有很大的帮助。固然，由于孩子掌握的知识较少和拥有的经验不多，理解古诗词来有很大困难，很多时候即使能倒背如流也未必理解其中的含义，但随着年龄的增长和阅历的增加，孩子会慢慢地理解的。

孩子在阅读时想到了什么，不妨随时提笔记下来，这就是读书笔记。想的时候往往比较杂乱，比较浮泛；记笔记的时候条理性就很强了。因此，记读书笔记是督促自己认真阅读的一个好办法。

孩子读书是不知道记笔记的，父母应该让孩子学会读书记笔记，因为记笔记不仅能够增强孩子对内容的理解，还能够强化孩子的记忆。

麻省理工学院教授林家翘先生在上大学时就非常重视记读书笔记，整理读书笔记。他不仅每天晚上整理一遍读书笔记，并经过自己的思考写出摘要；而且每月月底还要把当月的笔记再进行一次专门的整理，将所学的内容重新梳理一遍，整理成一个阶段的学习成果。在期末复习时，他只要认真阅读自己已经整理好的笔记，一边阅读一边思考，就能轻轻松松地在考试中取得优异的成绩。由此可见，边阅读边做笔记是一种有效的阅读方法，整理读书笔记还能够提高学习效率。

边阅读边记笔记可以延长集中精力的时间，同时可以促进思维，增强记忆。因此，父母要培养孩子边阅读边记笔记的习惯。父母可以让孩子用特殊标记把自己特别感兴趣的词句标注出来；可以让孩子有选择地摘抄自己感兴趣的名言警句、成语典故等；还可以摘录书本的梗概提纲、简短书评乃至心得体会，甚至在书本的空白处加上自己的批注。例如，“精彩的描述！”“这句话一语中的！”“这个词语用得很传神！”“这里让人非常费解。”

父母要让孩子整理自己的笔记，让孩子把作者的姓名、书名或篇名记清楚，以便日后查找。

教育专家对父母的忠告

父母在为孩子选择图书时，应该遵循循序渐进的原则，考虑到所选的图书要适合孩子的年龄特点。父母不能只看到图书的装帧华丽，而不考虑图书的内容质量。

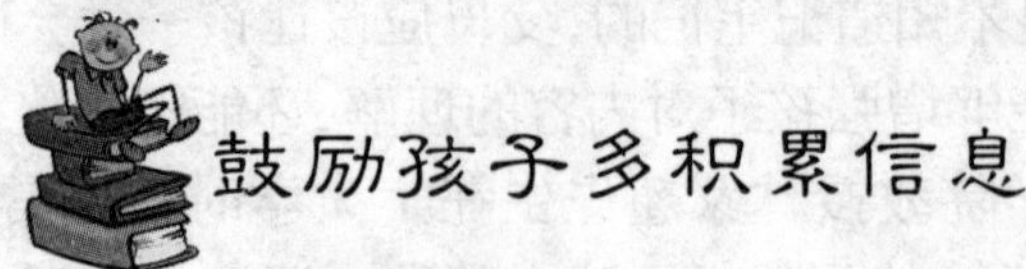

鼓励孩子多积累信息

家教案例

大文豪托尔斯泰小时父母就双双离他而去，他成了一个孤儿。幸运的是，他的一个远房亲戚收留了他，才使他的生活得到了安定。

托尔斯泰上学时非常刻苦，博览群书。在一次文学课上，老师问同学们："谁阅读过莎士比亚的剧本？"同学们听了老师的提问都面面相觑。这时，托尔斯泰站起来说："老师，我读过。"同学们都非常吃惊地将目光投向了托尔斯泰。

老师对托尔斯泰的回答非常满意，鼓励托尔斯泰说："你能把剧本主要内容讲述一下吗？"托尔斯泰信心十足地说："能！"接着，他大声背诵了莎士比亚剧本中的精彩段落。当他背完时，教室里鸦雀无声，同学和老师都惊呆了。

自此以后，老师不断鼓励托尔斯泰在文学道路上发展。托尔斯泰树立了人生的目标，更加刻苦学习，不断积累写作素材，终于创作出了《战争与和平》、《安娜·卡列宁娜》等一系列世界名著，成为世界上最伟大的文学巨匠之一。

有人问托尔斯泰："你能成为伟大的作家，是不是因为你有文学天赋？"托尔斯泰说："文学天赋是不可否认的。但孩子的天赋要尽早被发现，尔后才能树立目标，为之奋斗，也才能取得成功。"

我们常看到这样一种现象：老师布置了一道作文题，孩子回到家苦思冥想，抓耳挠腮，半天也写不出一个字来。写作文成了使孩子感到痛苦的事情，而父母也常常是急得手足无措。造成这种现象的原因是多方面的，但其中关键的就是缺乏习作素材。

因此，父母要帮助孩子解决写作文难的问题，就要丰富孩子的习作素材。

父母要让孩子博览群书。有一句名言说："书籍是人类进步的阶

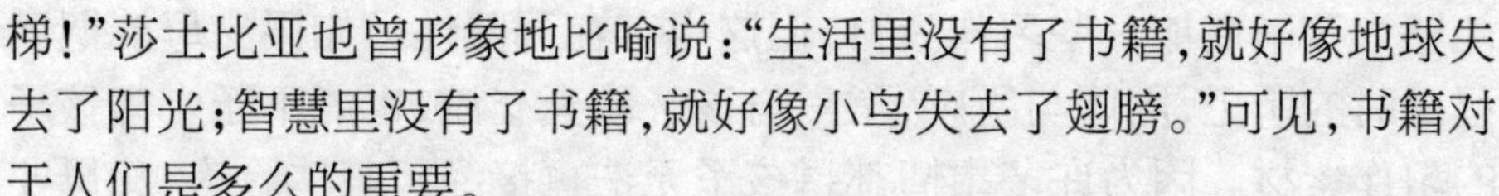

梯！”莎士比亚也曾形象地比喻说：“生活里没有了书籍，就好像地球失去了阳光；智慧里没有了书籍，就好像小鸟失去了翅膀。”可见，书籍对于人们是多么的重要。

现在的父母都非常重视子女的教育，但父母引导孩子读书，不能仅仅随便挑几本书，扔给孩子让他去阅读。父母要引导孩子阅读，至少要做到以下几方面的工作。

(1) 帮助孩子选择可读的书

帮孩子选择图书不仅要注意图书自身的价值，还要兼顾到孩子的认知水平。

(2) 教给孩子读书的方法

父母让孩子学会读书，可以选择一些书与孩子一起读。孩子通过阅读，积累了大量的景物描写、人物刻画、事迹叙述，这些都可以成为孩子写作文时的素材。不仅如此，读好书对提高孩子的习作技巧，丰富孩子的词汇也大有帮助。

(3) 引导孩子看电视

电视已经得到了普及。它在带给人们娱乐的同时也能直到一定的教育作用。它能丰富孩子的习作素材，激发孩子的学习兴趣。父母消极地控制孩子看电视并不恰当。父母应该引导孩子多看健康的电视节目，比如，一些有意义的纪录片、历史剧、人物介绍、动画、喜剧，还有些体育、文化、科学节目等。

父母要引导孩子观看电视中有特点的东西，如山峰、树木、花朵等。看完一个节目后，父母可以让孩子写写内容提要，然后再与电视报上的介绍对比，发现自己的不足。当孩子对节目特别感兴趣时，父母还可引导孩子写写观后感。这些都能起到提高孩子的写作能力，丰富孩子的习作素材的作用。

(4) 多与孩子交流

父母带着孩子感受生活、参加活动，指导孩子读书、看电视，虽然能够为孩子增加一些习作素材，但这也存在局限性。如果父母能把自己平时的所见、所闻与所感，常常与孩子聊天交流，也能不断丰富孩子的习作素材。因为许多事情都是孩子无法直接经历与体验的，父母要通过这种方式，让孩子间接地来感受更多的事情，积累间接经验。

教育专家对父母的忠告

父母要引导孩子在平时注意观察身边的事物，留意偶然发生的事情。孩子就会在不知不觉地体验生活的过程中，积累起来大量的创作素材。

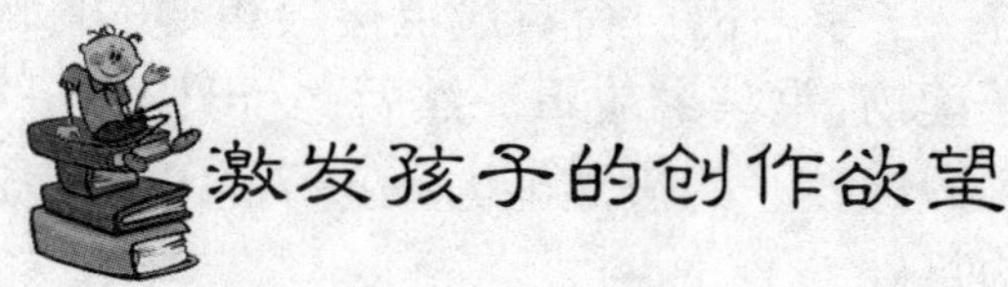

激发孩子的创作欲望

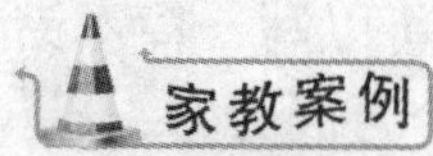

家教案例

著名文学家和教育家叶圣陶先生,有三个孩子。老大叫至善,老二叫至美,最小的叫至诚,都小有名气。叶圣陶对孩子的写作训练,对父母不无启发意义。

吃罢晚饭,叶圣陶戴上老花镜,坐下来开始给孩子改作文。至善、至美和至诚兄妹三人,分别站在桌子的一边,眼睛盯住父亲手里的笔杆儿。他们你一句,我一句,互相指责、争辩。叶圣陶并不加以制止。

叶圣陶给孩子改作文,不像老师那样只在作文上画画改改,而是边看边问:这儿多了些什么?那儿少了些什么?能不能换一个比较恰当的词语表达?把句式改变一下,是不是好些?……

遇到他不明白的地方,还要问孩子:原来是怎样想的?究竟想清楚了没有?为什么表达不出来?怎样才能把要说的意思说明白?有时候,叶圣陶指出了他们可笑的谬误,他们就会情不自禁地笑起来。每改完一段,叶圣陶就会朗读一遍,看语气是否顺当,孩子们也跟着父亲默读。

在叶圣陶的循循善诱下,孩子们的习作渐渐地有了很大的提高。他们兄妹三人在很小的时候,写的作文就得到了朱自清、宋云彬的好评。出版社还出版了他们的习作《花萼》和《三叶》,朱自清和宋云彬分别为两本集子写了序。

父母要训练孩子的表达能力。当孩子稍大时,父母应当要求孩子尽量说出完整的句子,不要任其总是说孩子话,比如,把狗说成“狗狗”,把杯子说成“杯杯”。

在孩子小的时候,掌握的词汇少,只能用一些简单的字或象声词来表达想法。随着孩子年龄变大,父母要不断地教更多的词汇和正确的表达。父母平时与孩子说话时速度不要太快,发音用词要尽量做到准确规范,因为父母的语言会对孩子产生潜移默化的作用。如果父母说话经常颠三倒四，词不达意，孩子的语言表达也就不会好的。

语言环境对孩子学习语言有着最直接最重要的影响。父母要经常给孩子朗读孩子读物，常常讲故事。然后，父母让孩子复述，可以丰富孩子的词汇量和锻炼孩子的表达能力。孩子的语言表达清楚准确，写作就有了良好的基础。

父母只要让低年级学生把想说的意思写下来，就可以写一篇不错的作文。父母提高高年级学生的写作水平，主要在两个方面努力：一是让孩子多读与其水平相适应的课外书籍，熟能生巧，看多了自然而然地会提高文字表达能力。二是常常带孩子走出家门，让其能有更多的实际感受，以增加写作题材。父母应该鼓励孩子写出真情实感，描写要生动而有特点，不要让孩子一味地模仿范文。

孩子初开始写作时往往是写一些自己的经验，然后才是写一些想象中的故事、诗歌等。孩子如果不能轻松地口述一件事，在试图写下它时往往也会发生困难。因此，父母有必要多与孩子交流，鼓励孩子复述已经听过的故事，讲述身边发生的有趣的事情。在父母有意识训练下，孩子会逐渐提高自己的口头表达能力，在写作时也会觉得有话可说，有东西可写。

在一所幼儿园里，一群小朋友们围着一位幼儿园老师，在听她讲一堂别开生面的作文课。

“小朋友们，老师今天教你们如何制作自己的图书。你们说，好不好？”老师面含微笑在征求小朋友们的意见。

“好！”小朋友们异口同声地回答道。由于略显激动，小朋友们的声音相当响亮。

“我们知道，一本书是由很多很多篇文章组成的，就像老师已经带领你们阅读的这本《格林童话》一样，”老师边说边将身旁的一本书拿出展示给小朋友们。

“《格林童话》是专为我们小朋友们写的一本书。它是由大量的故事组成的。我们今天也来编写一本这样的书。我上次布置了编写一篇故事的作业，你们带来了吗？”老师看到小朋友们期待的表情，知道小朋友们的兴趣正在渐渐被激发。

“带来了，”小朋友们一边说着，一边分别将自己准备好的故事文稿递交到了老师的手上。

“好了，我们将故事文稿依次叠放。我们知道，现在这儿有十几份故事文稿了。我们要想翻看到自己的文稿，就需要找好一会儿，很不方便。那么，我们有什么方法可以对此进行改善吗？”老师说着就将《格林童话》翻到了目录那一页，并且有意地展示给小朋友们。

“老师，我们是不是也可以制作一个目录？”一位小朋友受到了老师的启发。

“当然可以。首先，我们将依次放叠放的故事文稿，从第一页起开始补上页码。然后，我们将每个故事的题目誊写在目录上，同时将相应的页码也标在后面。这样，我们想翻看自己的故事时，只需要先在目录上查找到所在的页码，再翻到相应的页码，就可以很快地找到了。”老师边说边给小朋友们做演示。

“我们现在的故事文稿是由很多故事汇集而成的。我们自己当然知道这些故事是哪方面的，但是别人看到就不容易明白这份故事文稿的内容。那么，有什么办法可以解决吗？”老师又边说边将《格林童话》翻到了前言那一页。

“我们为了解决这个问题，就需要给这份故事文稿编写一个前言，用于简单介绍包含的内容。这样，才便于别人翻看我们的故事文稿。”老师说着将自己准备好的前言拿出放在了故事文稿的最上面。

接下来，老师用一个上面标有“我们的故事”的封面将故事文稿包起来，又用订书机从左侧加以装订。

“好了，这就是我们今天制作的图书。”老师和小朋友们一脸成功的喜悦。

“这本图书是我们共同编写的。从现在开始，我们平时勤于写作，就会逐渐写出很多很多文章。那时，我们每个人就都可以出自己的书了，”老师在结束时恰如其分地点出了本堂课的主旨。

教育专家对父母的忠告

父母让孩子写作构思时，要耐心启发，要让孩子自己谈想法，自己做适当提示。讨论时，父母要尊重孩子自己的意愿，不要以大人的构思习惯去束缚住孩子活跃的思维。哪怕你是一位作家，也不要这样做。

第五章　创新开发——培养孩子张开思维翅膀

只有不断创新，才能不断地取得进步。为了适应社会的飞速发展，创新能力成了人们非常重视的能力。同样，父母在培养孩子时，也不能忽视对孩子创新能力的培养。

孩子的探索精神很重要

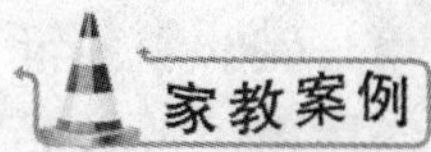

家教案例

哥伦布为了实现横跨大西洋的梦想,准备了近 20 年。在这期间,哥伦布受尽世人的白眼和嘲笑,被人们公认为愚蠢的家伙。在锲而不舍的坚持下,哥伦布终于以他的真诚和信念,感动了西班牙国王和王后。西班牙国王和王后为哥伦布准备了船只,使哥伦布实现了横跨大西洋的梦想,而且发现了美洲大陆。

哥伦布远航回到西班牙,人们奔走相告,都对哥伦布充满了敬仰之情。西班牙国王和王后在王宫大摆宴席,为哥伦布接风洗尘,饶有兴趣地听哥伦布讲述航海过程中遇到的有趣的事情。

因为受到国王和王后的盛情款待,哥伦布遭到了不少人的忌妒。有人议论说:"有什么了不起的,不就是实现了白日梦了吗!要是有足够大的船,我也能横跨大西洋。"听了这些议论,哥伦布并没有进行辩解,而是从容地对人们说:"假如在座的有兴趣,不妨共同做一个试验,看看哪个能把一个鸡蛋竖立起来。"

人们争先恐后地试验,但都没能将鸡蛋竖立起来。最后,人们都认为让鸡蛋竖立起来是根本办不到的事。哥伦布看到人们都没能将鸡蛋竖立起来,就随手拿了一个鸡蛋,将尖端在桌子上轻轻磕了一下,然后鸡蛋稳稳当当地就竖了起来。

哥伦布对大家说:"大家都认为将鸡蛋竖立起来是不可能做到的,而我做到了。现在,你们看到我怎么做到的,你们也知道了怎么做的。可是,问题的关键是我最先想到和做到了。"

好奇是孩子进行创新活动的动力。孩子好奇心愈强,想象力愈丰富,创新能力就愈高。孩子通常对许多事情都会感到好奇,凡事都想弄个明白。他们喜欢冒险,乐于做危险的游戏,因为能从中获得乐趣。父母不要抑制孩子的探索活动，而应该引导孩子大胆去想象，允许他们尝试。

诺贝尔化学奖获得者鲍林的父亲是从事药剂师工作的。鲍林小的时候经常到父亲的实验室里玩。鲍林非常崇拜父亲，看到父亲调配药物，也时常想动手试试。

鲍林的父亲很早就注意到了鲍林对实验具有深厚的兴趣，就不断地教导鲍林如何调配药品，如何做实验。鲍林每天放学后就迫不及待地跑向父亲的实验室。在那里，鲍林学到了许多知识，而且逐渐养成了科学探索精神。

鲍林9岁那年，父亲因病去世。这使鲍林一度陷入对父亲深深的怀念当中。很长时间之后，鲍林才从消沉中走出来，重新走进实验室。鲍林得知好友杰弗里家有个小实验室，就经常到好友杰弗里家去玩。好友杰弗里的父亲做的“高锰酸钾产生气体”实验，让鲍林对化学产生了浓厚的兴趣。从此，鲍林迷上了化学，并最终在化学领域作出了非凡的贡献。

人应该有探索精神。探索精神要从培养独立性和主动性做起。可是，很多父母总是对孩子说：“这个太危险了，你可不能玩呀！”“你还是在家看看动画片算了，这种危险性太大的活动不要参加了。”这是很不利于培养孩子的探索精神。

实际上，孩子在探索活动中得到的不仅有乐趣，还有思维能力的发展，创新能力的发展。美国的教育就十分重视让孩子在各种冒险活动中体验各种情境，探索未知的世界。

在日常生活中，父母经常利用节假日带领孩子接触各种新鲜事物，可以增强孩子的探索欲望。孩子认识事物越丰富，想象的基础就越宽广，越有可能触发新的灵感，产生新的想法。

教育专家对父母的忠告

父母不应该总是将孩子困在家里，不让孩子接触可能带来伤害的任何东西。这是无益于孩子健康成长的。明智的父母会经常带领孩子接触新鲜事物，鼓励孩子探索未知领域。

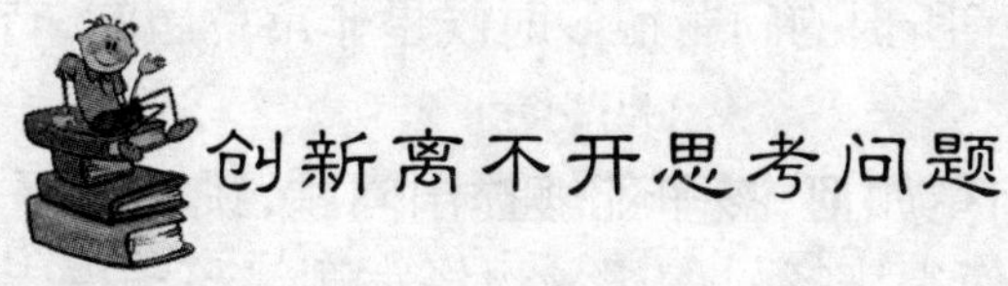

创新离不开思考问题

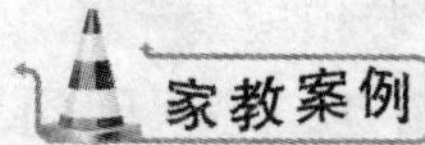

家教案例

一位年轻人在一家石油公司里谋到一份差事，任务是检查石油罐盖焊接情况。这是一份最简单枯燥的工作，很少有人乐意做这份工作。这位年轻人也渐渐觉得，每天检查一个个铁盖太没劲了，就找到主管，请求调换工作。可是，主管没有同意，却对他说："不行，别的工作你干不好。"

年轻人没办法，只得继续检查石油罐盖焊接情况。年轻人想，既然没有其他工作可做，那就把这份简单枯燥的工作做好吧。此后，年轻人兢兢业业地工作。他认真观察焊接的全过程，发现焊接好一个石油罐盖需要 39 滴焊接剂。

焊接剂为什么一定要用 39 滴呢？少用一滴不可以吗？年轻人有了这种想法，就动手测算起来。测算结果表明，焊接好一个石油罐盖使用 38 滴焊接剂就足够了。年轻人有了这个发现后，信心倍增，就开始想办法将节省一滴焊接剂变成现实。

公司现有的自动焊接机，是为焊接一个石油罐盖消耗 39 滴焊接剂而专门设计的。也就是说，用现有的焊接机是无法实现焊接一个石油罐盖节省一滴焊接剂的。年轻人决定另外研制新的焊接机。经过无数次的尝试，年轻人终于研制出了"38 滴型"焊接机。使用这种新型焊接机，每焊接一个罐盖可节省一滴焊接剂。积少成多，一年下来，新型焊接机竟能为公司节省开支 5 万美元。一个每年能创造 5 万美元价值的人，没人再敢小瞧他。

自此之后，年轻人迈开了成功的第一步。若干年后，年轻人成了世界石油大王。

孩子天生就有较强的求知欲望，心中总有着无数个"为什么"，想了解这个奇妙世界的本来面目。孩子从会说话起，就经常问东问西的。由于年幼无知，孩子所提的问题很多时候是非常荒唐的，有时让父母根本无法回答。

不管孩子问得如何，孩子能够提出问题，说明孩子是在进行思考和探索，这就很值得表扬。如果父母经常嘲笑孩子提出的问题荒诞不经，孩子的问题就会越来越少，遇到问题也不会主动思考和探索了。

著名物理学大师爱因斯坦就是一个喜欢提问题和打破沙锅问到底的人。爱因斯坦经常会对常见的事物提出问题，诸如“风从哪儿来的？”“雨是怎么形成的？”“雪有没有不是白色的？”之类的问题。他的父母对他提出的问题总是尽力解答，这极大地刺激了他的求知欲，提高了他的创新能力。爱因斯坦之所以能够取得巨大的成就，是与他小时候善于提出问题分不开的。

父母应该心平气和地、认真地对待孩子的各种问题，不能因为有的问题显得太幼稚而完全加以否定，而要有意识地引导孩子，保护好孩子的好奇心，鼓励孩子积极思考，对孩子的提问表现出自己的兴趣。父母与孩子一起去思考，寻求未知的答案，孩子提问的欲望就会不断增强。

天才往往善于从他人不曾想到的角度去思考问题。达·芬奇认为，为了获得有关某个问题的答案，首先要学会如何从不同的角度重新思考这个问题。他一旦发现自己看待某个问题的角度太偏向于看待事物的通常思路，就会从一个角度转向另一个角度，重新思考这个问题。随着视角的转换而对事物从不同角度进行观察，就会理解得更加深入，从而更容易抓住事物的本质。

在日常生活中，父母要经常引导孩子多角度看待和分析事物，逐渐养成换角度想问题的好习惯。例如，纸张除了写字外，还有其他用途吗？椅子除了可以用来坐外，还有其他作用吗？其实，随便一种事物都可以用来启发孩子进行多角度思维。

多角度思维是一种发散性思维。发散性思维是突破原有知识的局限，从一点向四面八方扩散，沿着不同方向、不同角度进行思考的方法。发散性思维是通过对知识和观念的重新组合，找出更多更新的设想或解决办法。科学家哈定说：“几乎所有创造性的思想家都是幻想家,而幻想主要靠的是发散性思维。”

在生活当中，父母要有意识地加强对孩子进行发散性思维训练。例如,回形针的用途:可以用来把纸和文件别在一起,可以用做发夹,可以代替别针,可以拉直了用做织针,可以当鱼钩使用等。为了达到照明的目的,采取的方式有:可以开灯,可以点蜡烛,可以用镜子反射太阳光以及用手电筒、点火把等。

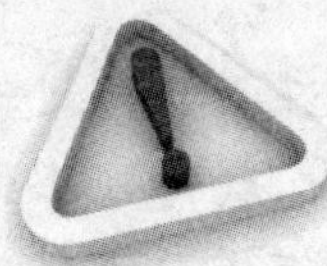

教育专家对父母的忠告

父母经常培养孩子进行发散性思维,就能够使孩子学会多角度来思考问题，提高创新能力。

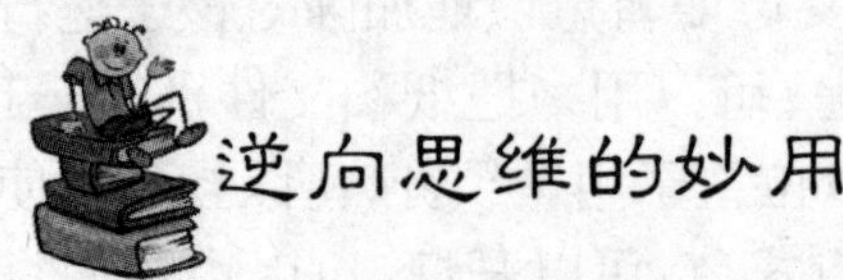

逆向思维的妙用

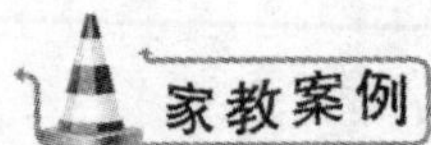

很久很久以前，人们都还赤着双脚走路。有一位国王外出经过一个偏远的乡间，乡间的路面崎岖不平，而且有很多碎石头，刺得国王的脚又痛又麻。回到王宫后，他下了一道命令：将国内的所有道路都铺上一层牛皮。他认为这样做，不只是为自己着想，还可以造福于他的臣民，让大家走路时不再受刺痛之苦。但即使杀尽国内所有的牛，也筹集不到足够的皮革，况且所花费的金钱、动用的人力，更是无法估量。虽然根本做不到，甚至还相当愚蠢，但因为是国王的命令，大家也只能暗自感叹。

一位聪明的仆人大胆向国王进谏："国王啊！为什么您要劳师动众，牺牲那么多牛，差遣那么多人，花费那么多金钱呢？您何不割两小片牛皮包住您的脚呢？而且所有的人都可以这样做啊！"国王听了很惊讶，仔细一想，立刻收回成命，采用了仆人的建议。于是，世界上就有了"皮鞋"这种东西。

逆向思维是一种重要的思维方式。逆向思维也叫求异思维，它是对司空见惯的事物或观点反过来思考的一种思维方式。敢于反其道而行之，让思维向对立面的方向发展，从问题的相反面深入地进行探索，树立新思想，创立新形象。

人们习惯于沿着事物发展的方向去思考问题并寻求解决办法。其实，解决某些问题，尤其是一些特殊问题，可以从结论往回推，倒过来思考。从结论回到已知条件，反过去想或许会使问题简单化，使解决问题变得轻而易举，甚至因此而有所发现，创造出奇迹来。

一位商人，出生在一个嘈杂的贫民窟里。和所有出生在贫民窟的孩子一样，他经常打斗、喝酒、吹牛和逃学。唯一不同的是，他天生有一种赚钱的眼光。他把从街上捡来的一辆破玩具车修整好，然后租给同伴们玩，每人每天收取半美分租金。一个星期之内，他竟然赚回了一辆新玩具车。他的老师对他说："如果你出生在富人家庭，你会成为一个出色的商人。但是，这对你来说不可能。不过，也许你能成为街头的一个商贩。"

中学毕业后，他真的成了一个商贩，正如他的老师所说的那样。不过在同龄人当中，他已经做得很不错了。他卖过小五金、电池、柠檬水，每一样都卖得相当不错，但赚的钱也不太多。最后让他发迹的是一堆服装，这些服装来自日本，全是丝绸，因为在海上遭遇风暴，导致一船的货都成了废品。

这些来自日本的服装，在运输当中遭遇风暴，使丝绸都浸染了染料，数量足足有一吨之多。这批丝绸成了令日本人头疼的东西。他们想低价处理掉，却无人问津，想搬运到港口当垃圾扔掉，又怕被环保部门处罚。于是，日本人打算在回程的路上把丝绸抛到海中。

这一天，商贩在港口的一个地下酒吧喝酒，当他步履蹒跚地走过一位日本海员旁边时，听到有人正在谈论丝绸的事情。第二天，他就来到了海轮上，用手指着停在港口的一辆卡车对船长说："我可以帮忙把丝绸处理掉，如果你们愿意象征性地给一点运费的话。"

他不花任何代价拥有了这些被染料浸染过的丝绸。他把这些丝绸加工成迷彩服、领带和帽子，拿到人群集中的闹市出售。几天之内，他靠这些丝绸净赚了10万美元。这之后，他已不是商贩，而是一个商人了。

有一次，他在郊外看上了一块地，就找到土地的主人，说他愿花10万美元买下来。

主人拿了他的10万美元，心里暗暗嘲笑他的愚蠢，这样一个偏僻的地段，只有呆子才会出这样的价。一年后，市政府对外宣布，要在郊外建造环城公路，他的地皮一下子升值了150多倍。从此，他成了远近闻名的富翁。

在他77岁时，终于因病躺下了。然而，就在临死前，他让秘书在报纸上发布了一则消息，说他即将要去天堂，愿意为人们向已经去世的亲人带去一个祝福的口信，每个收费100美元。结果他赚了10万美元。他如果能在病床上多坚持几天，可能还会赚得更多一些。

他的遗嘱也十分特别，他让秘书再登一则广告，说他是一位礼貌的绅士，愿意和一位有教养的女士同卧一块墓穴。结果，一位贵妇人愿意出资 5 万美元和他一起长眠。

教育专家对父母的忠告

每个人都有机会，哪怕是贫民窟里的孩子；任何地方都有机会，无论在破旧的大街，还是港口酒吧，或是在荒僻的郊外；任何时候都有机会，哪怕是在一个人生命的最后时刻。

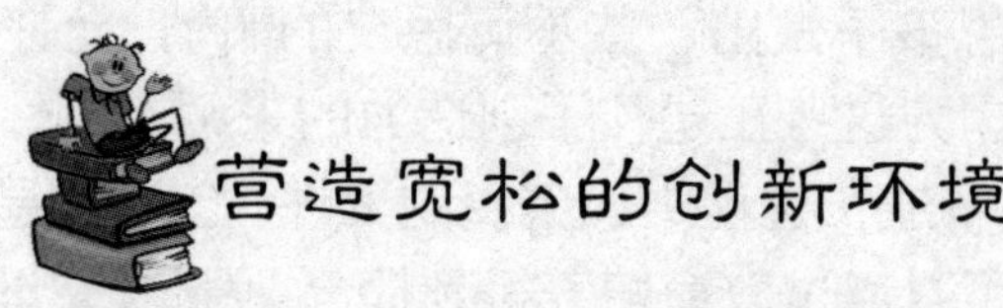

营造宽松的创新环境

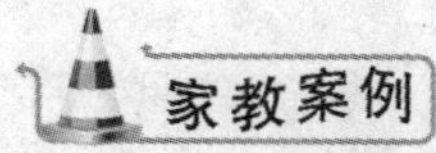

家教案例

1941 年,休伯尔家的院子里传来一声巨大的爆炸声。爆炸声惊动了四邻,警车瞬间呼啸而至。经过调查,原来是 15 岁的休伯尔想用砂糖等原料制造一颗"炸弹"。他担心会把实验室炸坏,特意在院子里进行试验,果然产生了巨大爆炸力,还把他击倒在地,幸好他没有受伤。休伯尔从小就喜好做化学实验,并把家中的地下室变成了小实验室。

爆炸发生后,休伯尔非常担心受到父母的责骂。出乎意料的是,父母并没有处罚和责骂他,更没有禁止他做实验,而是对他说:"既然是做科学实验,就必须要讲科学,要严谨,容不得半点侥幸心理和想当然的想法。"父母的话极大地激发了休伯尔的创造信心。后来,休伯尔专心于科学研究,并以严谨的科学态度取得了巨大的研究成果,荣获了诺贝尔奖。

处于宽松和谐家庭环境中的孩子,往往具有较强的思维能力和创造力,而处于过分专制严厉的家庭中的孩子,往往缺乏创造力。在专制的家庭中,孩子往往没有发言权,不能充分表达自己的想法,因此也就缺乏创造力。

诺贝尔奖获得者克莉斯蒂安·福尔哈德从小就生活在一个宽松和谐的家庭中。她的父亲总是耐心认真地听取她的意见。对于女儿不拘一格的独特想象力与创新思维,父亲给予了最细心的呵护,每次听完女儿的新想法,父亲都会给予肯定及最大的鼓励。父亲的赞许给了克莉斯蒂安·福尔哈德极大的信心,让她无论做什么,都试图用自己新的观点去做。每当冒出什么新想法时,她首先想到的便是告诉父亲,父亲一直都是她的"忠实听众"。在父亲的鼓励下,克莉斯蒂安·福尔哈德保持了自己的独立见解和大胆的怀疑精神。正是这种精神,使克莉斯蒂安·福尔哈德在科学的领域中取得了巨大的成功。

由此可见，要培养孩子的创造力，父母一定要营造一个宽松和谐的家庭环境，容忍孩子做出一些不可思议的事情，允许孩子坚持自己的“奇谈怪论”，因为这些正是孩子创造力的来源。

创造性是孩子成长过程中最宝贵的天性。创造力是一种人类普遍具有的能力，还可以通过教育培养得到提高。因此，父母应努力培养和发展孩子的创新精神。

孩子多具有好动、好问、好奇的心理特征，所作所为多逾常规。许多父母都喜欢那些循规蹈矩、文静听话的孩子，讨厌那些东摸摸、西碰碰、好提古怪问题的孩子。每当孩子犯了“小错误”、“小毛病”，父母便厉声呵斥，甚至拳脚相加。把孩子的手脚束缚起来，往往也会将孩子的创造意识扼杀。

其实，好问、好动、好奇是孩子的天性，也是促使其身心健康成长的重要内因，是推动其认识未知世界的主要内在力量。孩子调皮、淘气，喜欢玩危险性的游戏，甚至闹恶作剧，通常与品质的善恶无关，而是由孩子天性决定的。殊不知，敢于涉足新的领域，敢于应付挑战的进取精神和创新意识，也许就是从这些无拘无束的游戏中孕育出来的。

因此，父母应尊重孩子们的想法，即便想法可能很滑稽可笑，也要在更正和教导的同时，不失时机地鼓励孩子敢想、敢说、敢为的行为，这样才能逐步发掘出孩子内在的较强的创造性。

父母对孩子的教育，既有培养创造精神的力量，也有压抑创造精神的力量。所以，在日常生活中父母应该尊重孩子的想法和做法，宽容孩子的“犯错误”，允许孩子发表自己的意见，提出新的见解，尊重孩子的观点，充分激发孩子的创造力，为孩子创造性思维能力的培养提供一个轻松自由的空间。但是，这并不等于对孩子的错误置若罔闻，而是在对孩子所犯错误的见解和做法进行评论时，善于抽取其中有价值的部分给予肯定，让孩子多一点成功体验，才会激励孩子进一步探索。

教育专家对父母的忠告

恰当的评论可促进孩子的思维，反之则会抑制孩子的思维。所以，父母应明确对孩子进行合理评价，才能使宽松的创新环境真正地形成。

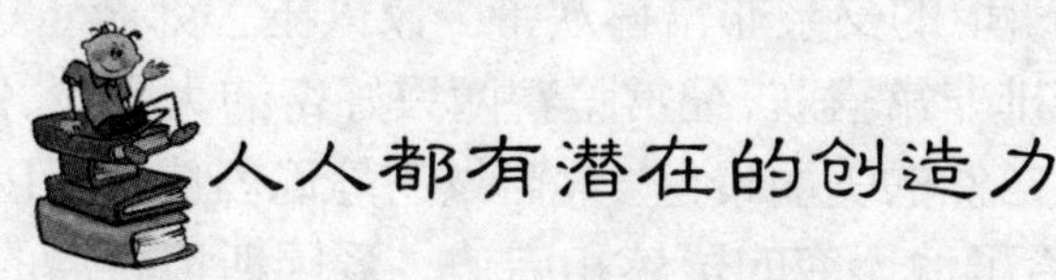

人人都有潜在的创造力

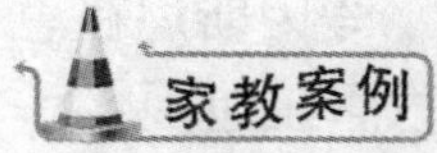

家教案例

托马斯·爱迪生一生拥有1000多项专利。他给自己和助手确立了提出新想法的定额，以此来保证自己的创造力。他的个人定额是每天一项小发明，每半年一项大发明。达·芬奇一生创作了无数的绘画作品，其中最著名的就是《蒙娜丽莎》和《最后的晚餐》。莫扎特一生创作了600多首乐曲，不管在什么时候，都具有创作的欲望和灵感。巴赫每星期都要创作一首合唱曲，即使在他生病的时候，也具有极强的创作欲望。

人们总是认为只有科学家、发明家、文学家和艺术家才具有创造力。事实上，每一个人都具有极强的创造力。正如美国心理学家詹姆斯所说，我们所知道的只是“我们头脑和身体资源中极少的一部分”。每一个人的创造力宛如海底的冰山，有时候你只可以看到它隐隐约约露出来的一角，有时甚至什么也看不到，但是，冰山却是存在的，创造力也是存在的。如果一个人对自己充满信心，有意识地去开发自己的创造力，创造力就会像火山一样爆发出来。实际上，创造力是一种思维能力，但它并不是漫无边际、天马行空式的想法，而是一种发现新问题、创造新方法、帮助人们更好地适应环境的能力。

孩子处在创造力的萌芽阶段。他们好动、好问，对周围的环境有强烈的探索欲望和好奇心。创造力主要取决于后天的培养，青少年时期是培养孩子创造力的关键时期。现在很多家长都注意发掘孩子的智力，事实上，如果父母注重培养孩子的创造力，孩子的智力也能得到快速提高。

经常带孩子到大自然中去玩，去学习，一方面可以让孩子感受大自然的美，另一方面，大自然也能教给孩子无穷无尽的知识，激发孩子的创造性思维。

爱因斯坦在小的时候，一家人住在慕尼黑郊区，那里树木茂密，绿茵环抱。爱因斯坦的父亲非常喜欢带一家人出去郊游。爱因斯坦对于父亲的这种安排非常喜欢，经常瞪着两只好奇的大眼睛，紧闭嘴巴，默默地注视着大自然的美丽景色。大自然的静谧养成了爱因斯坦沉思的思维习惯，也给了他无穷的灵感和启迪。爱因斯坦日后的无与伦比的创造性思维，正源自于他对生生不息的大自然的感悟。爱因斯坦在思维枯竭的时候，总是喜欢寻求远离繁华都市的乡村作为居住地。

一位父亲发出这样一番感言："我认为森林对孩子来说是最好的教科书，也是最好的游玩场所。在这样一个广阔的天地里，孩子想怎样玩就怎样玩，在草地上、在阳光下，都会感到自由自在。我经常带孩子到这样的地方去，告诉他(她)各种各样的树木和鸟类的名称。我们经常会摘一朵野花，共同研究花朵的构成；我们会敲下一个成熟的果子，一起解剖果子；我们经常砸下一块岩石进行观察；我们经常观察昆虫的生活习惯，窥视鸟类在树上做巢；我们经常拍摄一些孩子未曾见过的花草、树木和风景；等等。这些都启发了孩子的好奇心，锻炼了孩子的注意力，激发了孩子的创造性思维。"

想象是创造之母，没有想象能力就没有创新能力。

父母可以讲一个没有结尾的故事，让孩子把结尾续上。例如，乌龟和兔子赛跑的故事，第一次乌龟赢了，兔子很不服气，于是，他们又比了一次，结果如何呢？父母可以让孩子自己来讲故事的结尾。这类训练能够有效地开启孩子想象的翅膀，培养孩子的构思能力、表达能力，锻炼孩子的创造力。父母在讲这类故事时选择趣味性较强的，才更能引起孩子的兴趣。

教育专家对父母的忠告

有创造力的人肯定是聪明的人，他能够把学到的知识灵活运用，创造出新的东西。创新对一个国家和民族来说至关重要，父母要想让自己的孩子取得成功，就要重视培养孩子的创新习惯。

第六章 审美教育——让孩子接受美的熏陶

虽然美的事物在世界上随处可见，但是孩子通常不知道从何处观察，如何发现。想要孩子能够感受到事物的美，就要使孩子拥有一双发现美的眼睛、一双倾听美的耳朵和一个感悟美的心灵。

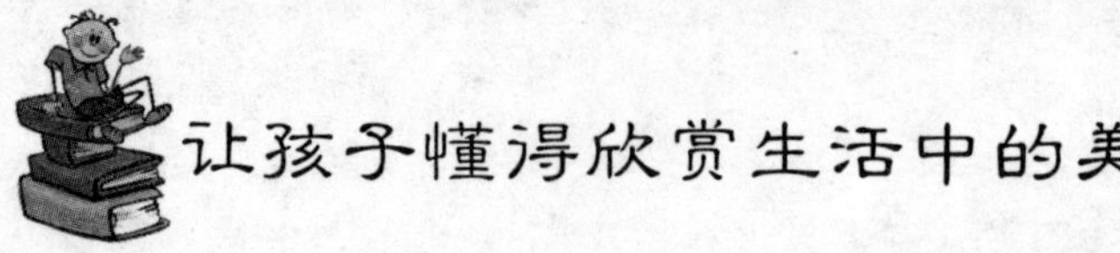

让孩子懂得欣赏生活中的美

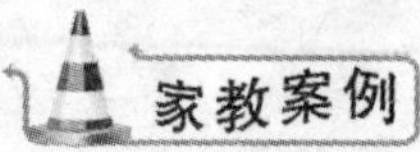

家教案例

一位著名作家是这样来引导孩子欣赏生活中的美的：

我的女儿像所有小女孩一样，也很爱美。女儿看到别的小朋友衣着华丽，就会露出羡慕之情。有一回，女儿惊喜地发现她的好朋友芳芳将指甲涂得花花绿绿的，就问我："妈妈，您看芳芳的指甲好看吗？"我知道女儿遇到了什么是美以及如何欣赏美的问题，就向她讲解美的观念和欣赏美的方式。

我从来不太约束女儿在衣着方面的选择。女儿乐意穿戴什么，我通常都是随她的意愿，至多也不过在一旁提供一下参考意见。可能是由于我的童年没有太多的新衣服可穿，时常感到是一大憾事，才产生了我这样纵容女儿的意识吧。

由于手头拮据，我从毛衣厂的下脚料中盘下来几千克的毛线头，将花花绿绿的毛线头一截截接好，给女儿织了几件衣裤和背心类的小物件。运用各种材料的搭配，再加上我还算灵巧的双手，织出的衣服充满童趣的图案。

其中的一件毛衣给我和女儿平添了许多乐趣。那件毛衣被我织得造型很奇特。下摆是红白线相间的条纹；胸前绣一张顽皮的笑脸，好像在东张西望，逗人发笑；两只袖子上各织了一只小乌龟，小乌龟活灵活现的，很讨人喜爱。小伙伴们看到女儿穿了这件毛衣，就围着她看个不够，有的摸摸笑脸，有的玩玩小乌龟，好不开心。

毛衣是我在病床上一针一针地织成的。因为躺在床上织，我的胳膊肘也磨得流血结了痂。对此，女儿在作文中用她那稚嫩的语言，将我的关爱之情发挥得淋漓尽致，这使我既感到愧疚又感到欣慰。愧疚的是我没能给女儿制作更精美的衣服，而欣慰的是女儿感受到了我的一片母爱。

我有时打趣地问女儿："你想要华华粉缎子的花衣吗？"女儿就会懂

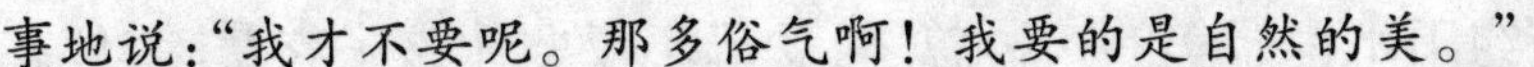

事地说:“我才不要呢。那多俗气啊!我要的是自然的美。”

快过新年了,女儿不允许我给她添新衣。她先用家中平时剩下的布条拼成了花色罩衣,又自己设计了图案。让我想不到的是,女儿做出来的衣服还真像模像样。女儿穿着它,到处都能赢来一片赞赏之声。

长久以来,女儿从不在衣着和学习用品上与别的孩子攀比。我知道这既是女儿比较懂事的表现,也证明了女儿有自己健康的审美观。

这位作家用她独特的方式帮助女儿形成了健康的审美观。更多的父母要么提供给孩子名牌货,使他们形成了不健康的审美观,要么省吃俭用,抑制了孩子对美好事物的渴求,这些都是不正确的。

许多人认为生活中充斥着庸俗的事物,没有什么美可言。这是一种片面的看法。生活中固然存在很多无美可言的事物,但是也随处可见美的事物,关键是你感受生活的态度和是否具有欣赏生活中的美的能力。

父母本身要富有审美能力,能够发现和欣赏生活中的美,才可能使孩子受到积极的影响。父母应该尝试以孩子的眼光看待问题,让孩子潜移默化地受到影响,看到生活中的美。每位父母培养孩子欣赏生活中美的方式和途径不尽相同,都可以有自己一套合适的方法。

居家环境的塑造不是摆设家具那么简单就能完成的。父母可以带领孩子一起在假日来个大打扫,可以在墙上张贴几幅字画,可以在房间摆上花草盆景,给孩子营造一个健康的居家环境。还有,父母要保持家庭和睦,做孩子的好榜样。

电视的出现,在给人们带来获得信息便利的同时,也使得全家人在月光下交谈的时间越来越少。父母和孩子经常一起读书、锻炼、欣赏音乐,不仅可以增强家人的感情,也可以培养孩子的美感。如今的孩子,大多数是独生子女,在家没有相同年龄段的孩子一起玩耍。城市的孩子放学后也很少互相来往,这也使得孩子独处的时间增多。因此,对孩子而言,丰富的家庭娱乐生活具有举足轻重的作用。

父母固然不能忽视孩子对外表美的认识和塑造,但更重要的是要塑造孩子心灵的美。父母要使孩子意识到不仅穿着华丽是美的,穿着朴素但整洁也是美的;不仅尊老是美的,爱幼也是美的;不仅爱护花草是美的，节约用水也是美的……总之，父母不仅要让孩子衣着美、仪态美，还要让孩子心灵更美。

教育专家对父母的忠告

虽然美无处不在，但是孩子并不一定能够发现美的存在。孩子的观察能力有限，生活感悟不多。父母应该多指出美的事物给孩子。例如，让孩子观察天空中变化多端的白云，观察鱼儿在水中畅游，观察如行云流水般的舞蹈，等等。在父母有意识的指引下，孩子对美的感受会逐步得到加深。

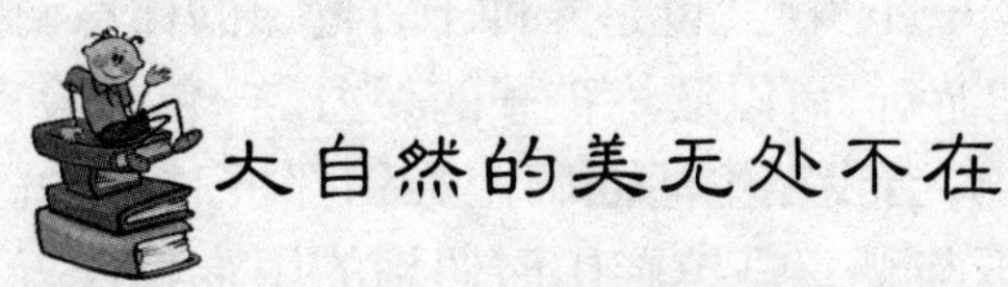

大自然的美无处不在

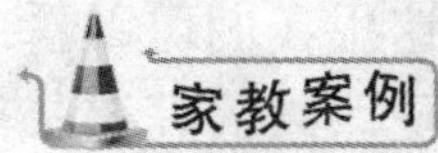

家教案例

达尔文的父亲是一位很有名望的医学博士，母亲苏珊娜则是一位很有见地的女性。在达尔文小的时候，苏珊娜就很注意对他进行启蒙教育，常常带他去花园散步。苏珊娜一边培植花草树木，一边告诉达尔文各种树木的名字和各色各样的花花草草。达尔文的父亲在空闲的时候也会带着达尔文去郊外采摘花草。在父母的引导下，达尔文渐渐地喜欢上了大自然，知识也不断地丰富起来。

母亲苏珊娜很注意满足达尔文的好奇心。达尔文看到母亲在给树苗培土，就问母亲为什么这么做。母亲就详细地说明土壤对于树苗成长的重要性，使达尔文明白了树苗的生成离不开环境的支撑。达尔文也会提出诸如“土里面为什么不能长出小鸡小鸭？”之类有趣的问题。苏珊娜很高兴达尔文能提出尽管对于大人而言很可笑的问题，她会坦诚地告诉达尔文，世界上有很多事情至今还没有答案，这需要你长大了来想办法找到答案，因此，你现在就要努力学习，积累知识，为以后寻找答案做准备。

苏珊娜的教育对于幼小的达尔文的成长是很重要的，但不幸的是，苏珊娜在达尔文 8 岁时就过早地因病离开了人世。尽管如此，苏珊娜对达尔文循循善诱的教导，启迪了达尔文的智慧，培养了他探索大自然的兴趣，最终使他成为世界著名的科学家，创立了生物学重要的基础理论——生物进化论。

大自然中无奇不有，也充满着各种各样美的事物。人类的繁衍生息得益于大自然温床的哺育。人类在与大自然的共处中，不断认识了大自然的奥秘，大自然也将其独特的美回馈给人类。

如今的孩子经常被各门学科的作业压得喘不过气来，父母也认为孩子应该把全部精力放在学习上，而不应该到大自然中去疯玩，以免

耽误了学习。其实，这是一种误解。孩子在完成繁重的学业负担之余，去大自然中放松一下身心，也是一种十分健康的休息调整方式。

跋山涉水地游玩，可以锻炼孩子的毅力。一位探险家说过，我曾经爬过喜马拉雅山，当我在生活面临困难和挫折时，我就会想到这些所谓的困难和挫折与爬喜马拉雅山时遇到的困难和挫折相比算不得什么，也就会更加有勇气面对生活中的困难和挫折。从这里我们可以看出，跋山涉水地游玩，不仅可以锻炼孩子的身体素质，更可以培养孩子的心理素质。

共产主义理论的创立人马克思，一生经历坎坷，充满艰辛。马克思对人类社会的巨大贡献，从某种程度上来说，完全是在逆境中作出的。他不但孜孜不倦地追求他深爱着的事业，也在工作之余不忘记关爱子女。他常常在星期天带着女儿爱琳娜去郊游。爱琳娜在回忆父亲马克思的文中曾写道："星期天是我们全家最高兴的日子。他常常会带我们去野外郊游。他会和我们一起捉蝴蝶、采摘野花、观察神奇的大自然。"

父母带孩子到大自然中，让他去感受大自然的博大精深、神奇奥妙，不仅可以增长知识，还可以陶冶情操。父母每周都要尽可能抽时间带孩子去附近的公园散步，让孩子呼吸一下新鲜空气。在假日里，父母可以带孩子到动物园观赏各具情态的动物，既能让孩子认识各种各样的动物，也能培养孩子热爱动物的习惯。在寒暑假的长假期里，父母可以安排与孩子一起做长途旅行。当然，父母事先要做好充分准备，这不只是物质方面的准备，更主要的是多了解沿途的风景介绍。这样，就不至于游玩时毫无头绪，不至于让孩子在疯玩了一回之后一无所获。

孩子本身对事物的理解能力和对大自然的欣赏能力有限，父母在带孩子外出游玩时要适时加以指点。父母指引孩子观赏大自然，让孩子充分体会大自然之美。天空中漂浮的白云、千姿百态的奇石，都可以令孩子浮想联翩；幽静的环境、悦耳的鸟鸣，又可以使孩子心旷神怡。父母也可以在游玩时带上照相机，将大自然的美用照片记录下来。

教育专家对父母的忠告

欣赏大自然，不是无目的的活动，而是要培养孩子热爱大自然、保护环境的意识。

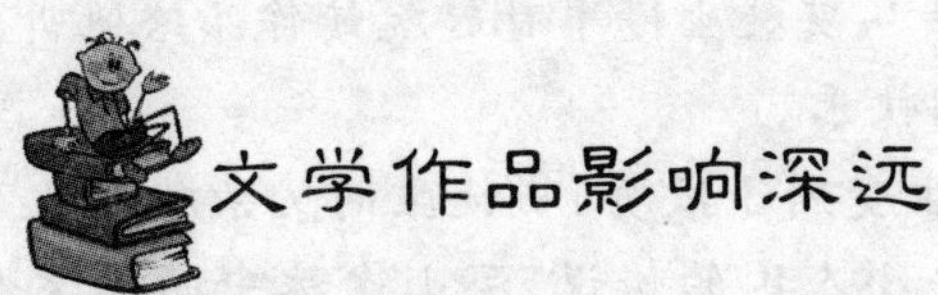

文学作品影响深远

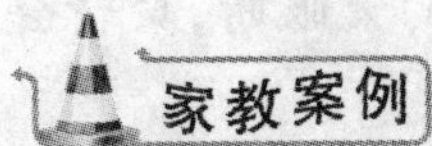

家教案例

丹麦著名童话作家安徒生的家境很一般。安徒生的父亲小的时候就非常爱读书,渴望能进入当地的一所小学学习拉丁文。曾经有几个有钱人在高谈阔论之余,满口承诺凑钱为安徒生的父亲支付学费,让安徒生的父亲能够进入学校学习,有一个美好的前程,但是他们却没有真正地兑现过。这件事给安徒生的父亲很大的触动。

一个学生到鞋匠家做新鞋子时,将自己用的书让安徒生浏览了一下,并告诉安徒生自己在学校学了些什么。这时,安徒生注意到了父亲在暗暗流泪。学生走了之后,安徒生的父亲心情仍然不能平静下来。父亲拿起该干的活,却没有心情做下去,又很生气地放下了。

安徒生的父亲考虑再三,终于忍不住将安徒生叫到了面前,对他说:“儿子,你听好了。你慢慢地也快长大了。不管生活中遇到什么样的困难,你都要不被困难屈服,勇敢面对困难,抱定一个目标,那就是读书。”

“读书有什么用处呢?”安徒生不解地问道。

“读书的用处可大了,”父亲向安徒生解释说,“读了书就可以过好日子!读了书,你就可赚很多很多钱。有了钱,你就可以买很多很多有趣的书,还可以到处旅游,增长见识。”

“快吃饭吧,别总是给孩子讲这些不切实际的东西了。孩子像你这样没读过书,有一门手艺不是也照样可以过日子。”安徒生的母亲不太理解安徒生的父亲,报怨地说。

“你说的也在理,可是,”安徒生的父亲辩解地说,“人活着不能仅仅满足于吃饱穿暖这么简单,还要有点精神追求,不然和行尸走肉有什么区别呢?”

安徒生的父亲在工作之余,就会捧起放在身边的作品读起来,其中有阿拉伯的故事作品集，有丹麦诗人的作品，甚至还有莎士比亚的作品。安徒生的父亲从安徒生懂事时起就读作品给他听，也只有在这个时候，他才真正感到快乐。

有时候安徒生受到了欺负，安徒生的父亲就会放下手中的活，给他讲故事，什么有关小人国的传说、深山老林中的寻宝人之类的故事，个个讲得引人入胜。安徒生静静地坐着，睁着两只圆圆的大眼睛，聚精会神地听着，仿佛自己就是故事中的主人公。

安徒生就这样在父亲的教育下，逐步培养起了对文学的兴趣，最终走上了文学创作之路，为儿童文学作出了卓越的贡献。

文学作品是作者对生活感悟的提炼，是作者人生经验精华的浓缩。作者在文学作品中用生动的笔触，塑造了个性化的人物形象，描绘了社会人生百态。孩子阅读文学作品，不仅可以获得丰富的知识，也可以受到美的熏陶，提升人生境界。

孩子阅读文学的欲望通常是很强烈的。不过，由于年龄小，孩子没有太强的识别能力，往往找到什么书就读什么书。父母应该为孩子挑选适合孩子阅读的图书，例如，内容通俗易懂、形式生动活泼、思想健康向上的图书。

孩子处于一个充满幻想的人生阶段，就应该多读童话故事。通过阅读童话故事，孩子能够明白世间不仅存在真、善、美，也存在假、恶、丑，从而能建立正确的人生观。童话故事中浮想联翩的事物，也能增强孩子的想象能力。

教育专家对父母的忠告

文学作品不仅可以通过文字进行表达，也可以通过声音进行展示，而且有些体裁的诗文离开声音的表达也是不完整的表达。父母要通过让孩子背诵经典诗文，增强孩子欣赏文学作品中美的能力。

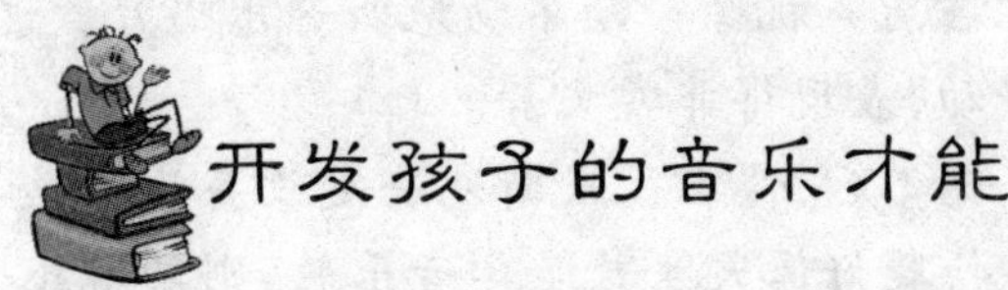

开发孩子的音乐才能

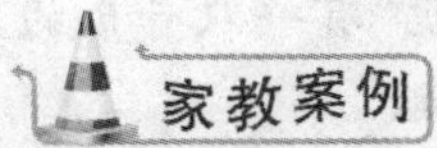

家教案例

我国著名的文学翻译家傅雷，一生致力于翻译法国文学。傅雷有两个儿子，其中长子傅聪是一个音乐天才。傅聪在19岁时就在第四届世界青年与学生和平友谊联欢节国际艺术比赛中获得了钢琴三等奖，在21岁时参加第五届肖邦国际钢琴比赛获得了三等奖。傅聪是新中国成立后第一位参加肖邦钢琴比赛并获奖的人。他对肖邦灵魂的准确把握、对肖邦作品的精湛演奏，震惊了中外乐坛。

当人们问到傅聪的音乐成长之路时，傅聪说父亲是他步入音乐殿堂的启蒙老师。其实，傅聪的音乐成长之路也充满了艰辛。

傅雷交往甚广，家中常常高朋满座。他们聚在一起畅谈文艺理论，抒发人生抱负。傅家的家风很严，大人之间谈话，小孩子是不能在旁倾听的，更不容许胡乱插嘴。而小孩子的好奇心总是很浓厚的，大人越不让听，越会激起他们的好奇心。

一次，画家刘海粟来做客。傅雷与他在书房欣赏字画。一番高谈阔论之后，傅雷到外间取东西，开门发现了傅聪和傅敏正在聚精会神地听自己在同客人谈话。傅雷当场就狠狠地训斥了傅聪和傅敏。事后，傅雷对这件事仍耿耿于怀，再三思量究竟自己这样做合适不合适。最后，傅雷作出了让傅聪和傅敏倾听大人谈话的决定，因为通过听大人谈话，孩子可以较早地体会到人生的酸甜苦辣，感悟到人生的哲理。

傅雷在教育子女问题上有着自己独到的见解。他认为每个人都有自己的天赋，在教育子女时要顺应他们的天赋，而不能违背他们的天赋。傅雷因为自己精通美术理论，也有很多老友是美术界的巨擘，就想让傅聪学习美术。不仅自己可以亲自教导傅聪，而且也可以让他拜老友们为师，将来能够博采众家之长，在美术方面开创出一番天地来。

令傅雷大失所望的是，傅聪根本就不具备学习美术的天分。傅聪的绘画习作，胡乱涂画，没有章法，而且学习起来也是心不在焉的，似乎对

绘画根本没有什么兴趣。傅雷正在为傅聪的这种表现感到苦恼时,惊喜地发现傅聪时常在留声机旁一动不动地听音乐唱片，这时的傅聪没有了平时的活泼好动,表现得非常文静。

有了这个发现之后,傅雷很果断地决定放弃让傅聪学习绘画,而让傅聪学习钢琴。傅聪好像天生就是学音乐的,刚学琴几个月,就能听出钢琴每个琴键的绝对音高。傅雷在得到雷垣教授对傅聪“有一双音乐的耳朵”的评价后,知道了自己确实发现了傅聪的音乐天赋。

傅聪于 1954 年 8 月被送到波兰学习钢琴，其导师是著名的“肖邦权威”杰维茨基教授。次年 2 月,傅聪在经过长达 1 个月的比赛之后,获得了第三届国际肖邦钢琴比赛的“玛祖卡”奖。之后,傅聪继续留在波兰学习,最终学有所成,成为乐坛的一颗新星。

音乐能够陶冶孩子的情操，提高孩子对情感的感受和体验能力,也能够促进大脑的协调发展,提高思维能力。音乐能够消除孩子性格中的消极因素,激发孩子性格中的积极因素。例如,激昂澎湃的音乐使孩子克服胆小怯懦的心理,舒缓柔和的音乐使孩子消除脾气暴躁的毛病,等等。

许多父母都很重视了对孩子进行音乐教育,意识到了音乐在开发孩子智力、陶冶孩子情操、促进孩子全面发展方面所起的重要作用。

在日常生活中,父母播放与活动相应的音乐。例如,起床后,播放一些有活力的曲子;吃饭时,播放一些和缓的曲子;睡觉前,播放一些催眠的曲子。让孩子随着乐曲的节拍有节奏地做动作，如打拍子、踏步、跳舞等,可以训练孩子的节奏感和对音乐的感受力。讲故事时,播放乐曲作为背景音乐,也可以起到渲染氛围的作用。

与其他艺术形式不同,音乐只能依靠听觉感受和想象,让孩子入门也不是易事。父母要向孩子介绍一些音乐常识。父母可以让孩子学习一两件乐器，让孩子对音乐有了感性上的认识之后，再让娃理解音乐是作曲者根据音乐的基本规律创作出来的。按照音的高低、长短和强弱关系而形成的旋律,是塑造音乐的重要手段,也是一首乐曲的灵魂。

现实生活中的音乐作品多种多样，其中大部分是只适合大人听的，对于孩子而言，存在着不健康的因素。父母要为孩子选择内容健康、形式活泼、欢快明畅的音乐作品，例如《牧童短笛》《我们的田野》《我爱北京天安门》等。这些音乐是专门为表现孩子生活情趣或者提高孩子音乐美感而创作的，都是孩子喜闻乐见的。此外，《在希望的田野上》《黄河大合唱》《蓝色多瑙河》《天鹅湖》《英雄交响曲》等中外著名的音乐作品，都能对孩子产生巨大的感染作用。

教育专家对父母的忠告

音乐内容的表达需要一定的音乐形式，没有音乐形式的存在，音乐内容也就无法得到表达；同时，音乐形式是通过一定的音乐内容体现出来的，没有音乐内容的存在，音乐形式也就不复存在。父母要使孩子认识音乐内容，从中使得情操得到陶冶；父母也要使孩子通过一定的音乐形式，能够表达一定的音乐内容。

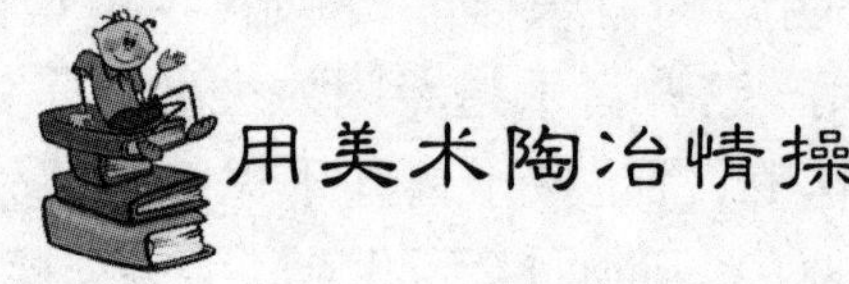

用美术陶冶情操

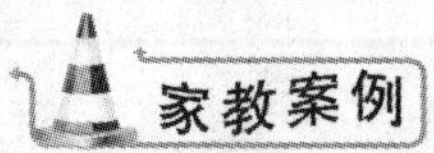

家教案例

达·芬奇在其名作《蒙娜丽莎》中塑造的永恒的微笑让世人叹为观止。

我们只要见过画中蒙娜丽莎的脸庞，就永远不会忘记。为何《蒙娜丽莎》具有如此的魔力？

这种魔力隐藏在微笑之中。在蒙娜丽莎的微笑之中，她那单纯地往两边抿去的嘴角，会使我们产生一种疑惑，这微笑是将笑未笑的开始还是微笑的结束？嘴唇上的皱痕是不是她本来面目上就有的？她的嘴唇原来就有这微微地向两边抿去的线条吗？这些问题是很难解答的。这微笑所引起的疑惑还多着呢，假如她真在微笑，那这微笑的意义是什么？是一个和蔼可亲的人的温婉的微笑，还是多愁善感的人的感伤的微笑？这微笑是一种蕴藏着快乐的标志呢，还是处女的童真的表现？这是不容易也不必解答的，这是一个高深莫测的神秘！

然而，能够吸引我们的恰恰就是这种神秘。因为她这带有神秘色彩的美貌，使你永远无法忘怀。我们仿佛在听一曲美妙的音乐，我们的心情及表情完全随着它的波动而波动。如果你是悲哀的，这微笑就变成伤感的和你一起悲哀了；如果你是快乐的，她的嘴角也在牵动，笑容在扩大，与你一样欢乐着。蒙娜丽莎这谜一样的微笑给我们以一种缥缈、恍惚、捉摸不定的感觉。

蒙娜丽莎的微笑完全含蓄在口缝之间。嘴唇抿着的皱纹一直波及到面颊。脸上的高凸与低陷几乎全以表示微笑的皱痕为中心。下眼睑差不多已成了直线，因此，眼睛显得有些扁长。这种倾向与嘴唇一样，都是微笑的标志。蒙娜丽莎的微笑还延长并牵动着脸的下部，鹅卵形的轮廓因为嘴唇的微动，在下巴部分稍稍变成不规则的线条。由此可见，作者在肖像的颜面上用的是十分轻灵的技巧，各部特征表现得极其生动和细微。

眼睛是心灵的窗口，是表情上最重要的一个部分。蒙娜丽莎的眼睛

是一对没有光彩的眼睛，所以有些人认为达·芬奇当时没有画完此作。其实不然，试想：即使再平庸的画家也不会忘记在肖像的眼中加上一点鱼白色的光。这平凡的一抹或许正是达·芬奇想摒弃的，这副蒙着一层怅惘的双眼与她的似笑非笑的面容正好相照应。她的头发从脸庞直垂下来，显得那么单纯，除了稍有些卷曲之处，只有一层轻薄的发网作为装饰。她的手上并没有饰物，然而又是一双何等美丽的手！在人像中，手是很重要的一部分，它能表露人的性格。她的手沉静地、单纯地放在膝盖上。这是作品中又一个神秘气息的闪光点。

在她身后似烟似雾的青绿色风景中，用了何等的艺术手法，以黑发与纱网来衬出苍白的脸色。无数细致的衣褶，正烘托出了双手的纤细。她的身体更注入了何等的温柔，使她从正面旋转头来正视。

文字比较抽象，图画比较形象。孩子通常都比较喜欢观看图画，也比较容易爱好美术。孩子比较喜欢色彩鲜明、对比强烈的色调。让孩子将图画中表现的事物与现实生活中的事物作比较，他会对图画中的事物有更深刻的理解。

美术是使用一定的物质材料（如绘画用的布、绢、纸、颜料和雕塑用的木、石、铜、泥等）通过线条、形状等手段在平面上或立体中反映客观现实，表达思想情感和个性追求的造型艺术。

即使美术作品摆在我们面前，如果我们不懂得如何欣赏它，那么它的作用也就得不到发挥。

美术作品是内容和形式的有机结合和统一。也就是说，欣赏美术作品，应该从内容和形式两个方面同时进行。

我们通过对美术作品进行观察获得美感，注意到的色彩的不同、浓淡等属于形式方面，而画面本身所表达的意思则属于内容方面。内容因形式而得以表现，形式因内容而得以存在。将美术作品的内容和形式结合起来进行观察，才能获得对美术作品全面的认识。

通常情况下，在欣赏美术作品时，我们应该注意以下几个方面。

(1) 具有恰当的心理准备和合理的审美态度

欣赏美术作品需要有与之相适应的审美心理准备。恰当的心理准

备和合理的审美态度，不仅可以调动欣赏者已有的美术知识和审美经验，而且是欣赏者欣赏美术作品的基础。

(2) 充分发挥自己的想象和联想

美术作品是创作者在对现实生活进行想象和联想的基础上创作而成的，因此，欣赏者欣赏美术作品就离不开发挥想象和联想能力，而且欣赏者的想象和联想能力越强，欣赏者才能越深刻地体味到美术作品的意蕴。

(3) 把自己的真情实感融入美术作品中

欣赏者只有将自己的真情实感融入美术作品中，才能真正地与美术创作产生感情上的共鸣，才能获得最佳的审美体验。

(4) 再三观摩，深入体味

有些意蕴丰厚的美术作品，需要我们反复观摩才能全面理解其所表达的意思。

父母要让孩子欣赏各类美术作品，感受不同类美术作品独特的美。在人类历史上，美术作品不断涌现。大体而言，美术可以分为绘画、雕塑、工艺美术、建筑美术四大类。各类又可以进一步细分。以绘画为例，根据使用材料的不同，可分为中国画、油画、版画、水彩画、水粉画等；根据表现形式的不同，可分为连环画、组画、年画、壁画、插画、漫画等；根据表现内容的不同，可分为人物画、肖像画、风景画、山水画、花鸟画、静物画等。各类美术作品用料、技法不同，表现美的形式就千差万别。

教育专家对父母的忠告

父母要经常带孩子去参观画展，听一些绘画讲座，从而提高孩子的美术创作能力和欣赏水平。

第七章 发掘天赋——每位儿童都不缺少天赋

每个孩子都是独一无二的。同样，每个孩子也都有自己独特的天赋。当孩子在某方面的表现不尽如人意时，父母不要灰心，可以开发孩子的特殊天赋。针对孩子的天赋进行教育，才能尽可能使孩子的潜能得到发挥，也才能更容易使孩子走向成功。

发现孩子的特殊天赋

家教案例

比尔·盖茨从小就精力过人，在婴儿时期自己就能在摇篮里晃动起来。他小时候就极爱思考，一迷上某件事就能全身心投入。因此，在那个时候，家人就隐约感觉到了他的天赋，总有意无意地为他营造环境和创造机会。

比尔·盖茨小时候受到外祖母的很大影响。细心的外祖母意识到比尔·盖茨在记忆上的潜力，总是不失时机地激发着比尔·盖茨这方面的潜能。在公园散步时，外祖母常会与比尔·盖茨交流下棋的技术或讨论某篇佳作，让比尔·盖茨寻找更新的下法或表达更独到、更精辟的见解。通过外祖母的培养，比尔·盖茨的记忆力不断得到了锻炼。

13岁时，比尔·盖茨开始编程，对复杂的计算机程序可以过目不忘。17岁时，比尔·盖茨来到向往已久的哈佛大学，记忆的天赋使他如鱼得水。20岁时，他退学办起了自己的电脑公司。从此，比尔·盖茨一路演绎的神话令世界震惊，而这一切成就的取得显然与家人对他的特殊天赋开发有着不容忽视的关系。

大多数父母都希望尽早发现自己孩子的天赋，希望在孩子小的时候好好开发他们的才智。可是，如何发现孩子的天赋，却是困扰着大多数父母的问题。

牛津大学讲师纳德特·泰南认为，在学校和考试中表现并不优异的孩子，在其他方面的表现往往高于同龄孩子。有关研究表明，在人的发育过程中，有8种潜能有待开发，而孩子不可能面面俱佳。孩子通常只是在某一方面或几方面表现突出，比如，在语言智力方面有障碍，而在运动智力方面表现突出；在逻辑智力方面欠佳，而在交往智力方面却表现优异。如果父母或老师不具备慧眼，那么孩子的天赋就可能会被抹杀掉。

父母要关注孩子平常喜欢做的事情。孩子自愿做某方面的事情，往往就很可能是孩子有这方面的天赋。因此，父母要注意仔细观察孩子，发现他有什么爱好。父母通过仔细观察孩子潜在的天赋信号，就能发现孩子的天赋，从而培养他的天赋，使他潜在的天赋得到发展。例如，孩子在开始学习看东西的时候，可以准确地观察其周围环境。不久之后，孩子就会紧盯着色彩鲜艳的玩具或其他物品。有的孩子很早就有良好的颜色感，有的孩子还有动手去摸物品的欲望。

父母要明白孩子的智力优势，制定合适的培养目标。孩子的智力发展是不平衡的，父母要对孩子的智力有一个科学的分析，分析孩子的智力优势，重点培养孩子擅长的能力。否则，父母如果只考虑满足自己的欲望，而不顾孩子的感受，强迫孩子做不擅长也不愿意做的事，就很容易使孩子过早产生厌学情绪，甚至导致悲剧的发生。

在不同的成长阶段，孩子各方面的发育是不同的，因此父母教育孩子也要把握时机。不少父母培养孩子花费了很大的精力，却没有获得理想的结果，就是因为错过了培养孩子的良好时机。法兰克福大学的心理学家莫妮卡·克诺夫认为，在孩子出生13个月到14个月的时候，是其智力发育开始，也是发育最快的时候。孩子能够对复杂事物进行长时间的记忆，比如，能够对一些复杂的动作进行长达半小时的模仿。父母懂得了这些规律以后，要采用科学的方法，及时对孩子进行相关的训练。

教育专家对父母的忠告

一般情况下，每个孩子都与生俱来存在着特殊天赋。当父母为孩子某些方面不如普通孩子而烦恼时，父母不妨多留意观察一下孩子，通常都会发现孩子在其他方面优于其他孩子，这些方面就是孩子的特殊天赋。

限制孩子潜能发挥的因素

家教案例

某媒体曾经报道：一个学生，在国内被老师认为是无可救药的差生，移民到美国，几年后却成为美国费城艺术学院的动画天才，并且屡获大奖。这个学生在国内上小学的时候，十分调皮好动，是令老师最头疼的学生。没有办法，他的班主任将他调到了最后一排。于是他的成绩越来越差，最后干脆就放弃了学习。无奈之下，他的父亲将他送往美国继续求学。

这个学生后来回忆说："在国内，接话茬儿、开玩笑、迷恋运动等是我致命的缺点，而在美国，这些根本不会成为老师批评学生的原因，而且还会受到老师的鼓励。"在美国读书时，他曾经当堂纠正了一位中学老师的错误，没想到老师竟夸他是个"天才"。那些微不足道的鼓励促使他开始学习和奋斗，逐渐摆脱心中差生的阴影，并且真的成了动画天才。

研究表明，人的智力是多元化的，人有8种智力潜能，分别是言语语言智力、逻辑数学智力、视觉空间智力、音乐节奏智力、身体运动智力、人际交往智力、自我反省智力、自然观察智力等。这8种智力在每个人身上分配的程度都不一样，使得每个人的智力各具特色。每个人都是独立的个体，至少具备一种特殊的本能和特质，有自己的强项和弱项。孩子的智力强项领域就是孩子的天赋与才能所在。每个孩子都是独一无二的，父母要善于开发孩子的智力，尊重孩子的选择，根据孩子的特长进行培养。

从一定意义上讲，每个孩子都有成为天才的可能，但是天才之所以是如此少，是因为在后天的培养中，孩子的自我潜能受到了各方面的限制。

(1) 外因

外界环境是影响孩子自我潜能发挥的重要因素之一，让孩子接受更人性、更开放的教育是十分必要的。

父母是与孩子接触最频繁的人，所以父母的教育对孩子的成长起着不可替代的作用。当今社会，父母已逐渐意识到在孩子的培养过程中，早期教育具有的重要性。因此，父母要不断提高自身的素质，寻找合适的教育方法，使孩子的自我潜能在早期教育中不至于被抑制。

(2) 内因

外因不管如何重要，也只能影响孩子潜能的发挥。内因才是孩子潜能发挥的决定因素。内因决定了事物的性质和发展的方向。孩子的自我潜能能否得到开掘和发展，关键在于孩子本身。环境、机遇、天赋、学识等外部因素固然是需要的，但更重要的是依赖孩子自身的勤奋与努力。有的孩子虽然天资聪敏，可是缺乏勤奋学习的精神和百折不挠的毅力，那么他的天赋也会渐渐丧失。孩子要想实现自身的价值必须努力付出。

教育专家对父母的忠告

孩子即使存在某些方面的潜能，如果时刻受到一些消极因素的限制，那么孩子的潜能也是不能得到充分开发的。开明的父母总是想方设法消除不利于孩子潜能开发的消极因素，创设有益于孩子潜能开发的积极因素。

不要扼杀孩子的天赋

家教案例

英国女孩苏菲娅·约瑟夫，13 岁时依靠出众的数学天赋被著名学府牛津大学录取，这件事曾经轰动了整个英国。然而，令人没有想到的是，3 年后，这个“牛津神童”竟在没有告诉任何人的情况下离校出走了。最后，警方在远离牛津大学的南部海滨城镇博内茅斯市找到了她。然而，苏菲娅拒绝回到学校，也拒绝回到父母身边，而且指控父母给了她身体和精神上的双重虐待。

原来，在苏菲娅 4 岁时，她的父母就发现了女儿的数学天赋。苏菲娅的父母认为学校教育不再适合她，就将她留在家中进行教育。从此，苏菲娅的童年失去了所有乐趣，她对父母的不满逐渐转变为仇恨。在多方劝说下，她最后又回到学校继续完成学业。但是，毕业后，昔日的神童最后只做了一家公司的行政助理。

父母都希望孩子能够出人头地，也希望孩子能够健康成长。父母在挖掘孩子天赋和开发孩子智力的时候，一定要平衡好两者之间的关系，不要给孩子施加过多的压力，让孩子早早地背上重重的心理包袱。孩子生来是快乐的，父母不要成为孩子天赋的扼杀者，要还孩子一个完整的童年，让孩子健康成长。

对于许多神童昙花一现的现象，心理学家苏珊·奎廉姆认为：“神童们都拥有远超过他们年龄的特殊才智。人们对神童们的期望通常很高，导致他们受到的压力过大。由于神童们被剥夺了同龄人所拥有的行为自由，在进入到青春期时，他们受到的压力便会释放出来，变为反抗，从而引发各种问题。”所以，许多神童长大后会产生对外界的抵触行为，表达他们心中积聚已久的不平。孩子的这些愤怒和不平正是父母对孩子管教太严，施加压力过大造成的。

美国国际象棋天才鲍比·菲舍尔，曾以其过人的才智轰动全世界。他 6 岁开始学象棋，13 岁夺得全美少年冠军，15 岁跻身国际象棋特级大师行列。1972 年，他一举打败苏联世界冠军鲍里斯·斯帕斯基，成为棋坛史上第 11 位世界冠军。然而，如日中天的菲舍尔却突然放弃卫冕战，退出棋坛。菲舍尔的性格孤僻，行为怪异，常常发表一些反犹太言论。他无视国家利益，在遭遇恐怖分子进行的“9·11”袭击后，居然现身一家国外电视台，公开为“9·11”恐怖袭击事件叫好。他的言行激怒了美国政府，遭到了美国政府的通缉。菲舍尔虽然少年成名，但由于压力过大，导致言谈怪异，最终患了精神病。

当然，在众多的神童之中，也有一些成年后事业仍然很成功的。露斯·劳伦斯是英国当代最著名的数学神童之一。她 12 岁考进牛津大学，17 岁戴上了博士帽。成年后，她做了一名数学教授，事业一帆风顺。然而，尽管如此，她对自己被称为“神童”的经历却一直讳莫如深，不愿多提。她教育自己的孩子时，从来不曾想过让孩子当什么“神童”，只希望孩子能够毫无压力地健康成长。

由此可见，父母在教育孩子的过程中不能只注意到开发孩子的天赋，更应该培养孩子做人的品质和做事的能力。

教育专家对父母的忠告

每个孩子的成功都是个人天赋的发挥和家庭教育共同的结果。父母不要过度地挖掘孩子的潜能，使孩子的才智过早枯竭，而应该注意对孩子的天赋加以保护，使孩子的天赋在孩子成长的道路上不断被激活，使孩子在健康成长的情况下不断进步。

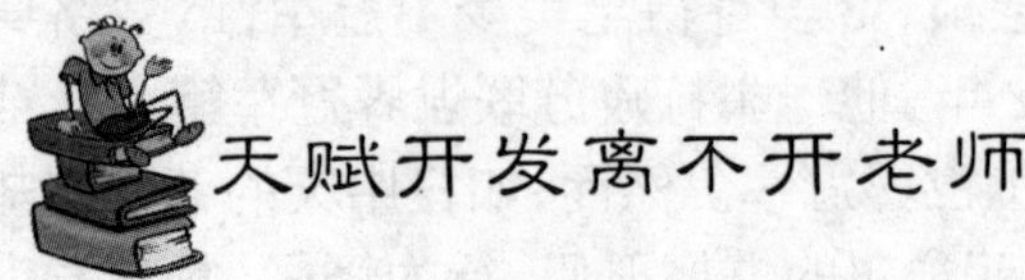

天赋开发离不开老师

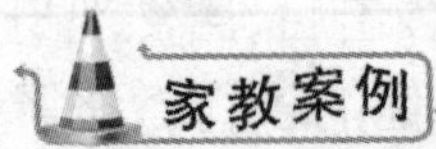

著名的年轻钢琴演奏家朗朗,在国际上享有很高的声誉。

朗朗从小就对音乐有一种特殊的灵性,这是一般孩子所不具有的。朗朗的父母发现他在音乐方面的特殊天赋后,为了更好地开发他的潜能,就请来了著名的钢琴家、教育家朱雅芬老师教他音乐。

在朱雅芬老师的指导下,朗朗在音乐方面进步神速。慢慢地,朗朗就能够在很短的时间内熟悉一首曲子,而且能够非常自然地表达出来。

韩愈曾说:“爱其子,择师而教之。”意思是说,如果爱护自己的孩子,那就要选择优秀的老师来教育他。孩子的教育离不开老师,每个希望成功的孩子都需要优秀的老师来教诲。与孩子接触的每个人都可以成为孩子的老师,在孩子成长的不同阶段发挥着不可替代的作用。

孩子的可塑性很强,父母对其施行什么样的教育就会塑造出什么样的孩子。人们常说,父母是孩子的第一任老师。从孩子出生的那一刻起,父母就开始了对孩子的教育。孩子将来成为什么样的人,在很大程度上取决于父母在孩子幼儿阶段的教育。

很多天才的成功是得益于父母的教育的。像达尔文、爱迪生、爱因斯坦等,他们在年幼时期表现并不突出,但是他们的父母善于培养他们的能力,善于挖掘他们的天赋,最终使他们取得了非凡的成绩。正是父母的教育,使他们登上科学的高峰。

随着年龄增长,孩子学习难度不断提高,父母的家庭教育会渐渐不能满足孩子的需求。这时,让孩子接受专业、科学的教育是使孩子成为天才孩子的必经之路。孩子需要专业的人士来培养他们,父母应该把孩子送往学校,接受专业教师的培养,因为专业教师往往能给孩子更科学的辅导。

为人父母者需要意识到的是，并不是每个孩子都具有可以开发的天赋。一些父母希望能把孩子培养成天才，最后却遭遇失败，主要是因为这些父母有一种从众心理。这些父母没有对孩子的具体情况进行分析，而是想当然地认为孩子应该在某方面发展，于是就想把孩子培养成为某方面的天才。当父母不能针对孩子某种天赋做出判断的时候，或者孩子在教育过程中出现一些精神或心理问题的时候，父母可以向相关专业人士咨询，看孩子适合向哪方面发展。

孩子的教育是家庭、学校和社会的共同任务。除了父母必要的家庭教育外，学校教育和社会教育也担负着重大的责任。孩子知识的获取和能力的培养，绝大部分还是来自在学校的学习。孩子从小学到大学毕业，在学校中度过多年的学习生活。学校教育对孩子的培养在孩子一生中是非常关键的。天资聪敏的孩子也许在很短的时间就能完成学校的教育，但是他同样不能脱离学校教育，只不过他的天赋让他比别人走得更快一些。

教育孩子既不能由父母完全承担，也不能全部推给学校。在不断完善的现代教育体制下，家庭、学校和社会应该配合起来，互补不足，整合所有的教育资源，最大限度地为孩子的教育服务。

教育专家对父母的忠告

当发现自己的孩子具有某方面的天赋时，父母应该在自己力所能及的情况下对其进行开发，并且应该在适当的时候聘请专业老师对孩子进行培养。

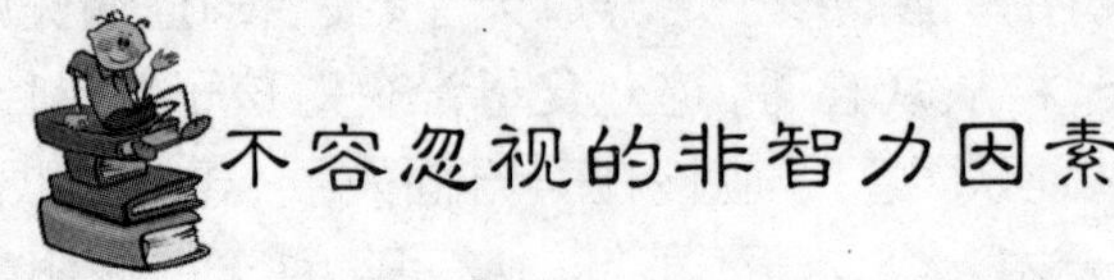

不容忽视的非智力因素

家教案例

张明的反应能力、逻辑思维能力、记忆力等并不强，甚至比一般学生要弱一些。比如说，刚刚背诵不久的课文就出现遗忘，运用规律方法解题能力较差等。但是，张明也并非一无是处。在勤奋刻苦和坚持不懈方面，他就可以作为其他学生的表率。

张明的作文写得不好。在老师的点拨下，他经常翻阅作文选，研究写作方法，背名言名句，积累写作素材。经过一个学期的努力后，张明的作文水平有了突飞猛进的提高，常常被作为范文在班上朗读。

张明全身心地投入学习，比其他学生要刻苦努力得多。他克服了很多困难，背过的课文忘了就再背，不会解题就请教老师，多做练习。对于张明的这种精神，老师总是适时进行鼓励表扬，还让学生以他为勤学的榜样，帮助他树立信心。当然，张明也有灰心气馁的时候。在这个时候，老师总是能敏锐地发现他的变化，及时对他进行心理辅导，引领他走出误区。

功夫不负有心人，张明在升学考试中取得了优异成绩，考入了自己理想中的学校。

众所周知，学习活动是一个非常复杂的过程。各种智力因素和非智力因素交织在一起共同影响着孩子学习的进程。智力因素在心理过程中直接影响着孩子的学习活动，而非智力因素虽然不直接参与认识过程，却是学习活动赖以高效进行的动力因素。

一般认为，智力是一种综合的认识能力，它包括注意力、观察力、记忆力、想象力和思维力五个基本因素。抽象思维能力是智力的核心，创造力是智力的最高表现。有关智力的这种观点应理解为：第一，智力与认识过程有关，但并非认识过程本身；第二，构成智力的各种认识特点必须比较稳定,那些变化无常的认识特点不能称为智力;第三,智力不是五种因素的机械相加,而是五种因素的有机结合;第四,智力是一种能力,而情绪、情感、性格、气质、动机、兴趣、意志等非能力的特征则属于非智力因素。

智力是影响学习的重要因素,尽管智力的定义目前尚无定论,但它与学习的密切关系则是众所公认的。国内外学者的多项研究结果表明,智力与学生的学业成绩存在着高度相关。智力不仅影响着学生的学业成就,更重要的是影响着学生掌握知识与技能的速度、深度和灵活性,并且在很大程度上决定着学生的准备状态,决定着学生学习的可教育性程度。

由于各人的先天素质存在着差异,特别是后天条件的不同,诸如社会、环境、家庭、学校、所从事的实践活动以及主观努力程度的不同等因素,使儿童的智力出现了差异。智力的个别差异可以分为量的和质的两个方面。所谓量的差异,一是智力的水平差异,二是智力表现早晚的差异。所谓质的差异,一是智力的类型差异,二是智力的性别差异。从某种程度上说,智力差异对儿童学业成就和未来事业的影响是很大的。

非智力因素,是指除智力因素之外,影响智力活动和智力发展的那些具有动力作用的个性心理因素。它主要包括需要、动机、兴趣、情感、意志、气质和性格等。在个性心理结构中,诸多非智力因素组成了彼此联系、相互制约与相互作用的动力系统,是人的个性中最活跃、最积极的因素,决定着人进行活动的积极程度。儿童在学习过程中,其学习动机、情绪情感及个性特质都会对学习成果有很大影响。

儿童的学习活动是智力因素和非智力因素协同活动的结果。研究表明,学生的学业成就与智力因素具有密切相关,而非智力因素对学生成才也起着重要的作用。在学习活动中,智力因素和非智力因素是相互制约、彼此促进的,智力的发展会促进非智力因素积极特征的发展,非智力因素的积极特征对学习具有调节、控制、维持和补偿的功能,是提高学习质量和促进智力发展的强大动力。但是,这种一致性并不是绝对的、自发的。

因此,无论对智力较好或智力较差的儿童,都必须注意既发展他们的智力，又要培养他们的非智力因素，并有意识地让智力促进非智力因素的发展，让非智力因素促进智力水平的提高。发展儿童智能是素质教育的重要内容，而非智力因素的培养也是非常重要的。

教育专家对父母的忠告

非智力因素在孩子的学习和成长过程中起着不容忽视的作用。孩子或许在智力方面不如其他孩子，但是若在非智力方面的表现超过其他孩子，仍然可以获得比其他孩子较好的成绩。

第八章 培养诚信——孩子的诚信要从小养成

诚实守信是孩子应具有的基本美德之一。诚实守信的孩子，才能令人喜欢，才能获得他人的信任。诚实守信是孩子取得成功必不可少的条件。父母要培养孩子做一个诚实守信的人。

父母要为孩子树立诚实守信的榜样

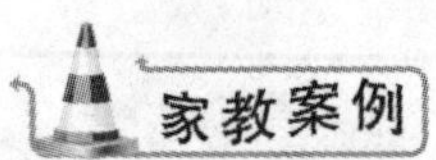

曾子是我国古代著名的思想家。有一次,他的妻子出门,儿子要跟着一起去。他的妻子觉得儿子跟着很不方便,想让儿子留在家里,于是对儿子说:“好儿子,你别哭,你在家里等着,妈妈回来杀猪给你炖肉吃。”儿子听说有肉吃,就答应留在家里。曾子把这一切看在眼里,记在心里。

当曾子的妻子办完事回来时,看到曾子正在磨刀,就问曾子磨刀做什么。曾子说:“杀猪给儿子炖肉吃。”妻子说:“那只是说说哄儿子高兴的,怎么能当真呢!”

曾子语重心长地对妻子说:“你要知道,孩子是欺骗不得的。如果父母说话不算数,孩子长大后就不会讲信用。”于是,曾子与妻子一起把猪杀了,给儿子做了香喷喷的炖肉。

父母的这种诚实行为直接感染了儿子。一天晚上,儿子刚睡下又突然起来,从枕头下拿起一把竹简向外跑。曾子问他去做什么,儿子回答:“我从朋友那里借书简时说好要今天还的。虽然现在很晚了,但再晚也要还给他,我不能言而无信呀!”曾子看着儿子跑出门,会心地笑了。

孩子是否诚信在很大程度上取决于父母的教育。对于孩子经常出现言行不一不履行诺言的行为,家长应该多从孩子的认识发展上找原因。不要把孩子的这种行为看成是道德败坏而打骂孩子。如果父母从小就注意对孩子进行诚信的教育,孩子是可以养成诚信的习惯的。

父母要给孩子树立诚实的榜样。教育孩子要诚实,父母自己首先要诚实。以诚实培养诚实,其道理是不言自明的。

人无信不立。为了培养孩子的诚实习惯,在日常生活中,父母对待孩子一定要诚实,不要说话不算话。有位母亲经常警告孩子,如果撒谎，就用针把他的嘴缝起来。有人问这位母亲：“如果孩子真的撒谎了，你真会缝上他的嘴吗？”显然，这位妈妈对孩子说的话本身就是不现实的，用这种方式来教导孩子不要撒谎是非常不可取的。

要纠正孩子的不守信用，家长首先要做到言行一致。孩子的模仿能力很强，很容易受到某种行为的暗示。如果父母言行不一，不履行承诺，孩子就会受到暗示，跟着模仿。例如，父母如果答应了孩子星期天带他到公园去玩，就一定要去。如果临时有事，也要先考虑事情重不重要。若不重要，就要遵守诺言；如果事情确实比较重要，一定要向孩子说明情况，并争取以后补上去公园的活动。而且，应该尽量避免这种推迟或失约的事情发生，这样才能取信于孩子。

在日常生活中，许多父母为了诱导孩子做某件事，总是轻易地许诺孩子某些条件，但是事后却没有兑现。孩子的希望落空后，会发现父母在欺骗自己，也就会从父母身上得到一些经验，那就是不守信的许诺是允许的，大人的言行经常是不一致的，说谎是允许的，等等。一旦这些经验转化为孩子说谎的行为时，父母再后悔也来不及了。

英国政治家福克斯素以言而有信著称。他之所以能这样，是他父亲教育的结果。

福克斯的父亲是英国的富绅。福克斯很小的时候，花园里有座旧亭子。他的父亲想将旧亭子拆除，重新建一座新的亭子。小福克斯从寄宿学校回家度假，正巧赶上工人拆迁亭子，他很想亲眼看一看亭子是怎样拆除的，就请求父亲允许他推迟一些日子返校。但是，父亲却要他准时到校上课，争论了很久，父亲终于答应将亭子的拆迁日推迟到第二年假期，这样，小福克斯就可以在假期赶上亭子的修建了。

小福克斯回学校后，父亲就让人把亭子拆了重建。谁知，小福克斯一直把这事放在心上，一放假回家，就向亭子走去。当看到新亭子已经建好时，他失望地对父亲说：“你说话不算数！”父亲听了大为震惊，严肃地说：“孩子，我错了！言而有信比财富更重要。”

父亲居然真的叫人把新亭子拆掉了，在原地重新盖了一座亭子，帮儿子实现观看这一过程的愿望。

在现实生活中，许多父母都有可能不自觉地对孩子讲了一些不诚信的话，或者讲过的话没有兑现。这时候，父母放下架子，以平等的身份向孩子承认错误，这样反而会赢得孩子的信任。

一位妈妈曾经给孩子讲了一个撒谎后鼻子会变长的故事，孩子对此深信不疑。

有一天，孩子在学校里又听到了这个故事，于是回家跟妈妈说："妈妈，以后我不会撒谎的，撒谎的人鼻子会变长的。你们也不要撒谎啊，要不然也会长出长鼻子的。"这时，妈妈觉得有必要跟孩子讲讲故事情节的真实性问题了。

妈妈对儿子说："孩子，其实这只是一个童话故事。在现在生活中，一个人说谎是不会长出长鼻子的，只会受到良心的谴责。"

儿子有点迷惑了："那我们是不是就可以说谎了？"

"当然不是，"妈妈回答，"一个人应该说实话，说了谎话就会失去朋友，这比鼻子变长还要可怕。"

年幼的儿子这才真正明白，童话故事也是虚构的，但它并不是不诚实的表现，而是以另一种方式劝告人们要讲真话。

教育专家对父母的忠告

父母的言行对孩子有着潜移默化的影响。如果父母想要孩子成为一个诚实守信的孩子，那么自己就要做到言出必行，行而必果，为孩子树立一个学习的榜样。

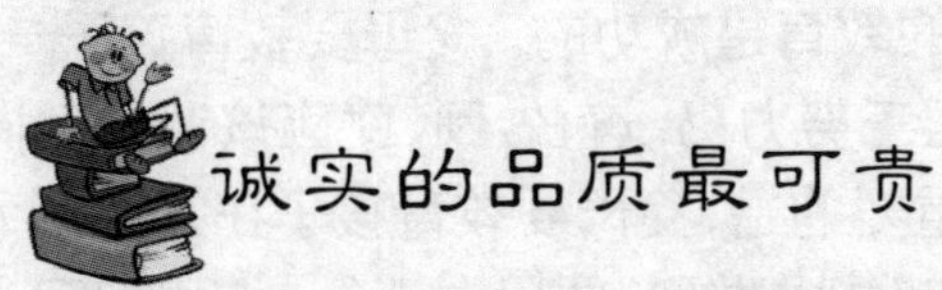

诚实的品质最可贵

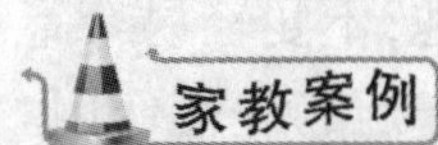

家教案例

宋庆龄从小就被父母教育要做一个守信用的人。有一次，宋庆龄的父母要带全家去朋友家做客。其他家人都穿戴整齐准备出发了，只有宋庆龄仍然坐在钢琴面前不停地弹琴。

母亲喊道："孩子们，我们快走吧！"

宋庆龄不由自主地站了起来，但很快又坐下去了。父亲问道："孩子，你怎么了？"

宋庆龄有些着急地说："今天我不能去伯伯家了。"

"为什么不能去，孩子？"妈妈问道。

"爸爸，妈妈，我昨天答应了小珍，她今天来我们家，我要教她叠花。"宋庆龄说。

"我还以为什么重要的事呢！下次再教她吧！"父亲说。

"不行，小珍来我们家会扑空的。"宋庆龄叫了起来。

"要不，你回来后到小珍家解释一下，向小珍道个歉，明天再教她也没关系。"妈妈出了个主意。

"不行，妈妈！您不是经常教育我要信守诺言吗？我答应了别人的事情，怎么可以随意改变呢？"宋庆龄坚定地摇着头。

"哦，我明白了。我们的庆龄是一个守信用的孩子，"妈妈会心地笑了，"那就让庆龄留下吧！"

于是，父母带着其他孩子去做客了。父母回家后，却见宋庆龄一个人在家里。"庆龄，你的朋友小珍呢？"父亲问道。

"小珍没有来，可能她临时有什么事吧。"小庆龄平静地回答。

妈妈心疼地问："小珍没有来啊？那我们的庆龄不是很寂寞吗？"

宋庆龄却回答："不，妈妈，虽然小珍没有来，但是我仍然很高兴，因为我信守了诺言。"

宋庆龄父母的教育是成功的。父母要教育孩子一定兑现答应别人的事，如果经过再三努力仍没有做到，就应该诚恳地向对方说明原因，并表示歉意。最重要的是，父母要教育孩子在答应别人之前，一定要慎重考虑自己有没有能力做到，要量力而行。如果自己没有能力做到，就不要轻易答应。如果自己有能力做到，也应该留有余地，不要轻易夸下海口。这样，孩子在答应别人时，就会有章可循，起到一定的规范作用。

诚实是人的立身之本，父母应该加强对孩子进行诚实品质的教育，从小就教育孩子守信用、负责任。告诉孩子，一个言而无信的人，是没有人愿意和他合作的。

进行诚实品质教育需要父母借助实例、故事的形式讲给孩子听，让孩子明白诚实对一个人来说是非常重要的，不诚实会带来什么恶果，诚实会有什么收获。

在美国华盛顿州塔科马市，10岁的汉森正与小朋友在家门口的空地上玩棒球。一不小心，汉森将球掷到了邻居家的汽车上，把车窗玻璃打坏了。

其他小朋友见闯了祸，都吓得逃回了家。汉森呆呆地站立了一会儿，决定亲自登门承认错误。刚搬来的邻居原谅了汉森，但还是将这件事告诉了汉森的父母。当晚，汉森向父亲表示，他愿意用替人送报纸储蓄起来的钱赔偿邻居的损失。

第二天，汉森在父亲的陪同下，又一次去敲邻居家的门，表示自己愿意赔偿。邻居听了汉森的话，笑着说："好吧，你如此诚实，又愿意承担责任。我不但不要你赔偿，还乐意将这辆汽车送给你作为奖赏，反正这辆汽车我也打算不用了。"

因为汉森年纪还小，不能开车，所以这辆汽车暂时由他父亲保管着。不过，汉森已经请人修理好了车窗，经常给汽车洗尘打蜡，像宝贝一样这辆汽车。他经常倚在那辆1978年出厂的福特"野马"名车旁边说："我恨不得快快长大，好驾驶这辆汽车。我至今仍然不敢相信它是我的。"汉森还说："经过这个事件，我更懂得诚实是可贵的。我以后都会诚实待人。"

由此可见，诚实自有它的回报。如果你的孩子付出诚实，他就会收获信赖;如果你的孩子付出虚伪,他就会得到欺骗。

诚实品质的教育必须从小时候培养。父母应该教导孩子从小就做一个诚实的人。父母要始终如一地要求孩子,教导孩子出现缺点和错误时要勇敢承认,接受批评,绝不隐瞒。父母可以在家里多讨论诚实的重要性。为了使诚实成为孩子的一种优良习惯,父母可以读一些强调诚实重要性的书籍,给孩子讲一些名人诚实正直的故事。针对社会上那种坑蒙拐骗的行为,父母要态度鲜明地进行批判,要让孩子坚信,这种弄虚作假的行为是必将受到惩罚的。这样,孩子长大以后才能成为一个诚实守信的人。

教育专家对父母的忠告

孩子的教育是否成功绝不仅仅体现在掌握了多少知识和提升了多大能力方面，更多的是体现在他(她)是否具备了诚实、勇敢、乐观等积极的品质方面。

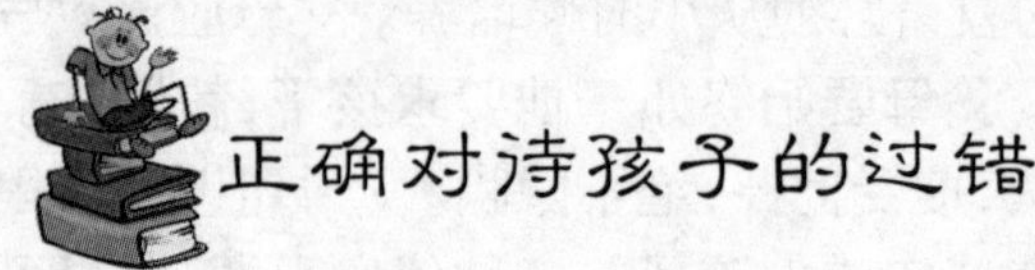

正确对待孩子的过错

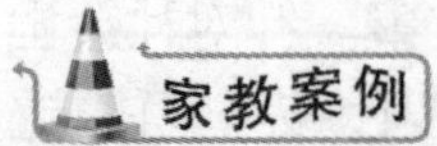

家教案例

乔治·华盛顿小时候聪明好动。有一次,他为了试试自己的小斧头是否锋利,竟把父亲一棵心爱的樱桃树砍倒了。

父亲发现后,大发脾气,问:"这是谁干的?"

乔治·华盛顿心里有些紧张,但他想了想之后,还是勇敢地走到父亲面前,带着羞愧的神色说:"爸爸,是我干的。"

父亲说:"孩子,承认把我喜欢的樱桃树砍倒了,你不知道要挨打吗?"

乔治·华盛顿见父亲怒气未消,便诚恳地回答说:"可我告诉您的是事实啊。"

父亲听了华盛顿的话,气消了,高兴地说:"孩子,我很高兴你能够讲真话。我宁愿不要一千棵樱桃树,也不愿听到你撒谎。"

乔治·华盛顿从父亲的眼神里看到了对自己的原谅和期望,受到了莫大的鼓舞和鞭策。华盛顿正是在这样的家教影响下,养成了诚实的品质。

我们试想一下,如果当孩子说了实话,父亲知道是孩子做了错事,反而大发雷霆,把孩子痛打一顿,那孩子以后还敢说实话吗?我们的宗旨是让孩子感到,对父母讲真话并不可怕,完全可以得到父母的谅解,而不必说谎。

如果父母发现孩子有说谎的毛病,不要仅就说谎而批评他。"这么小的孩子你就说谎,长大了那还了得?"这样的训斥对孩子没有丝毫的帮助。父母要做的是对孩子的行为进行观察,必要时对孩子的言行做些调查核实,这样可以堵塞孩子说谎的漏洞,或者使孩子的谎言不攻自破,千万别让孩子尝到说谎的带来的好处。

列宁的母亲曾成功地帮助 8 岁的孩子沃洛佳纠正了说谎的恶习。沃洛佳打碎了列宁家的花瓶,但他却说不是他打碎的,因为他怕在不太熟悉的姑妈面前说出真相,会受到责备。列宁的母亲知道沃洛佳是个好强的孩子，粗暴的训斥会挫伤他的自尊心，空洞的说教也无济于事，唯有提供充分的时间让他进行自我反省，在内心深处萌生出羞愧感，自己意识自己所犯的错误。

于是，她假装听信了他的话，并以足够的韧性和耐心等待了三个月。果然，在一天临睡前，沃洛佳一下子哭了起来，说："姑妈，我骗了您。我说不是我打碎的花瓶，其实就是我打碎的。"

列宁的母亲纠正孩子说谎采取的是冷处理的办法，即让孩子经过长期的思考与自我反省，自己承认错误。这种办法能使孩子从内心深处认识到撒谎不是好孩子，诚实才是美德。

父母要想教育孩子诚实，光讲道理不行，要有行为规范的具体要求，让孩子从小就按诚实的标准严格要求自己，自觉养成良好的习惯。因此，父母可以针对孩子的实际情况，提出"几要几不要"的具体要求，比如不拿人家的东西、不讲假话、不编瞎话、不说大话、不谎报成绩等等。

父母要鼓励孩子说老实话。孩子有了过错，当他如实向父母汇报以后，父母在处理上，应该明显地和他说谎时不同。错误自然要批评，因为这种批评是让孩子明是非，辨善恶，是对他一辈子负责。但另一方面，父母不但不能由于孩子承认过错而加重责罚，还要对这种老实认错的行为给予表扬。这种表扬可以巩固孩子诚实待人的美德，同时，这对孩子勇于改正错误，也是很有帮助的。

父母要适当惩戒孩子的说谎行为。有些父母则采取惩戒的方法纠正孩子的说谎。这种为"戒"而"罚"，也是爱的基本方式之一，然而这又是一种最令人棘手和带有风险的爱，因为孩子容易抵触施加惩戒的人。但是，如果父母的惩戒出于爱心，又执行得合理和巧妙，事后讲清道理，孩子会受益很大，并心悦诚服。在认真耐心的教育之后，孩子出现说谎等行为，可以采取一定的惩罚措施。

教育专家对父母的忠告

著名作家冰心曾让用肥皂洗嘴的办法惩罚孩子说谎。父母也可以创造一些有效的惩罚措施，如朗诵一个讲诚实的故事，抄写一段论诚实的名人名言，写一篇讨论诚实问题的日记，取消一次外出游玩的安排等。

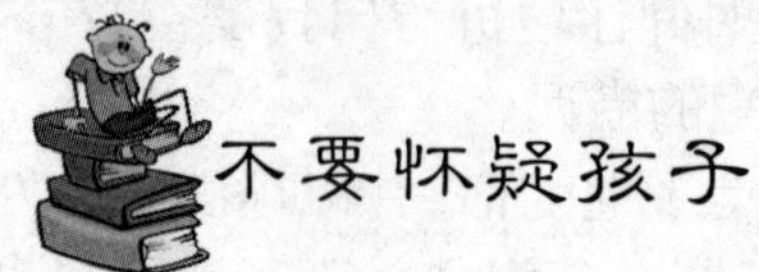

不要怀疑孩子

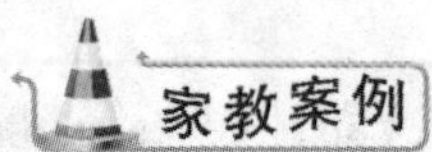

家教案例

苏联伟大的教育家马卡连柯认为，信任可以培养孩子的诚实。有一次，马卡连柯派一个曾经偷过东西的学生，去几十里外取一笔数额不小的钱。由于这个学生曾经偷过东西，同学们都不再相信他，几乎没人与他来往，他非常渴望得到别人的信任。

接到马卡连柯的任务后，这位学生简直不敢相信这是真的，他问马卡连柯："校长，如果我取了钱不回来了，您会怎么办呀？"

马卡连柯平静地回答："这怎么可能？我相信你是一个诚实的孩子。快去吧！"

当这位学生把钱交给马卡连柯的时候，他要求马卡连柯再数一遍。谁知，马卡连柯却说："你数过就行了。"然后，马卡连柯随手将钱扔进了抽屉。

事后，这个学生是这样描述自己的心情的："当我带着钱在路上走时，我在想，要是有人来袭击我，哪怕有十个人，或者更多，我都会像狗一样扑上去，用牙咬他们，与他们搏斗，除非他们把我杀死了！"

马卡连柯就是运用信任的方法，培养了这个学生诚实的行为。因为，只有信任才能换来诚实。

诚实是人性一切优点的基础，世界上才华横溢的人并不罕见，但是，才华出众的人并不一定值得信赖，只有诚实的人才一定值得信赖。诚实这种品质比其他任何品质都更能赢得他人的尊重和尊敬，更能取信于人。诚实是立身之本，是一个人最宝贵的财产，它能让孩子保持正直，挺直脊梁、光明磊落地做人，还能给孩子以力量和耐力。

每个父母都希望自己的孩子诚实做人，不喜欢孩子撒谎。但是，许多孩子却是说的是一个样，做的却是另一个样；当面是一个样，背后却是另一个样。面对孩子的这种行为，许多父母既生气又着急，对孩子加以训斥甚至惩罚，但是，结果却导致孩子撒谎的程度更为加剧。

其实，孩子的这种不诚实的行为并不是天生的，而是由后天的某种需要引起的，比如为了满足吃的需要、玩的需要甚至是为了逃避受批评、受惩罚。从心理学来看，孩子的道德意识和道德行为的发展是紧密相连的。道德意识决定着道德行为，道德行为又反过来体现着道德意识。但是，由于孩子认识水平跟不上道德行为，常常会造成认识和行为的脱节。许多孩子明知自己的行为是不对的，但由于意志力薄弱、自制力不强，无法控制自己的行为，造成自己说话不算数，答应人家的事却又不做。

孩子不诚实的行为大部分是出于某种需要。如果孩子合理的精神需要、物质需要没有得到满足，他必然会寻求满足需要的办法。如果父母对这种合理需要过分抑制，孩子就会换种方式，以某种不诚实的行为来满足自己的需要。

林刚为了得到一个漂亮的书包，就对妈妈说："妈妈，你给我买个漂亮的书包吧，我们班上的同学每个人都有漂亮的书包，就只有我没有了！"而事实上，并不是每一个同学都有漂亮的书包的，林刚只是为了满足自己的虚荣心才这样说的。

因此，父母应该认真分析孩子的需要，尽量满足其合理的需要。如果孩子的书包确实比较破旧，就可以给孩子买一个新的。当然，对于孩子的价值观来说，漂亮并不等于贵，父母一定要明确这个观念。

要分析孩子的需要，父母应该认真倾听孩子的心里话，而不要以成人的想法推测孩子的心理。在孩子向父母讲述了他的需要以后，父母应该跟孩子一起分析哪些是合理的，哪些是不合理的；哪些是现在可以满足的，哪些是将来才能满足的。然后，父母及时满足孩子合理的需要，对不必当时就满足的需要可以留到以后慢慢满足，对不合理的需要要跟孩子讲明白。

如果父母不善于判断孩子的需要是否合理，可以请教老师或其他的家长，也可以阅读相关的书籍，避免盲目下决定，随便满足孩子的需要。

如果孩子出现了言行不一致的行为，父母一定要及时指出来，严肃

地向孩子讲明道理，并督促孩子认真履行自己的承诺。同时，父母还可以讲讲诚信在人际交往中的作用，让孩子懂得履行自己的诺言是多么重要。父母千万不要以为孩子还小或者事情无关紧要，就放纵孩子的缺点，否则，孩子会不断强化不良的行为，形成不良的品格，进而影响孩子的成长。

我们经常会看到这样的父母：他们要求孩子吃完饭在房间里学习半小时，结果却每隔五分钟进去看一下孩子是否在偷懒；他们要求孩子去买件东西，也总担心孩子把多余的钱买零食吃。父母的这些行为，往往导致孩子用撒谎来对抗，而父母也因此认为自己的怀疑是有根据的，这就更加助长了孩子的不诚实行为。

教育专家对父母的忠告

父母怀疑孩子，无益于孩子的健康成长。这是因为孩子知道父母不相信自己，就可能自暴自弃，根本不愿意做一个诚实的孩子。

第九章 虚心处世——孩子虚心才能进步

谦让虚心的品性对于孩子的健康成长也是不可或缺的。各方面表现比较优秀的孩子,懂得谦让虚心,才能防止骄傲自满,才能不断取得进步。

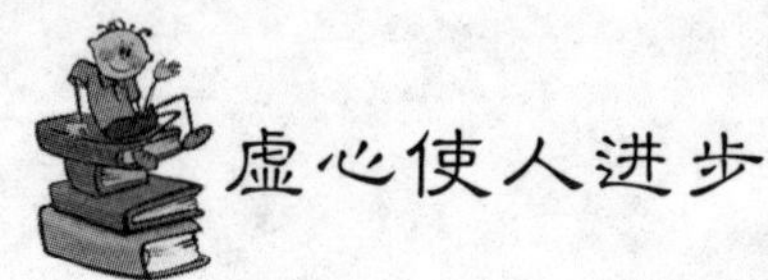

虚心使人进步

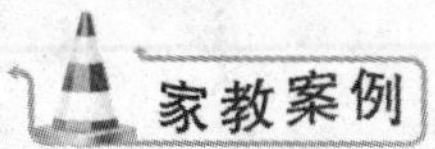

家教案例

小军已经读小学五年级了，是个爱学习的男孩。由于学习成绩在班里一直名列前茅，因此他非常自负。

在家庭里，小军认为自己已经是个大人了，对于父母说的话越来越不放在心上。在学校里，小军也非常清高，不太愿意与成绩不好的同学一起玩，觉得跟他们在一起没什么意思。对于任课老师，小军也不太尊敬，认为老师的水平不过如此，自己自学就能够学到很多知识。

唯一受小军敬重的人是他的班主任侯老师。侯老师是一位快退休的语文老师，对小军非常好，经常给小军介绍一些学习方法，讲一些名人的故事。

有一次，小军在一篇交给侯老师的周记中表现出了自己看不起同学的思想，还提到了一次与数学老师发生了争执，原因是数学老师批评小军做作业不够仔细。

侯老师后来在小军的本子上是这样写的："有人批评你，并不是他看不起你，而是他希望你进步。因为他不批评你，你不会怨恨他；他批评你，你则会怨恨他，而他却选择了批评你，就是希望你进步。侯老师也是这么希望的。"小军深受触动。后来，他果然慢慢改正了自负的毛病。

20世纪最伟大的科学家爱因斯坦，他的相对论以及在物理学其他方面的研究成果，留给我们的是一笔取之不尽、用之不竭的财富。然而，尽管他作出了如此巨大的贡献，但还在有生之年不断地学习和研究，做到了"活到老，学到老"。

有个年轻人对爱因斯坦永不停息地学习感到不解，就问他："您老在物理学方面取得的成就可谓是空前绝后了，何必还要孜孜不倦地学习呢？何不轻轻松松地生活呢？"爱因斯坦并没有立即回答这个问题，而是找来一支笔、一张纸，在纸上画上一个大圆和一个小圆，对那个年轻人说："现在，在物理学这个领域里，我可能是比你懂得略多一些。如果将你所掌握的知识比做这个小圆，我所掌握的知识就可以比做这个大圆，然而整个物理学的知识是无边无际的。对于小圆来说，它的周长短，与未知领域的接触面也小，未知的知识也少；对于大圆来说，它的周长长，与未知领域的接触面也大，未知的知识也多。我知道自己未知的东西更多，所以会更加努力地去探索。"

在爱因斯坦 50 岁生日时，全世界的各大报纸都刊登了有关爱因斯坦的文章。在爱因斯坦住所中，装满了好几篮子从全世界寄来的祝寿的信件。然而，此时的爱因斯坦却不在自己的住所里，他在几天前就到郊外的一个花匠的农舍里躲了起来。

爱因斯坦 9 岁的儿子问他："爸爸，您为什么那样有名呢？"

爱因斯坦听了哈哈大笑，他对儿子说："你看，瞎甲虫在球面上爬行的时候，它并不知道它走的路是弯曲的。爸爸只不过有幸觉察到了这一点。"

爱因斯坦就是这样一个谦虚的人。名声越大，他就越谦虚。

事实上也是如此，没有一个人能够有骄傲的资本。因为任何一个人，即使他在某一方面的造诣很深，也不能够说他已经彻底精通这方面，彻底将这方面研究透彻了。"生命有限，知识无穷"，任何一门学问都是无穷无尽的海洋，都是无边无际的天空，所以，谁也不能够认为自己已经达到了最高境界而停步不前、趾高气扬。如果那样，则必将很快被同行赶上、被后人超越。

骄傲是一种不良的心理。孩子，特别是聪明的孩子，常常产生骄傲自满的情绪。父母应该给予孩子积极的引导，使其心理健康发展。在现实生活中，由于学习成绩较好或者有某方面的特长，孩子经常受到家长和老师过度的表扬。这种过度的表扬常常会误导孩子，使他们不能正确认识自己，使他们滋长骄傲情绪。他们会因此夸大自己的优点，看不到自己身上的问题，同时，他们把别人看得一无是处，听不进别人的善意批评，总是处于盲目的优越感之中。长久下去，他们就会逐渐地放松对自己的要求，导致成绩下降，表现也就不再那么优秀了。

父母要让孩子认识骄傲的危害。盲目骄傲自大的人就像井底之蛙，视野狭窄，自以为是，会严重阻碍自己继续前进的步伐。科学家巴夫在给青年人的一封信中这样写道："切勿让骄傲支配了你们。由于骄傲，你们会在应该统一的场合固执起来；由于骄傲，你们会拒绝有益的劝告和友好的帮助；而且由于骄傲，你们会失掉客观的标准。"

自信和骄傲都是自己获得较好成绩时产生的心理，但是它们有着很大的不同。

自信是一种积极的人生态度，能使人乐观上进；而骄傲则是对自己的不全面认识，能令人盲目乐观，从而不思进取。父母应该培养孩子的自信心，但不能让他们滋长骄傲自满的情绪。在形式上，自信和骄傲有很大的相似性，常常让人感到迷惑。孩子常常把自己那点小得意看作是自信的表现。父母应该让孩子分辨出自信和骄傲的区别。

家长应该让孩子认识到骄傲是健康成长的绊脚石。任何成绩的取得只能是阶段性的、局部的，并不是终点。在学习上，知识是无边无际的海洋。孩子如果一时领先就忘乎所以，恰恰是知识不够、眼界不宽的表现。"满招损，谦受益"，家长应有意识地给孩子介绍一些成功者的经验。古今中外，凡是有所作为的人无不都是在取得成绩后仍能保持谦虚奋进心态的人。

正确面对批评和建议是终身的学问。骄傲自满往往也与不能很好处理别人的批评和建议有关。

批评往往直指一个人的缺点，如果一个人能够接受他人的批评，他就能够比较清楚地看到自己的缺点。对于孩子来说，他在评论自己时常会出现偏差，原因是自己往往难以发现自己的不足。孩子若能经常听取别人的意见或建议，就能不断地充实和完善自己。

教育专家对父母的忠告

虚心使人进步，骄傲使人落后。孩子懂得虚心，才能避免产生骄傲思想，才能拥有上进心，才能不断取得进步。

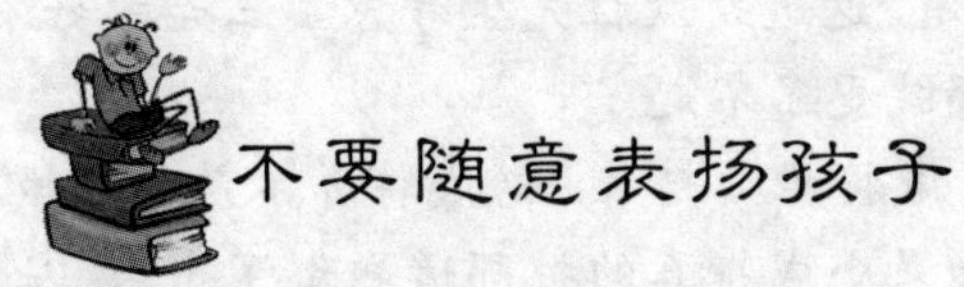

不要随意表扬孩子

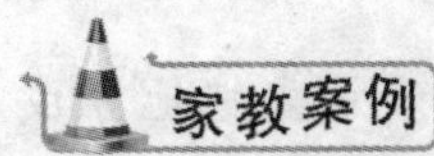

家教案例

卡尔·威特刚出生时就有智力障碍,但他的父亲老威特并没有因此而放弃对他的教育。老威特运用一种与众不同的教育方法,使小威特8岁时就已经掌握了德语、法语、意大利语、拉丁语和希腊语等几种语言,同时,还使小威特通晓了动物学、植物学、物理学、化学,尤其擅长数学。小威特9岁时就考上哥廷根大学。

虽然小威特表现得如此才华出众,但是老威特却非常注意培养他谦虚的习惯,禁止任何人表扬小威特,生怕小威特滋生骄傲自满情绪,从而不思进取,毁了一生。

有个地方的督学官来到哥廷根的亲戚家。他的亲戚与威特一家来往密切,非常了解小威特的情况。督学官得知了小威特的事迹后,想考考小威特。为了得到这一机会,督学官就拜托他的亲戚请威特父子过来。

老威特接受了邀请,带着小威特去了。督学官向老威特提出要考考小威特的要求。按照惯例,老威特也要求督学官答应老威特的条件,即"不管考得怎样,绝不要表扬我儿子"。据说小威特擅长数学,所以督学官提出主要想考考数学。老威特回答说:"只要不表扬,考什么都没有关系。"

督学官先从人情世故考起,然后进入学问领域。督学官对小威特回答的每个问题都感到十分满意。最后,开始了小威特所擅长的数学考试。令督学官感到惊异的是,每一题小威特都能用两种、三种解法去完成,也能按督学官的要求去解题。这样督学官就不由自主地要赞扬小威特了。老威特赶紧给督学官递眼色,督学官这才住口。

由于督学官和小威特二人都擅长数学,考着考着就进入了学问的深层,并最终走到督学官所不知的地方。这时,督学官不由自主地叫了起来:"唉呀!真是超过了我的学者!"

老威特想这可不妙,立即给泼冷水:"哪里,哪里,由于这半年儿子在学校里听数学课,所以还记得。"督学官还不死心,又对小威特说:"你再考虑考虑这道题。这道题欧拉先生考虑了三天才好不容易做出来。如果你能做出来,那就更了不起了。"

听了这话,老威特担心起来。老威特并不是怕小威特做不了那么难的题,而是担心如果小威特真的把那道题做了出来,从此骄傲起来。但是,老威特又不拒绝,只好故作镇静地看着。

那道题是一个农夫想把一块地分给三个儿子, 分法是要把地分成三等份,而且每个部分要与整块地相似。督学官将问题说完就拉着老威特的手退了出去,对老威特说:"你儿子再聪明,那道题也很难做出来。我是为让你儿子知道世界上还有这样的难题才出的。"

不料,督学官的话音刚落,就听小威特喊道:"做出来了。""不可能!"督学官说着就走了过去,发现小威特果然做出来了,就有些不高兴地说:"你事先知道这道题吧?"小威特一听就感到很委屈,十分肯定地说:"不知道!"

旁边的老威特也说:"小威特做的事, 我全都清楚。这个问题的确是第一次遇到,更何况小威特是从不撒谎的。"这时,督学官说:"那么,你的儿子胜过欧拉这位大数学家了。"老威特担心督学官过度表扬小威特,就及时地掐了一下督学官的手,并且说:"瞎鸟有时也能捡到豆,这也是偶然的。"

督学官这才领会到老威特的意图,点着头说:"是的,是的。"然后,督学官附耳小声对老威特说:"唉呀!我真佩服你的教育方法。这样的教育,不管你儿子有多大的学问也绝不会骄傲的。"

老威特非常了解孩子的心理,自己的孩子实在太优秀了,太优秀的孩子往往经不起表扬,表扬过多往往会导致孩子产生骄傲自满的心理。因此,老威特在生活中总是有意识地避免表扬小威特。

父母应该明白表扬孩子本身没有错, 但是千万不要一味表扬,而且表扬孩子的时候要注重表扬孩子的某种行为, 不要表扬孩子本身,也就是说,表扬时要就事论事。

表扬不一定都能起到正面影响。没有调查研究作为基础的随意表扬,很容易把孩子引入歧途。因此,父母要慎重对待孩子的表扬。

心理学家认为，表扬会有两种效应：其一是信息的正面反馈效应，即对被表扬者的思想、语言、行为本身起到一种积极的强化作用，也就是我们常说的正面强化作用；其二是表扬所产生的负逆效应，即孩子把表扬当成了目的，而得到表扬的思想、语言和行为则蜕变成为获取表扬的一种不正当手段。

由此可见，表扬并非一定会对孩子正确的思想、语言和行为起到积极的强化作用。与事实本身不相符的随意性表扬，可能会起到相反的作用，甚至产生极坏的影响、带来不良的后果。有经验的父母都知道，表扬应该慎重进行、与事实相符，过多的随意性表扬会使孩子产生不良的心理。

如果孩子过分渴望得到父母的表扬，而父母又不加甄别随意进行表扬，就会产生以下两种连锁效应：一是孩子出现“自我保护”的心理效应。只愿意听到表扬，听不得不同意见，抵制别人的批评。一听到批评就不高兴、哭鼻子，有时甚至讲批评过他的人的坏话。二是容易造成孩子“盲目顺从”的心理效应。孩子不加思考地对父母的话句句照办，没有主见。只要是父母喜欢的、高兴的事，哪怕是冒着犯错误的危险也会去做，从而使得孩子思想日益僵化，缺乏创新精神，表现出唯唯诺诺的姿态。因此，父母在表扬孩子的时候一定要注意表扬的合理性，避免产生随意性表扬的负面效应。

教育专家对父母的忠告

父母给予孩子的表扬要与孩子的思想、语言和行为相一致。也就是说，父母要在孩子应该得到表扬时才给予恰如其分的表扬。

帮助孩子正确认识自己

家教案例

著名相声演员牛群36岁得子，取名牛童。在牛童4岁时，牛群就教他下棋。开始时，牛童总是输，输了就哭。牛群反而很高兴，说："知道哭，说明儿子在乎输赢，孺子可教也！"每次下完棋，牛群等牛童哭完，就耐心告诉他输在哪儿，然后他们接着再战。下棋的次数和输棋的次数多了，牛童的心理承受能力增强了，他就不再输一盘哭一次，明明心里很难受，却能强忍着不流泪。

牛群妹妹的儿子比牛童大一岁，牛童叫他小哥哥。小哥哥语文成绩很好，作文常在全校广播，因为他特别喜欢看课外书。牛童不爱看书，更怕写作文，小哥哥就笑话他。牛童爱面子，不得不经常抢着书本看，时间一长，也看上瘾了。

牛童数学成绩好，尤其电脑学得好，第一次参加全国大赛还夺得三等奖。为了让两个孩子竞争，在计算机赛前保持谦虚的心态，牛群买了一些黄白扣子，黄扣子当"金牌"，白扣子当"银牌"。他又弄来两面小旗子，一面旗上画头牛，另一面旗画只鼠。因为两个孩子一个属鼠，一个属牛。牛群规定，谁赢了就升谁的旗，"鼠"哥哥得了"金牌"，升"鼠旗"，"牛"弟弟得了"金牌"升"牛旗"。

比赛前几天，不用大人催，小哥儿俩一个赛着一个地起早。有一天凌晨3点，两个孩子就起床摸黑练计算机。这一年，小哥儿俩双双夺得全国一等奖，一人抱回一台电脑。

为了培养孩子良好的道德品质，牛群作了十几条规定，奖惩分明。比如说，儿子如不小心把电视机碰了，他可能和颜悦色地说儿子一句："下回注意啊。"可是，如果儿子说了谎，他就毫不客气，必定声色俱厉，甚至要动点"武"。好在孩子诚实的时候居多，也没有受什么皮肉苦。

牛群认为，孩子只是德和智两好，身体不好也不行。暑假期间，牛群

推出一个“铁孩子三项”计划，规定每个孩子每天必须做到：跑步 1000 米，跳绳 500 下，游泳两个小时。小哥哥很喜欢练“铁孩子三项”。牛童长得胖乎乎的，平时又不爱活动，一天跳绳 500 下，这可难为了他。开始一下也跳不过去，但不练是不可以的。开学以后，牛童竟一口气跳了 1012 下，一举打破了他们学校的纪录！

孩子骄傲自满往往源于自己具有某方面的特长和优势。父母应该先分析孩子骄傲的原因，是学习成绩比较好，还是有某方面的艺术潜质，再或者是有运动天赋。然后，父母应让孩子意识到，他身上的这种优势只不过限定在一个很小的范围内，在一个更大范围内就会失去这种优势。正确的态度应该是积极进取，而不是骄傲懈怠。

父母要使孩子明白，孩子取得了一定的成绩，固然是自己努力的结果，但是不要忘记其中也包含着家长的培养、老师的教诲和同学的帮助。

另外，不正确的比较往往也容易滋生骄傲情绪。在班集体中，孩子若以自己的长处与别人的短处相比较，认为别人不如自己，自然容易沾沾自喜，甚至以为自己什么地方都比别人强，因而看不起别人。父母应该开阔孩子的胸怀，引导孩子走出自我的狭小圈子，带孩子到更广阔的地方走走，陶冶孩子的情操。父母让孩子了解更多的历史名人的成就和才能，认识到自己的不足，以丰富的知识充实头脑，变骄傲为动力。

父母要加强训练指导，克服孩子骄傲自满的心理。父母通过讲道理开阔思路是很重要的，使成绩好的孩子知道“人外有人，天外有天”。

父母对孩子的优点和成绩过分的夸耀，往往使孩子头脑发胀，容易形成孩子骄傲自大的恶习。所以，父母平时对孩子准确适度的评价是不容忽视的。

教育专家对父母的忠告

父母要给孩子创造改正错误的机会，要在生活中发现孩子的闪光点，不断肯定孩子取得的点滴进步，及时纠正孩子骄傲自满的情绪，使孩子健康成长。

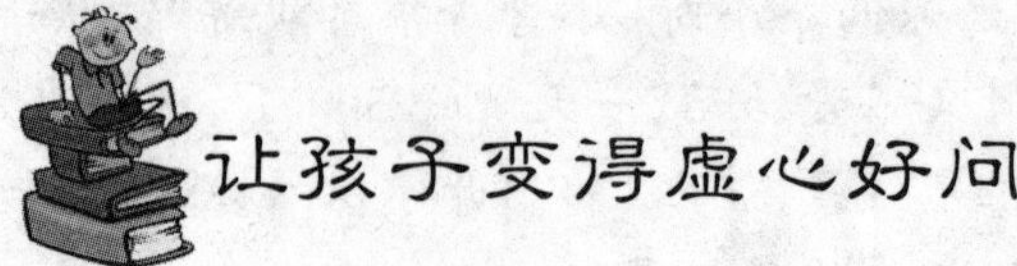

让孩子变得虚心好问

家教案例

考入中国科学技术大学的司卫东从小就虚心好问，这得益于他的父亲对他的教育。

在卫东小的时候，爸爸观察小卫东，发现他喜欢唱歌、听歌，可是没有一首歌能够唱到头的。小卫东喜欢看足球比赛，可自己并不好动。小卫东将一台收音机拆坏，却不能还原。但是，小卫东喜欢看书，性格文静，因而爸爸认为他搞理科比较合适。于是爸爸便根据这个大的方向，激发小卫东对科学的兴趣。

小卫东有强烈的好奇心，好奇就会促使他产生兴趣。爸爸从这一点出发，注意在家教中引起小卫东的好奇心，而每一次好奇心的诱发又都是以身边的事物为内容的。

在教小卫东学骑自行车时，爸爸问他："我要把一个箱子从外屋推进里屋，这摩擦力是好是坏？"

"不好，推起来费力，"卫东回答。

"那自行车轮子跟地面的摩擦力是好是坏？"

见小卫东回答不了，爸爸就解释说："自行车后轮和地面的摩擦力向后，那么它的反作用力就是向前，推动自行车往前，所以人在车上踩脚蹬子，就可以往前行驶。"

"那这个摩擦力是好的了，"小卫东说。

"不全是好的，前轮跟地面的摩擦力又是不好的了，"爸爸补充说。

坐火车时，爸爸问小卫东："车窗外的树为什么往后跑呢？"

"因为火车在往前开。"卫东回答。

"那你再看看远处，远处的那些树木是往后跑还是往前跑呢？"爸爸又问。

"啊，远处的树怎么会朝前跑呢？整个大地看上去好像在围绕一个看不见的轴在转动。爸爸,这是怎么回事?"小卫东有些不理解了。

于是,爸爸给他讲解了一番,引发了卫东对运动现象的浓厚兴趣。

在乡下爬山钻溶洞看钟乳石的时候,爸爸就对他讲山、讲水、讲古迹。在城里公共汽车上,他们有位子也不坐,而总是站在最前面看司机如何开车。在洗衣服时,爸爸也把卫东喊过来看看,用手指在旋涡中心的空洞处试试,告诉小卫东龙卷风形成的道理……

爸爸就这样一次又一次地利用小卫东的好奇心,对小卫东进行启发,终于让小卫东初步产生了对科学的兴趣。

孩子要养成虚心的性格,遇到不懂的问题敢于发问,才能取得进步,获得优异的成绩。

天才在于学习,知识在于积累。边学边问,才有学问。在学习的时候,一定要把握住短暂的时间和知识的积累,以及谦虚好问的学习态度。

学习最可怕的就是不懂装懂,否则学不到过硬的知识。因此,在追求学问之时,应该"多想、多问、多读、多写",抓住中心,集中精力,一鼓作气,攻破一道又一道难题。只有这样,才能牢固地掌握真正的学问,才能在竞争之中将自己的所学发挥得游刃有余。

每个人都会遇到不熟悉、不明白的事情,这是很正常的,因为每个人的知识能力都是有限的。但是,有些孩子爱慕虚荣,往往犯下不懂装懂的毛病,一次两次还可以,多了就会铸成大错,影响自己的一生,使孩子因无知而变成别人的笑柄。

那么,如何改正孩子不懂装懂的小毛病,培养孩子虚心好问的好习惯呢?

首先,培养孩子谦虚的品格。不懂就问,只有这样才能把学习搞好。

其次,启发孩子自己解决问题。当孩子发现书上有不懂的问题,问为什么时,父母要耐心回答,还要称赞他能虚心好问。有的孩子学习上怕苦怕难,一遇到难题就问父母怎么做。这时,父母不能直接告诉他(她)答案,要鼓励他(她)自己动脑筋,要启发他(她)自己去解决问题。

再次，遇到难题时，不要让孩子依靠父母解决。父母最好是做一些提示，鼓励他（她）独立思考，放弃依赖心理，因为解决难题是很能锻炼人的。

父母要让孩子形成学海无涯的观念。无论何时，总会有我们不熟悉的问题出现。因此，只有虚心好问才能取得进步。

教育专家对父母的忠告

父母在孩子做功课遇到疑难问题时，不要直接告诉孩子答案，而要做出提示，鼓励孩子独立思考，消除孩子依赖父母的心理。孩子发现书上有不懂的问题，向父母寻找帮助时，父母要耐心解答孩子的问题，还要称赞孩子虚心好问。

第十章 乐观意识——心态决定成长

乐观是一种心态。乐观的孩子对生活总是充满激情，对学习总是动力十足。面对困难时，乐观的孩子会迎难而上，更容易克服困难。

让孩子有一颗乐观的心

家教案例

有一对兄弟，一个极度乐观，一个却非常悲观。他们的父母知道这两种极端的态度都不利于孩子的健康成长，就想让兄弟俩都做些改变。他们的父母把乐观的孩子锁进了一间堆满马粪的屋子里，而把悲观的孩子锁进了一间放满漂亮玩具的屋子里。

一个小时后，他们的父母走进悲观孩子的屋子，发现他坐在一个角落里，一把鼻涕一把泪地在哭泣。原来，他不小心弄坏了玩具，怕父母会责骂自己。他们的父母走进乐观孩子的屋子，却发现孩子正在兴奋地用一把小铲子挖着马粪，把散乱的马粪铲得干干净净。看到父母来了，乐观的孩子高兴地叫道："爸爸，妈妈，这里有这么多马粪，附近肯定有一匹漂亮的小马。我要给它清理出一块干净的地方来！"

乐观的孩子当过报童，做过好莱坞明星，任过州长，最后还当上了总统。兄弟俩的差别如此之大，是因为乐观的性格起到了很大的作用。

乐观使人能看到事情比较有利的一面，期待最有利的结果。心理学家马丁·塞利格曼认为，乐观不但是迷人的性格特征，还有更神奇的功能：它能使人对生活中的许多困难产生心理免疫力。乐观的孩子不易患忧郁症，也更容易成功，也比悲观的孩子身心更健康。

塞利格曼还认为，乐观主义者与悲观主义者的最大区别就是看待有益情况和有害情况的态度。乐观主义者认为，有益情况总是永久的、普遍的，它们能够促使好的方面转化，而一旦有害情况出现，他会认为那是暂时的现象，最终是能克服的。悲观主义者认为，有益情况总是暂时的、特殊的，在遇到有害情况时，他们就会退缩不前，而且总是能找出种种不能克服的理由。

思维心理学专家史力民博士曾指出："乐观是成功的一大要诀。"

他还说："失败者通常有一个悲观的面对事物的方式，即遇到挫折时，总会在心里对自己说'生命就这么无奈，努力也是徒然。'"孩子常常运用这种悲观的心态面对事物，渐渐地就会丧失斗志，不思进取。因此，父母要重视培养孩子乐观的习惯。

乐观是孩子对未来充满信心和希望，不断进取的个性特征。孩子对那些能够满足自己需要的事物或对象，会产生一种积极的情绪体验，而对无法满足自己需要的事物则会产生消极的情绪体验。乐观的性格是孩子应对人生中悲伤、不幸、失败、痛苦等有害情况的有力武器。如果孩子无法乐观地面对人生，就容易意志消沉，对前途丧失信心，而且长此以往，还会损害到孩子的身心健康。

经验表明，孩子乐观的性格是可以培养的。早期诱发理论认为，人的性格是在后天的环境中逐步形成的。乐观的性格可以通过实践逐步培养，悲观的性格也可以在实践中逐步改变。

每个孩子都会碰到不称心的事情，即使天性乐观的孩子也是如此。当孩子遭遇困境时，父母要多留心孩子的情绪变化。如果孩子闷闷不乐，父母无论多忙，也要挤出一点时间和孩子交谈，教育孩子学会坚强面对困难，鼓励孩子凡事多往好的方面想，不要总是想到事情可能导致的糟糕结果。

乐乐已经上幼儿园大班了。一天，妈妈从幼儿园接乐乐回来，发现乐乐有点闷闷不乐。

"乐乐，今天幼儿园有什么高兴的事呀？"妈妈问乐乐。

"今天一点都不好玩。"乐乐不高兴地回答。

"为什么呀？出了什么事吗？"妈妈问道。

"今天，幼儿园来了一个新同学。他很会说话，一直给同学们讲搞笑的事情。同学们都不理我了！"原来，乐乐今天在幼儿园受到冷落了。

"那不是很有意思吗？以后，你每天都可以跟这样一个会说笑话的人玩了，你不高兴吗？"妈妈引导乐乐。

"可是，同学们都不理我了呀！"乐乐有些着急了。

"只要你和同学们一样与那位新同学一起玩，你们不是都可以玩得很开心吗？其他同学还是跟你一起玩的呀！是不是？"妈妈为乐乐分析说。

"嗯,好像是。"显然,乐乐同意了妈妈的看法。一路上,乐乐又恢复了往常的快乐。

父母一定要注意观察孩子的情绪。只要孩子愿意与父母沟通,父母就要引导孩子把心中的烦恼说出来。烦恼很快消失了,孩子也会恢复快乐。当然,父母也可以帮助孩子克服一些困难,教孩子正确地保持乐观的情绪。

许多孩子不快乐主要是因为他们没有自己的自由。父母对孩子太过溺爱,往往会抑制孩子们的一些行为和举动。父母替孩子包办一些事情,孩子就会事事不用做,也无法在做事中得到乐趣。

教育学家认为,要培养孩子乐观开朗的性格,就不要对孩子管教过严,而是要允许孩子在不同的年龄段拥有不同的选择权。两三岁的孩子应该可以自己选择早餐吃什么、什么时候喝牛奶、穿什么衣服等;四五岁的孩子应该可以选择自己喜欢的玩具、周末去哪里玩等;六七岁的孩子应该可以选择自己喜欢看的电视节目、什么时候学习等;上小学的孩子应该可以结交朋友、带朋友来家玩等。

孩子只有从小就享受到家庭民主,才更容易感受到人生的快乐。因此,明智的父母总能够适时给孩子较大的空间,让孩子处理自己的事情。

孩子在遇到困境时,往往会表现出悲伤。父母应该允许孩子适当地表现悲伤。如果在孩子哭泣的时候,父母要求孩子停止哭泣,不要表现出丝毫软弱,孩子就会把心中的悲伤积聚起来,久而久之,产生消极影响。

小兰刚上小学不久,就发生了一件让她伤心的事情。与她从小就非常要好的伙伴小艳,在班上认识了一个从外地转学来的同学。小艳与新同学的关系非常好,小兰被忽视了。

当小兰向妈妈哭诉自己遇到的情况时,妈妈并不理解小兰的想法,反而呵斥道:"这么一点小事也值得伤心。真是没用的人!"妈妈的呵斥让小兰更加伤心。从此,小兰变得郁郁寡欢,不管遇到什么事情也不愿意对妈妈说了。等妈妈意识到小兰发生了变化时,小兰已经变得非常悲观了。

当孩子表现出的悲伤或软弱时,父母不要呵斥孩子,应该让孩子尽情地发泄心中的不快。孩子只要将不快发泄出来,自然会恢复心情的平衡。如果孩子需要父母的帮助,父母应该及时安慰孩子,从孩子的角度考虑孩子的感受,引起孩子的情感共鸣,缓解孩子的不良情绪。

教育专家对父母的忠告

父母让孩子拥有一颗乐观的心,可以使孩子积极地面对生活和学习,在困难面前不退缩,在失败面前不气馁。

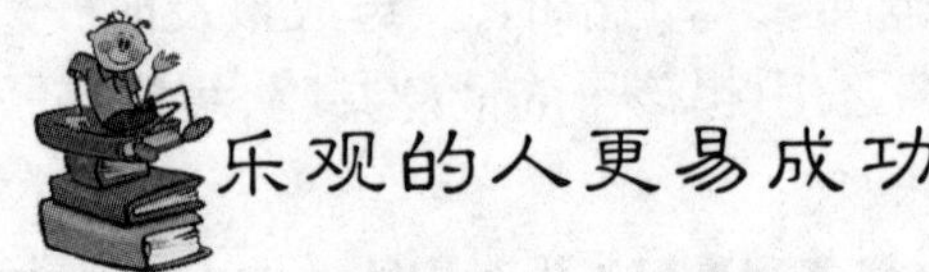

乐观的人更易成功

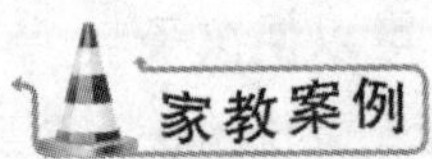

家教案例

黑人记者伊尔布拉格，是美国历史上第一位获得普利策奖的记者。在还没有消除种族歧视的美国，伊尔布拉格凭借着积极的生活态度和不懈的努力，跨越了自己是黑人的心理障碍，获得了整个社会的认可。

但是伊尔布拉格小时候一直很悲观，而且常常受到身边的白人孩子无端的欺辱。他的内心总是封闭的，但后来的经历却改变了他。他对自己的朋友说："如果没有我的父亲，就不会有我今天的成就，是他赋予了我在逆境中成长的勇气和毅力。"

有一次，他的父亲带着他去参观梵高的故居。在伊尔布拉格的想象中，梵高一定是生活在非常豪华的家庭中，但是当看到梵高生前坐过的木质板凳和穿过的破旧皮鞋时，他惊呆了，他无法相信一位令世人景仰的天才是在这样的条件下成长起来的。

伊尔布拉格问父亲："爸爸，梵高不是一位身价百万的富翁吗？"

爸爸微笑着对他说："不是的，梵高很穷困，比平常人还要穷困，因为他连娶妻的钱都没有。"

后来，伊尔布拉格和父亲又去参观安徒生的故居。伊尔布拉格从小开始就非常喜欢安徒生童话。在他的想象中，安徒生一定也像童话故事里面的王子一样地生活着。但是情况再一次出乎他的意料，安徒生的房屋很简单，普通得不能再普通，而且客观地说，从他的房屋中看不到任何童话中浪漫的气息。此时，伊尔布拉格又得知安徒生只是一个鞋匠的儿子，鞋匠的生活非常清贫，只住在一个小小的阁楼里。

这些难得的经历让伊尔布拉格改变了从前的想法，不再觉得自己的黑皮肤很刺眼，也不再认为自己的地位卑微，不如那些白人孩子。伊尔布拉格开始喜欢迎着阳光前进，最终取得了成功。他对人说："是梵高和安徒生告诉我，上帝没有贬低我的意思，只要我愿意，我可以把生活变成自己喜欢的样子。”

人们需要找到一个方向标，让生活愉快地进行下去，而乐观积极的情绪，能使人们的生活变得更有意义。在生活中，人们难免会遭遇挫折和失败。人们如果在挫折和失败面前低头，那么就会停滞不前，不仅不能让自己的能力得到充分发挥，而且还会让生活变得黯淡无光。

父母都希望孩子拥有快乐的人生，因为孩子乐观地面对生活，朝着梦想的方向不断努力前行，就会将很多不好的因素向好的因素方面转化。

十全十美的事物在现实中是不可能存在的。有的人因为存在某些不足，就消极地对自己全盘否定。在客观的外界条件中，人们可以找到很多因素作为自己失败和不幸的理由，但此时人们没有意识到，消极避世的情绪正在慢慢地俘虏自己，本应该属于自己的快乐和成就化成了泡影，人就是这样逐渐被自己打败的。

人的意识指导着人的行为，孩子也是一样的。人们常常会惊叹于神奇的意志力，它能在关键时刻让人发挥出超乎常人的能力。但是，意志力缺乏也会让一个人不思进取，碌碌无为地度过一生。父母应该教会孩子掌控自我，消除不利于自己身心健康发展的消极情绪，能够在心情灰暗的时候看到事情的阳光面。因为，孩子只要乐观地面对生活，才能更容易获得成功。

教育专家对父母的忠告

悲观的孩子看待事物总习惯于从消极的方面着眼，因而做事畏首畏尾，很难获得成功；而乐观的孩子看待事物往往能够从积极的方面着眼，因而做事勇往直前，容易获得成功。

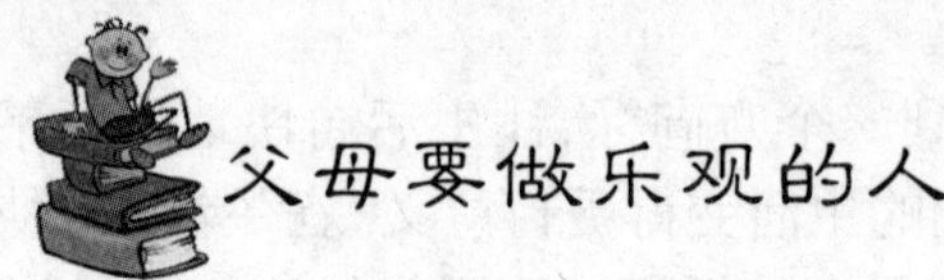

父母要做乐观的人

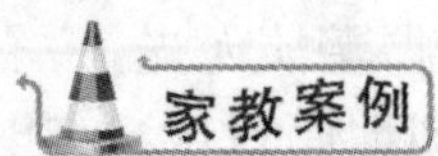

家教案例

两个星期前，马伟的妈妈许诺这个星期天带他去动物园玩。可是，单位临时有事，需要加班，马伟的妈妈不能带马伟去动物园玩了。

遇到这种情况，马伟的妈妈没有像其他妈妈那样抱怨说："该死的，妈妈今天又要加班了！"，而是平和地对马伟说："孩子，今天妈妈的单位临时有事，妈妈不能陪你去动物园了。妈妈下个星期天再带你去动物园玩，怎么样？"

马伟极不情愿地点了点头。

马伟的妈妈看出马伟仍然有点不高兴，就继续向他解释说："单位临时有事，让妈妈加班，是因为妈妈在单位工作能力强，能做更多别人不能做的事情。你应该为妈妈感到自豪啊！"

马伟听完妈妈的解释后，脸上露出了笑容。

在教育孩子的过程中，父母首先要做乐观的人。父母在工作、生活中也会遇到各种困难，如何面对困难会直接影响到孩子。如果父母能在面对困难和挫折时保持自信、乐观、奋发向上，孩子也会受父母的影响，乐观地面对遇到的困难。

父母应该多向孩子灌输一些乐观主义意识，让孩子明白，令人快乐的事情总是永久的、普遍的。不愉快的事情即使出现，也只是暂时的，不具备普遍性。只要乐观地对待不愉快的事情，生活仍然是美好的。例如，碰到周末要加班，父母可以对孩子说："今天妈妈要去公司加班，这表明妈妈的工作很忙。"而不要对孩子说："该死的，妈妈今天又要加班。"

同一件事物总是同时并存积极的方面和消极的方面的。乐观的人往往看到的是积极的方面，会产生诸如满意、高兴、喜悦、爱慕的积极情绪；悲观的人常常看到的是消极的方面，会产生诸如忧愁、痛苦、悲伤、憎恨的消极情绪。积极情绪能够激发人的潜能，使其保持旺盛的精力，有益身心健康；消极情绪却使人意志消沉，有害身心健康。因此，学会保持乐观的情绪，对孩子来说是十分重要的，也是非常必要的。

父母在教育孩子时，要以身作则，引导孩子能正确对待困难和挫折，做到在任何情况下，都能保持乐观积极。孩子的情绪最易受到父母情绪的直接影响，因此在与孩子相处时，父母必须保持乐观的心态。

在努力营造乐观氛围时，父母应该注意自己教导孩子时的心理，防止一些消极心理对孩子产生副作用。毕竟，父母是孩子的第一任老师，特别是在孩子年幼时，父母的言谈举止对孩子的成长有着很大的影响。父母的积极心理，可以促使孩子乐观积极、奋发向上；反之，父母的消极心理，能够造成孩子悲观消极、不思进取。

教育专家对父母的忠告

悲观的父母培养出来的孩子容易形成悲观的性格，乐观的父母培养出来的孩子容易形成乐观的性格。因此，如果父母想要孩子成为乐观的人，自己就要先做乐观的人。

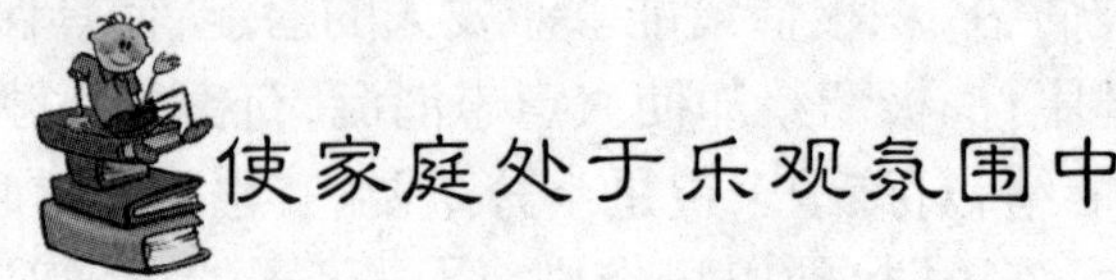

使家庭处于乐观氛围中

家教案例

著名美术大师徐悲鸿，以画奔马而驰名中外。他的成长却离不开他的父亲的苦心培养与正确引导。很少有人知道，徐悲鸿也有过画虎像狗的时候。

徐悲鸿的父亲叫徐达章，是一个自幼喜欢画画、自学成材的乡村穷画师。徐达章的书法、绘画、篆刻、诗文在江苏宜兴一带小有名气。徐达章家里虽穷，却不羡慕荣华富贵。他在一方印章中镌刻的“闲来写幅丹青卖，不用人间造孽钱”，就是对自己为人处世的写照。徐达章的这种人生态度，对徐悲鸿产生了深刻的影响。在最困难的时期，徐悲鸿依然傲骨挺立，乐观豁达地对待生活。

徐悲鸿 6 岁时，跟父亲读书。当读到书中庄子刺虎的故事时，徐悲鸿便萌发出画一幅百兽之王图的念头。可惜他所住的地方，无法见到真正的老虎。这天，徐悲鸿将自己描摹别人画的虎，拿给父亲看。徐达章见到后，就问：“这是什么？”徐悲鸿很得意地说：“老虎。”徐达章忍不住笑了起来：“这哪是一只老虎，倒像是一只狗。”徐悲鸿真不知说什么是好，差点哭了出来。徐达章看见儿子很失望，便安慰道：“你要想学画画，成为一个画家，首先要有渊博的知识，养成勤奋读书的习惯。画画是要用眼睛观察实物的。你没有见过真的老虎，怎么能画出老虎来呢?”在徐达章的教导下，小悲鸿明白了画画的道理。

乐观的孩子往往对未来充满希望，悲观的孩子则往往觉得没有希望。因此，父母要对孩子进行希望教育。希望教育是一项细致的工程，需要父母及时地感受到孩子的沮丧和忧愁，帮助孩子驱散心中的阴影。

一个孩子拖着比自己身体还高的大提琴，在走廊里迈着轻快的步伐,心情显然好极了。一位长者问他:“孩子,你这么高兴,是不是刚拉完大提琴?”孩子边走边回答:“不,我正要去拉。”

这个孩子懂得一个许多大人也不懂的道理:音乐是一种愉快的享受,而不是我们不得不做的、必须忍受的工作。

父母要多引导孩子看到自己的进步和成绩,鼓励孩子想象自己的美好未来,让孩子对自己的未来充满希望。只要孩子对未来充满了希望,孩子必定会以乐观的心态去面对生活中的事情。

假如孩子在适当的赞扬中生活,他就学会自尊;假如孩子生活中充满关怀,他心中自然会有爱;假如孩子在平等中生活,他就学会公道;假如孩子不断得到鼓励,他会建立自信;假如生活中缺乏爱,他会变得冷漠;假如经常受到羞辱,他就变得卑微;假如孩子总是得到不恰当的夸奖,他就会陷入忘乎所以的自负;假如耳旁听到的总是埋怨,他就会学会责怪;假如孩子常常受骗,他就会去骗人;假如孩子常常遭训斥殴打,孩子就会粗暴对人;假如孩子常常受到辱骂,他就会满口脏话,等等。

父母表达感情的方式,会形成不同的家庭氛围,可能是和谐友善的或对立独裁的;可能是严厉古板的或自由放任的;可能是井然有序的或杂乱无章的;可能是幽默风趣的或冷嘲热讽的;可能是充满生气的或死气沉沉的,等等。温馨、民主、和睦的家庭氛围,是孩子感情培养与心理健康发展的基础。父母热情好客、乐于助人,经常保持性情开朗和愉快,可以感染子女及周围的人,使他们也觉得人生充满了和谐与光明。不管是快乐还是痛苦,都是可以传递给他人的。

营造一个良好的家庭氛围,是父母的责任。在一个比较民主的家庭里,父母能够常常鼓励孩子敢于说话,勇于发表自己的看法;孩子能够随便提出问题,敢于争论,甚至向父母提出质疑和挑战。父母鼓励孩子对习以为常的做法提出新的改进办法,能够大大增强孩子的自信,也有利于发展孩子的思维能力与社交能力。

家庭成员之间要能够很开放地谈自己的想法。父母尤其要鼓励孩子发表自己的意见,即使孩子说错了也没有关系。只有这样,家庭成员之间才不至于积下一些不可调和的矛盾。当家庭中一个人遇到问题时,其他的人能够很好地理解他,才能互相之间达到一种默契,成为心心相印的一家人。

对于家庭中发生的事情，家庭每个成员都有知情权。中国的父母通常喜欢把爱深埋在心里，喜欢含蓄表达情感，但是父母如果不说出来，又怎么能让孩子理解和体会呢？别把爱只埋在心里，适当的时候不妨说出来。

如果家庭中出现什么事情，父母以孩子能理解的方式讲给孩子听，不要认为孩子太小，理解不了，或是不想让孩子知道，怕孩子伤心。否则，孩子始终会觉得自己游离于家庭之外，家里的事都不知道，从而产生孤独感。家庭成员之间是真正的平等的关系，每个成员不因年龄的大小、不因地位的高低，而互相尊重，都可以有发表意见的权利。

大多数父母最常用的教育方式，是对孩子指出方向，让孩子按照父母的建议去做。但往往忽视了孩子的心理感受，使孩子的情绪会受到影响。父母可以用先鼓励再修改的方式，使孩子在心理上较易接受，不至于“差点哭了出来”。当然，父母给孩子以具体的方法指导在有些时候还是必需的，这有助于孩子少走弯路，更好地保持乐观情绪。

孩子要以愉快的心情，永远微笑地面对生活。孩子多想一想个人奋斗的目标，多树立一些远大的理想，就会觉得眼前的困难和挫折算不得什么。

教育专家对父母的忠告

父母要唤醒孩子愉快的记忆，养成快乐的习惯。父母多帮助孩子回忆一些快乐的时光，会冲淡眼前的不快，恢复乐观的态度。

兴趣广泛容易形成乐观心态

家教案例

赖斯出生在亚拉巴马州的伯明翰市，那是一个种族歧视极为严重的城市。赖斯的父亲是基督教长老会牧师，也是推进黑人教育运动的领袖。赖斯母亲是教师，教音乐和科学。

除了一般的学校教育外，赖斯还努力学习西方文化的一些重要内容，如音乐、芭蕾、体育、外语以及文学名著。赖斯的母亲在女儿很小的时候就培养她广泛的兴趣和自觉学习的习惯，所以赖斯早在进学校之前就已经养成了自律精神，不用家长在一旁督促。

赖斯在5岁时就能流利地念书，而在会念书之前她已能看懂乐谱。赖斯在6岁时进入了小学，这时她在智力上已相当成熟，脑子里也已经装了不少学问。她学习认真，严守校规，举止得体。

兴趣广泛的赖斯常常与学识渊博的父亲谈论时事政治和历史典故，无论在家还是在外，都是一个乐观的孩子。

父母注重培养孩子活泼开朗的性格，有利于孩子健康的成长。现在，每个家庭通常只有一个孩子，单元楼房的出现又隔绝了家庭之间的交往，再加上父母一般也不放心孩子自己出门玩，孩子们与外界接触的时间更少了，导致不少孩子变得孤独、不合群。孩子的天性本应是活泼开朗的，对于孤独的孩子，父母是能帮助他们改变的。

孩子拥有丰富的精神生活，就容易把注意力转移到其他事情上。父母要鼓励孩子广泛地阅读，让孩子在阅读中增加知识，升华思想。孩子可以选择阅读伟人的故事、童话、小说等文学作品。

父母要鼓励孩子多交朋友，为孩子创造与同龄人交往的机会，如带孩子到邻居家串门、邀请其他孩子到家里来玩、让孩子多到同学家去玩等。此外，父母可多进行一些活动，如带孩子外出游玩；也可让孩子做一些创造性的活动,如利用废物制作小作品。父母通过丰富孩子的精神生活,让孩子在各种活动中体会到生活的乐趣,增强对生活的信心,培养乐观的性格。

父母要鼓励孩子积极参加各种活动。开始时,父母可以暗示孩子主动提问,主动要求。在孩子主动行动后,父母要用表扬、奖励等方法强化孩子的自主观念。孩子主动去做了,不一定成功。父母要激励孩子,告诉孩子:"人生不如意事十有八九"。失败是常有的事,重要的是从失败中走出,失败是成功之母。孩子广泛接触各类事物,见多识广,心胸自然就会开阔,悲观也就销声匿迹了。

教育专家对父母的忠告

父母不要总是让孩子局限于学习书本知识,这很容易让孩子厌倦学习,从而形成悲观的心态。父母应该让孩子广泛拓展兴趣,促进孩子形成乐观的心态。

第十一章　与人交往——做一个合群的人

孩子不可能完全脱离社会而存在，必须生活在一定的社会环境中。父母从小培养孩子与人交往，可以让孩子掌握与人交往的技巧，可以让孩子更轻松地融入社会。

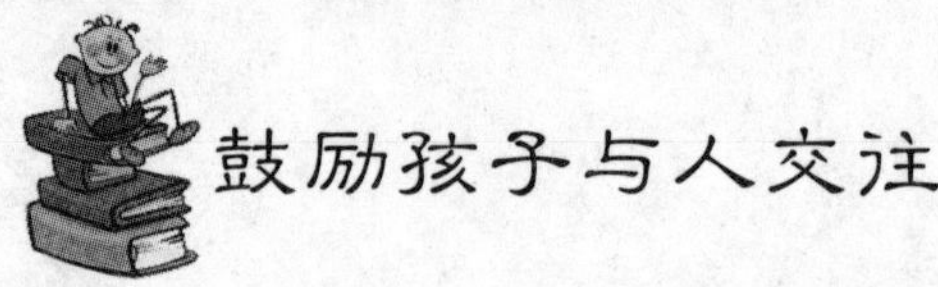

鼓励孩子与人交往

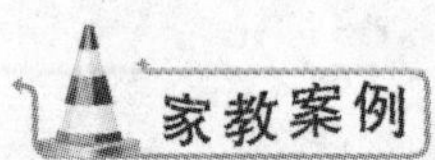

家教案例

华华的妈妈带着华华来晶晶家玩。晶晶的妈妈拿出了一套精致的“娃娃餐具”，让晶晶和华华一起玩。“娃娃餐具”包括锅碗瓢盆等厨房常用工具，塑造得非常逼真。晶晶和华华玩得十分开心。

天黑了，华华的妈妈要带华华回去了，可是华华却抱着一件玩具不肯撒手。晶晶的妈妈见状，就征求女儿的意见说：“晶晶，华华太喜欢我们的玩具了。能不能把我们的玩具借华华玩两天？”晶晶不太明白“借”是怎么回事，显出一脸不高兴的神情。

晶晶的妈妈看出了晶晶有点不乐意，就又对晶晶说：“玩具还是我们的，只是让华华带回家玩两天。过两天，华华将玩具还给我们了，我们想怎么玩就怎么玩。”

晶晶听懂了妈妈的话，主动将玩具递给了华华。华华看到晶晶主动将玩具借给自己玩，也主动将自己新买的手链借给了晶晶玩。

两天后，华华将晶晶的玩具送来了，同时也带来了自己新买的玩具让晶晶玩。就这样，华华和晶晶的交往越来越频繁，两人的关系也越来越友好。

当代社会，人与人之间、民族与民族之间、国家与国家之间互相依存的程度越来越高。孩子必须学会与他人共同生活、学习及工作。

卡耐基曾说过，一个人能够取得成功，专业知识所起的作用只占15%，而交际能力所起的作用却占85%。人际关系的和谐程度，交往本领的高低，是未来社会判断成功者的重要标准。一个人生活在社会中，不与他人打交道是不可能的。就是在实验室内搞科研的科技人员，也需要与他人交往。

据统计，一个科技人员在一个课题的研究中，用在查找和阅读情报上的时间要占该课题总时间的50.9%，实验后的研究时间占32.1%。在这83%的时间里，他要不断地同图书馆、资料室、实验室、计算室以及各级管理部门打交道。如果没有社交能力，他就很难得到其他人的理解和支持，他的科研工作也会困难重重。

著名心理学家劳伦斯·哈特教授，在对一些孩子进行长达10年的追踪调查中，仔细观察了这些孩子们是怎样生活的：哪些孩子喜欢与人交往，哪些孩子喜欢独处，并对这些孩子的学习进行了跟踪调查。最后的研究结果表明，那些善于与人交往的孩子智商较高，往往比较聪明活泼，而且上学以后学习成绩一般都比较好。哈特教授通过分析认为，从小善于与人交往的孩子，不仅容易与人相处得融洽，而且可以从其他人那里学到更广阔的知识。

善于与他人交往的孩子在入学以后，不仅能够从容地与同龄人交往，而且能够从容地与老师等成人交往。良好的人际交往是适应社会的表现。孩子是否善于同别人打交道，在人群中人缘如何，对他以后的学习和人生的发展有很大的影响。因此，父母要重视培养孩子与人交往的习惯。

孩子正处在学习知识、了解社会、探索人生和事业的发展时期，与同龄伙伴交往并建立友谊是正常的心理需要。孩子过于封闭自己、不爱与人交往、在同学中的人缘不好，都会影响自己的交往能力，使自己无法适应复杂多变的社会，更可能导致孩子产生孤僻、抑郁、偏执等心理障碍。

每个孩子总是希望能够有几个思想上、学习上或者生活中志同道合的朋友，能够经常从朋友那里获得鼓励、信任和支持。在与周围的人相处时，朋友的肯定态度多于否定的态度，孩子就会感到与他人有一种休戚相关、安危与共的情感，并愿意牺牲自己的利益去为他人谋利益。

乐观的孩子是比较受欢迎的，因此父母要让孩子摆脱自卑。自卑会使孩子感到孤独和压抑，在人际交往中缺少自信，从而产生退缩、逃避行为。父母要让孩子树立信心，让孩子成为一个受欢迎的人。乐观来自良好的心态。父母应该鼓励孩子凡事都往好的方面去想，不要老想着不好的。父母应该教孩子每天面带微笑，出门之前打点好仪容仪表，带着愉快的心情上学校。

每个孩子经历、兴趣、能力、个性都是不尽相同的，要求别人都和自己一样是不切实际的。父母应该教育孩子承认人与人之间存在着差异，并正确对待差异，采取自我约束、积极适应的态度，搞好与同学的关系。在与同学交往中，孩子要尽量少麻烦别人，多帮助别人。如果孩子在家里娇生惯养，他在学校也就喜欢经常麻烦别人，要求别人听自己的，帮助自己做这做那，那么其他的孩子是不会喜欢他的，孩子与同学之间的关系就会变得非常糟糕。因此，良好的个性培养是离不开父母平时的教育的。

父母应教育孩子多参加集体活动，让自己融入到集体生活中，在集体活动中做一些力所能及的事情，加强与同学的交往，增加同学对自己的好感和信任。在集体活动中，父母应教育孩子多干事情，少指挥人。如果孩子自己不做事，却总喜欢指挥别人，那么同学就会对他产生反感，直至讨厌与他交往。因此，父母应该教育孩子在集体活动中尊重别人，当别人遇到困难时，主动帮助别人，这样能赢得更多的朋友。

父母还应鼓励孩子参加各种体育活动。体育是一种直接与人正面接触和竞争的群体活动，总是要有两个以上的人参与才有意义，更重要的是，体育活动不但需要智慧和力量，也需要胆量。胆量，正是人际交往所必需的一种要素。

教育专家对父母的忠告

孩子总是或多或少存在着害怕与人交往的心理。父母要鼓励孩子与人交往，帮助孩子树立与人交往的信心，协助孩子养成与人交往的习惯。

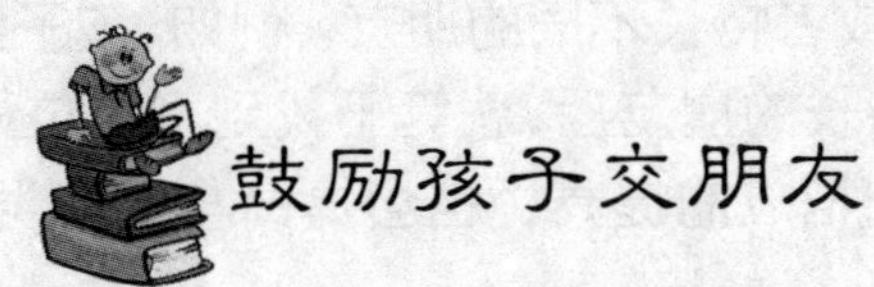

鼓励孩子交朋友

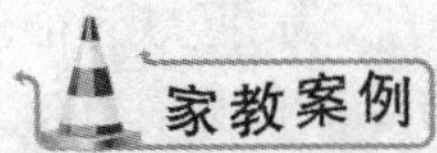

家教案例

晨辉的爸爸和妈妈在外在工作，就把晨辉交托给了晨辉的爷爷和奶奶看管。

晨辉在楼下与小朋友玩时，晨辉的爷爷或奶奶总会在楼上注视着，并时不时喊一两声，提醒晨辉当心受伤。这使晨辉感觉自己犹如带线的风筝，想飞又飞不高，渐渐地也没了与小朋友玩的兴致。

小朋友看到晨辉的爷爷和奶奶总是照看晨辉那么严，打扰他们玩，每次都玩得不能尽兴，也就逐渐和晨辉疏远起来。

寒假时，晨辉的爸爸和妈妈回来了，看到晨辉总是一个人躲在家中，也没有小朋友来家玩，就很担心。晨辉的妈妈就很和蔼地问晨辉为什么不找小朋友玩。晨辉就将爷爷和奶奶看管自己太严的事情详细说了一遍。

晨辉的妈妈找到的原因后，就和晨辉的爷爷和奶奶沟通，让他们不要看管晨辉太严。

晨辉的爷爷和奶奶听从了晨辉的妈妈的建议，鼓励晨辉与其他孩子交朋友。晨辉又常常到楼下和小朋友玩了，而且还不时带小朋友来家玩。

父母要鼓励孩子带朋友回家，并且帮助孩子热心地招待，提高孩子在朋友中的形象。父母的热心会让孩子的朋友增加对孩子的好感，从而愿意与孩子保持良好的朋友关系。父母也可以邀请邻家孩子来家玩，让自己的孩子在与他人的交往中增加信心，学习人际交往的方法。

育英学校搞了一个有趣的活动叫“一日营”，就是让七八个孩子到其中一个孩子家里去生活一天。这个活动非常受欢迎，不仅孩子非常喜欢，父母也非常乐意。孩子对去别人家住感到非常兴奋，感觉什么都是新鲜的。孩子会跟其他孩子一起学习、娱乐、买菜、做饭。在这个过程当中，孩子与人交往的能力也得到了锻炼。

父母不要规定孩子交什么类型的朋友,应该允许孩子结交一些年龄不同、性格不同或者特长不同的朋友。例如,孩子结交了在写作、绘画或者音乐上有特长的朋友后,就等于找到了一位好老师,在这些方面的才能也会得到相应的提高,也会提高与不同类型的人打交道的能力。

让孩子独自到同学或邻居家去串门,也是锻炼孩子交际能力的很好机会。串门做客,牵涉到寒暄、问候、交谈和有关礼节等的问题。当孩子一个人去时,他就成了主角,与对方的一切接触都得由自己来应酬。这无疑把孩子推到了前线,促使他考虑如何交际。家里来了客人,父母不妨让孩子出面接待,特别是当客人与孩子年龄相仿时,家长千万不要包办代替。

随着时代的发展,现在的孩子非常讲究个性,要想与之保持良好的关系也需要一定的技巧。父母可以教给孩子一些交往的技巧,帮助孩子得到同学的友谊。正确运用交往技巧,孩子就能够在与人交往中获得他人的好感。

独生子女从小到大身边围绕的都是一群大人。他们交往的圈子里只有他们的父母及其他亲人,孩子需要朋友。当孩子到三四岁时,为了不至于对外界社会感到陌生和恐惧,他们需要生活在一个有小伙伴的团体中。朋友是每一个人必不可少的,孩子也同样有自己的好伙伴、好朋友。孩子看待朋友的态度不同于成年人,他们有着幼稚、单纯、易变的特征,父母要用孩子的眼光看待孩子的朋友。孩子把身边的同伴看做是除父母之外最亲近的人,父母伤害了孩子的朋友就等于伤害了自己的孩子。

孩子到了一定的年龄,到了需要朋友的时候,有些父母却对他们交朋友提出了苛刻的条件,限制孩子的交友自由。有的孩子交什么朋友,还得经过父母的"资格审查":不能交学习不好的,不能交讲话太多的,不能交打扮太漂亮的,不能交眼神太灵活的……如果孩子想跟异性交朋友,那更是免谈。

有的父母出于保护自己的孩子不受外界的影响,怕别人把孩子带坏了,就让孩子尽量少与外人交往,阻止孩子交朋友。

其实,父母应该教育孩子学会友爱,学会关心他人,让孩子之间都成为朋友。孩子还小,相互之间经常的来往是有好处的。即使孩子之间偶然吵架,不久也会和好如初的,但如果父母参与进来,会让孩子更加霸道,更加蛮不讲理。长此以往,孩子不但会失去朋友,而且容易失去辨别是非对错的能力,影响健康的成长。

尊重孩子的朋友也是对孩子的一种尊重。父母不要过多地干涉孩子的事情。孩子虽然小,但是他们也需要交流,也需要朋友的理解和支持。有的孩子对父母隐瞒自己的秘密,但跟朋友却是无话不谈。

在孩子交友方面,父母往往是十分谨慎的。由于社会阅历相对较少,判断分析能力有限,孩子在选择朋友的时候存在很大的盲目性,而且孩子很难理智对待自己的行为,一旦认准了就难以回头。不少孩子都是因为错交了朋友而误入歧途,父母又不能整天看着孩子接触什么样的人。所以,父母在教育孩子选择朋友这方面是很困难的。

随着孩子年龄的增长,社会交际越来越广,孩子接触的人越来越多,身边的朋友也就自然多了起来。但朋友有好坏之分,孩子交错了朋友就像吃错了药,可能会误入歧途;孩子交对了朋友,就打开了友善之门,孩子之间会互帮互助。在如何区分朋友、如何选择朋友的问题上,父母要善用监督和管理权。

大多数父母对孩子交往的指导,仅仅局限于了解孩子是否受到不良的影响,至于对孩子交往能力的培养以及交往过程中遇到的困惑,则很少过问。父母对孩子的爱护是可以理解的,但要注意教育孩子的方式,如果爱护的方式不对,往往适得其反,引起孩子的误解。

一个小女孩过去很少与人来往,但突然间开始热衷于交友,常常会有同学打电话到家,并且她都躲到自己的房间接听,周末孩子的聚会也多起来。这引起了妈妈的高度警惕,开始为孩子担心,想弄清楚孩子到底在跟谁来往,在过多的盘问和强行阻止无效的情况下,妈妈想出了一个盯梢的方法。

在孩子决定与同学逛街时,妈妈悄悄地跟在孩子的后面,结果半道上被孩子发现了。孩子当街与妈妈吵了起来,妈妈希望孩子能多一点理解,但是看到孩子讨厌和鄙夷的目光,她打了孩子一个耳光,这一巴掌换来的是孩子和妈妈三个月的冷战。从此之后,孩子用极其陌生的眼光看待妈妈。不恰当的教育方式不但起不到预期的效果,还会伤害孩子的感情。所以,父母在对待孩子交友的问题上一定要寻找一个好的方法,使孩子更容易接受。

父母往往以自己的好恶来决定孩子朋友的取舍,从不注意分析孩子为什么要交这些朋友。孩子在选择自己的朋友之前,一定是选择对他有吸引力或者与自己的爱好相同的人做朋友。孩子朋友身上的特征也许是父母不太喜欢的,于是父母就干涉孩子交友。比如不喜欢好动的孩子,父母就希望孩子找个文静一点的朋友,或者不允许把孩子所交的朋友带到家里来。

孩子与朋友之间往往是互补的,父母应该认识到他们之间能够取长补短,共同进步。如果孩子胆子比较小,那他最好跟一个勇敢的朋友在一起。如果孩子性格较孤僻,就不妨给他找个开朗的朋友。如果孩子依赖性很强,与独立性强的孩子在一起玩能获益匪浅。总之,孩子的朋友要孩子自己来选择,父母只需在他们交往的过程中适当引导。

教育专家对父母的忠告

在孩子选择交友的问题上，父母应该给孩子很大的自主权，但不是说可以对孩子任意放纵。在违反原则性的问题上,父母一定不能纵容手软,该制止的一定要及时制止,防止孩子交友不当。如果孩子本身就好打斗,在外面再交上一些爱惹事的朋友,就会大大助长霸道作风,容易学坏。

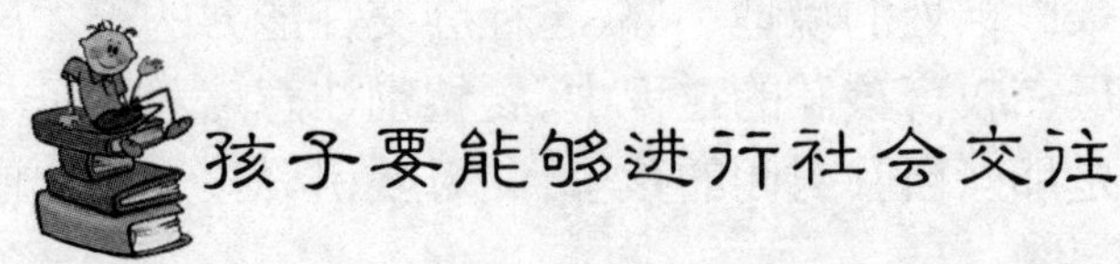

孩子要能够进行社会交往

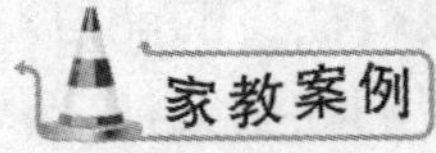

家教案例

神童张戈，出生于一个普通的工人家庭，在八九个月大的时候，就表现出了超乎寻常的智商。她在文字方面，尤其有着超出同龄人的才能。在一岁半的时候，她就能认识近千个汉字，两岁时已经能够阅读报纸。她的天赋令大家都很羡慕。

可是，在张戈三岁的时候，她被医院确诊患上了“儿童孤独症”。医生告诉父母张戈有严重的社交障碍，兴趣狭隘，以后可能会生活不能自理，需要有人终生照顾。医生的话对父母而言犹如晴天霹雳。父母为了改变这种现状，让孩子自食其力，走出“与世隔绝”的生活，进行了多种尝试。在张戈7岁那年，她因为无法与同学相处，被勒令退学。从此，父母的压力更大了。

为了能给孩子创造交流的氛围和接触社会的机会，母亲辞去工作，带着女儿先后在孩子福利院和脑科医院做过义工。母亲帮护士打扫卫生，引导女儿与一些家长聊天，慢慢地小张戈学会了与人交流。现在，张戈和人交谈已经很自然了，并成为了图书管理员。

孩子是否具有进行社会交往的能力，对其今后能否成才起着决定性的作用。所谓的成功，都是以社会大家庭为背景而取得的成果，因此，神童也离不开社会交往。父母应该培养孩子具备能够与人分工协作的能力，并让孩子在社会交往中健康地成长。

生活在这个社会大家庭中的每一个人，不可能孤立地生存。一个人小时候有父母、亲人，上了学有老师、同学，踏入社会有同事、朋友。所以说，与人交往是最基本的社会生存能力之一。一个人想在社会上生存，就离不开社会交往。

精神病学家埃里奥特说：“天才往往对比自己智商低的人缺乏耐

心，对生活中某一目标却充满激情并自我陶醉，因此容易造成个人的孤立和与人难以相处的境地。”缺乏社会交往能力的天才离孤独症就不远了。父母在教育孩子的过程中，要特别注意培养孩子与人交往的能力。尤其是那些自我封闭的孩子，父母要引导孩子扩大他们的交际范围。

大多数高智商的孩子几乎没有社交的欲望，更没有社交的能力。那是因为天才孩子为了提高学习成绩而主动克制自己的社会交往，将自己封闭起来。父母对天才的要求往往比较高，造成天才学习时间多，压力也比较大。父母对孩子的关爱相对较少，使孩子缺少交流，逐渐自我封闭。长期的自我封闭导致了孩子与环境不适应的病态心理，从而丧失了进行正常社会交往的能力，性格孤僻，不爱与人说话，严重的孤独症还会造成他们失去自理的能力。

父母要用爱心开启孩子封闭的心灵，用爱唤起孩子对生活的希望。父母应该主动和孩子一起出去轮滑、游泳、打篮球、画画儿、弹钢琴。父母多让孩子参加集体活动，培养孩子与人接触的兴趣，给孩子创造一个良好的环境和氛围。对于患有孤独症的孩子，父母为了引导孩子消除心理障碍，可以带孩子到专门的医院接受康复训练。

教育专家对父母的忠告

越是容易与人相处的孩子越是开朗、聪明，越是开朗、聪明的孩子智力、心理承受能力等各方面的成长也就越快，这是一个良性的循环。因此，父母应该重视对孩子社会交往能力的培养。

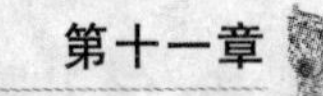

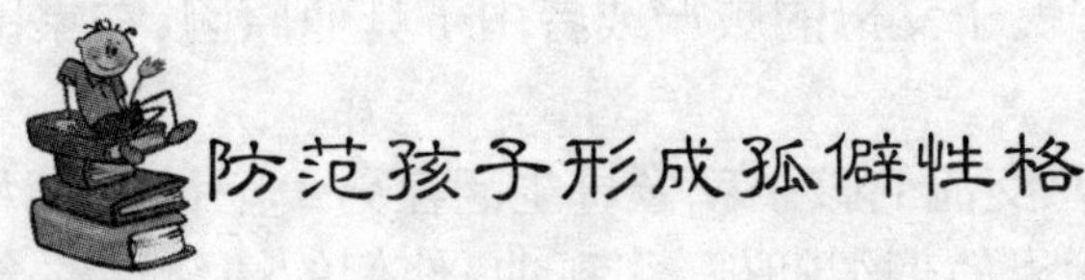

防范孩子形成孤僻性格

家教案例

有一个女孩在走上工作岗位之后，还是改变不了学生时代强烈的自卑心理，不敢与人交往，总是逃避人多的地方。

她小时候自我封闭，缺少与人交往。她小时候很懂事。由于家里穷，她暗下决心，一定要努力学习，改变家里的状况。从此，她没有多余的言语，只知道埋头苦读。人际关系、喜怒哀乐，几乎所有的感受都被她残酷地压到心底深处。久而久之，她变得不会哭、不会笑、不会与人交往，总是一副冰冷的面孔，令人敬而远之。

她把全部的精力都放在了学习上，年级第一的成绩成了她唯一的骄傲。她与同学们越来越格格不入，不明白为什么同学们那么热衷于谈论食品、衣服等无聊的话题。对于这些反常行为，她的父母没有给予足够的重视，反而为她取得的成绩而高兴不已。从此以后，她害怕与别人走在一起，害怕听到同学们的爽朗笑声，这刺耳的笑声好像是在嘲笑她的孤独。

孩子产生孤独感、逃避现实、不善于社交不是一朝一夕酿成的，而是长时间积聚而成的。就像火山爆发前的一股力量，这种不良的生活习惯最终会把孩子推向痛苦的深渊。如果孩子的自闭情绪得不到及时改善，将对孩子的一生产生负面的影响。

要想铲除孩子成为孤家寡人的根源，父母要及早关注孩子，多注意孩子的一些情绪变化。孤僻的孩子常常有这些表现：漠然孤立，仿佛一切与己无关；不与人对视，眼神飘来荡去；表情冷淡，对什么都不感兴趣；会哭会笑，表达的却不是悲伤和喜悦。如果孩子有以上的情绪变化，就要引起父母重视了。

父母要全面了解孩子的生活习惯。大部分父母对孩子在家里的生活了如指掌,照顾得无微不至,可是对孩子在学校的表现却不是太了解。有的孩子慑于父母的威严或者由于其他原因,在家里和在外面判若两人。

孤僻、不愿交流的孩子就像是生活在另一个世界的人。他们不会主动地告诉父母他们很抑郁、很孤独,他们的情绪往往会体现在生活的点点滴滴中,这要靠父母的一双慧眼来发现。

父母要主动打破与孩子之间的隔阂,缩短心理距离,提高孩子的社会交往意识。孩子与人交往能力的提高,是在不断实践的过程中锻炼和积累起来的。父母不要过多地疼爱孩子,不要怕孩子受到伤害,要把孩子放到生活实践中去锻炼,让孩子自己去认识社会。

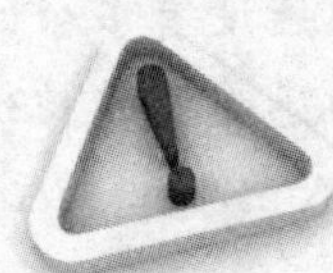

教育专家对父母的忠告

一些具有天赋的孩子产生自闭的原因,一方面是压力过大,另一方面是心中的愿望得不到满足。孩子不是天生就孤僻的。父母常常把孩子局限于一个小小的空间内,当孩子急于冲破这个封闭的世界时,他就会表现出极端的暴躁和冲动。

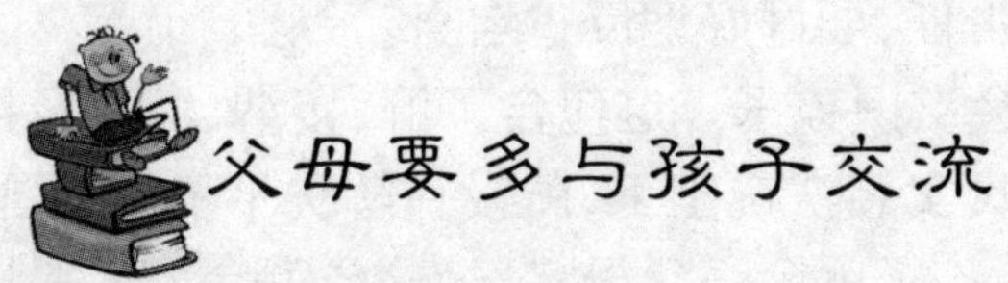

父母要多与孩子交流

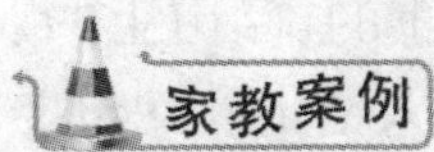

家教案例

小慧的爸爸在外地工作，但这并没有妨碍到他与小慧父女之间的交流。

周末了，小慧的爸爸会打电话问小慧到哪儿玩了。快要测验了，小慧的爸爸会打电话问小慧学习功课是否跟得上。考试后，小慧的爸爸也会打电话问小慧试卷做得怎么样。

小慧有什么烦心的事也会找爸爸诉说一番，有什么解决不了难题也会找爸爸解决。

虽然小慧的爸爸和小慧不在一起，由于他们经常交流，并没有影响他们互相了解，而且比有些父女在一起的做得还要好。

孩子和父母是两个世界的人，父母很难走进孩子的世界，孩子也很难走进父母的世界。这正是父母与孩子在教育问题上难以沟通的症结所在。孩子进入到青少年时期时，他们与成人的互动模式发生了一些变化。一方面，孩子开始有了一些自主性，不愿意受到父母的一些束缚。如对衣服、电视节目、音乐、朋友和娱乐活动等的选择，父母应给予孩子更多的自主决定权。另一方面，随着孩子年龄的增长，父母对孩子的期望越来越高，对孩子的要求也越来越严。这个时期，父母和孩子双方正好处在一个矛盾的多发期。要想调和父母和孩子之间的矛盾，父母要让孩子理解父母的苦心。

这个年龄段的孩子最突出的表现是嫌父母管得太严，自己失去了自由，觉得父母不信任自己，似乎所有的事都要在父母面前做才算是正确的。比如，孩子在专心做作业，妈妈却在隔壁房间说："你不要玩手机，好好做作业。"考试考砸了，父母回家心情不好，就对孩子发脾气，把所有的责任都推到孩子身上，怪孩子没有好好学习，给他们丢脸。有

的父母和孩子关系很僵，根本不能坐下来好好谈谈，造成这种局面，父母也有一定的责任，要好好地反省自身。

父母要学会赏识孩子。这包含了解、接纳、宽容及换位思考，只要孩子把内心的真实想法说出来，就没有解决不了的问题。如果父母总是对孩子出气，孩子就会跟父母赌气，这样就会形成恶性循环。

家长与孩子的区别有性别上的、年龄上的、知识上的、阅历上的、能力上的、经济收入上的……唯一不存在区别的是在人格上。父母要懂得放下架子，和孩子平等相处，做孩子的朋友，坚持和孩子沟通。父母如果有错误，要肯向孩子认错，这样可以增加孩子的自信。一个充满自信、善于自省的孩子一定是一个让父母省心的孩子。

孩子对父母的依赖性很强，无论遇到什么问题，最先想到的总是父母，寻求父母的帮助。这时，有的父母可能会把所有相关的问题直接告诉给孩子，或者干脆替孩子做。但是明智的父母不会给孩子答案，而是通过与孩子交流，让孩子自己去寻求正确的答案。父母每天应该留出一段时间与孩子进行交流。父母可以与孩子聊天，聊孩子的同伴、看的书、听的音乐，等等。

当孩子征求一些意见时，父母只需给孩子一些提示，最后的结论还是由孩子自己得出。在与孩子交流的过程中，主体是孩子，父母只是聆听者、孩子的参谋。父母要认识到，孩子不是父母的工具，孩子的生命是为了本身的目的而存在。在孩子成长的道路上，父母要让孩子多去观察，多去思索，多去尝试。

父母要多给孩子展示锻炼的机会。孩子一次做不好，可以下一次继续努力。在遭遇失败时，父母要鼓励孩子一定能做好。父母不要因为害怕孩子失败，就让孩子放弃尝试的机会。

教育专家对父母的忠告

孩子从小在父母的呵护下成长，但是父母不要代替孩子成长。父母不替孩子成长，并不是漠视孩子存在、撒手不管孩子，而是让父母在任何情况下都不替孩子拿主意，让孩子学会思考，学会选择。

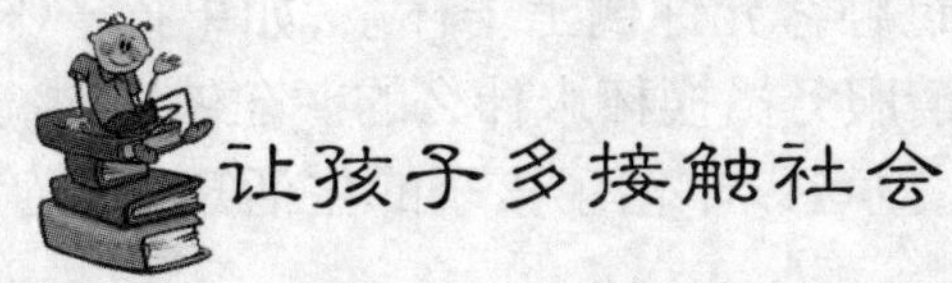

让孩子多接触社会

家教案例

小宇的爸爸刚买了辆车，就迫不及待地带小宇去遛车。

小宇和爸爸上了车后，小宇的爸爸没有立即启动，而是先将旁边的一个带子斜挂在了肩上。小宇对爸爸的举动感动好奇，就问爸爸："爸爸，你这是做什么啊？您开车吧，我要看一下我们的车能跑多快。"

小宇的爸爸听小宇这样问，知道小宇的安全常识匮乏，就对他说："孩子，爸爸这是在系安全带。车辆在快速行驶时，人具有很大的惯性。如果紧急刹车，人的身体由于惯性会突然前倾，没有安全带的保护就很容易出现事故。你也像我这样将安全带系上吧。"

小宇将安全带系好后，小宇的爸爸又继续说："孩子，你刚才说看一下我们的车能跑多快？这种想法可不好！车辆在市区的速度是有一定限制的，因为车辆的速度越快，发生事故的可能性就会成倍地增加。"

向小宇解释完问题后，小宇的爸爸稳稳当当地开起了车。

适应社会是一种能力，需要后天的培养。孩子适应社会的能力不是突然就能具备的，而是需要一个长期学习和适应的过程。在孩子年幼的时候，如果父母不有意识地去培养孩子适应社会的能力，那么孩子真正步入社会，就会因为不适应社会而感到步履维艰，难以立足。为了培养孩子适应社会的能力，父母必须让孩子自己去经历和感悟。

不让孩子在生活中经受磨难，孩子就不能真正的成长。一个人遇到事情要学会尝试，学会承担责任，不断地调整自己去适应环境，这就是适应的能力。父母除了给予孩子一个良好的教育外，让孩子尽早适应社会也是必要的。

培养孩子与人交往首先要提升孩子的独立意识。父母可以利用周末带孩子外出，培养孩子做事要靠自己的意识。例如，在外就餐时，服务员通常会不经过顾客允许倒上一杯茶，如果孩子不喜欢喝茶，父母可以让孩子自己请服务员换杯水什么的。在外出时，父母有意识地培养孩子独立意识，既可以丰富了孩子的生活知识，又可以培养孩子的社交能力。

如果孩子在涉足社会后，不能很好地适应社会，终将会一事无成。即使孩子聪明绝顶，若与社会格格不入，总是不自信，处理不好与人之间的关系，也无法发挥自己的才能。适应社会就是要使自己很快融入一个新的环境，与他人建立起良好的沟通，与他人产生共鸣。

心理学家的研究表明，智商较高的孩子在与人交往方面的表现往往较差；而智商一般的孩子在与人交往方面的表现反而较好。智商较高的孩子一般性格较为内向，不爱与人交往；智商一般的孩子通常性格较为外向，喜欢与人交往。

父母要与孩子主动与别人交往。见到熟人时，父母要引导孩子主动和熟人打招呼。到了一个陌生的环境，父母要鼓励孩子主动寻找小伙伴，一起玩游戏。因为孩子与同龄人无论是思维意识还是言谈举止都相近，交往起来更容易。此外，与同龄人来往并建立友谊也是孩子的心理需要。

很多自卑的孩子因为缺少自信，不敢与人说话，常常感到压抑和孤独。乐观的孩子比较受欢迎，因为活泼、开朗让人容易接近。父母要让孩子尽情地表达自己的情绪，不要压抑自己的喜、怒、哀、乐。孩子要想成为一个受欢迎的人，首先要树立自信，保持一种乐观的心态。

教育专家对父母的忠告

父母应该时常带孩子到公共场所去玩，鼓励孩子结交同龄人。只有融入社会的孩子，才能做到与人正常交往。

第十二章 礼貌待人——孩子尊重人的第一步

礼貌使有礼貌的人喜悦，也使以礼相待的人喜悦。礼貌待人，不仅可以显示孩子良好的教养，也有益于孩子建立良好的人际关系。

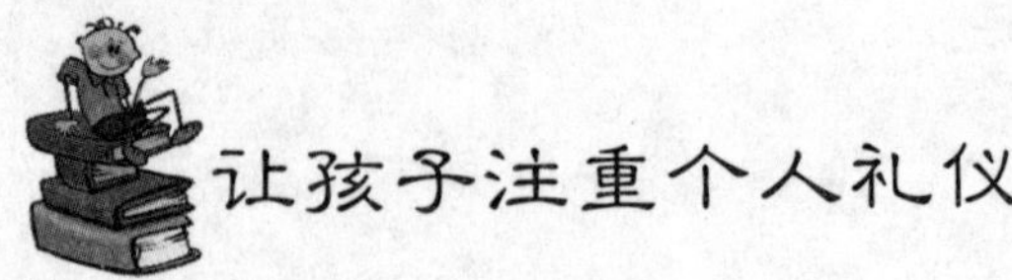

让孩子注重个人礼仪

家教案例

有个孩子从小就不修边幅。但是，这并不妨碍妈妈以他为荣。孩子从小就是个学习尖子，还计划出国留学。大学毕业的时候，孩子顺利地通过了托福考试和GMAT考试。

由于孩子很优秀，出国留学的事情办得很顺利，但是在办理签证时出现了问题。那天，妈妈陪着孩子去办理签证，孩子的心情非常激动。当听到喊自己的名字时，孩子高兴地站了起来，不自觉地咳了一声，同时往墙角吐了一口痰。这个细小的动作被细心的秘书小姐看到了。秘书小姐走进办公室，在一位官员模样的人耳边轻声地说了几句话。

当这个孩子走进办公室的时候，那位官员对他说："对不起，我们很遗憾地通知你，虽然你的成绩非常优秀，但是你在综合素质方面还有些欠缺，我们不能给你签证。"

"综合素质？"这个孩子有些意外。

官员说："是的，我们认为，一个人的成绩固然很重要，但是，综合素质也是非常重要的，它能体现出一个人的教养。我们非常注重这项考核，事实上，许多人都是因为综合素质考核不过关而得不到签证的。"

从表面上看，礼貌是一种交际形式；从本质上看，礼貌反映着自己对他人的一种关爱之情。所以，真正的礼貌必然源自于内心。良好的礼仪习惯不仅能给人生带来快乐，而且能够帮助一个人走向成功。

讲究礼仪也是处理人与人之间关系不可缺少。人与人之间互相观察和了解，一般都是从礼仪开始的。一个举止优雅、彬彬有礼的人，更容易与人交往。因为有礼貌的人总是特别谦虚谨慎，从不装腔作势、装模作样、夸夸其谈、招摇过市。他们通过自己的行为而不是言语来证实自己的良好教养。

有些父母认为，小孩子不懂事，长大了就会懂得文明礼仪的。其实，这种看法都是错误的。一方面，孩子的文明礼仪需要从小培养，否则就会形成坏习惯，一旦形成坏习惯，再改变就会很困难；另一方面，懂礼仪的孩子会受到他人的尊重和欢迎，因此他更能获得自由发展的广阔天地。可见，文明礼仪是孩子应该养成的好习惯。

父母在平时要有意识地向孩子强调注重个人礼仪的重要性。父母应该注意从以下几方面来培养孩子注重个人礼仪。

(1) 仪容仪表

孩子要保持仪容仪表的整洁。把脸、脖子、手都洗得干干净净；勤剪指甲勤洗头；早晚刷牙，饭后漱口，注意口腔卫生；经常洗澡，保证身体没有异味；衣着要干净、整洁、得体。

(2) 行为举止

孩子要做到“站如松，行如风，坐如钟，卧如弓”。优美的站立姿态给人以挺拔、精神的感觉。走路要昂首挺胸，肩膀自然摆动，步速适中，防止八字脚、摇摇晃晃，或者扭捏碎步。避免无精打采、耸肩、塌腰，千万不能半躺半坐。

(3) 表情神态

孩子要表现出对人的尊重、理解和善意。与人交往要面带自然微笑，千万不要出现随便剔牙、掏耳、挖鼻、搔痒、抠脚等不良动作。

(4) 言谈措辞

在交谈中，要使用文明礼貌用语，如您好、谢谢、请、对不起、没关系等。要做到态度诚恳、亲切，使用文明语言，简洁得体，既不能沉默寡言，也不能啰唆重复。

教育专家对父母的忠告

父母向孩子强调文明礼貌的常识时，不要用训斥的口吻，而要循循善诱。父母要让孩子明白，人与人之间若出现摩擦，不要恶言恶语，要抱以理解、宽容的态度。

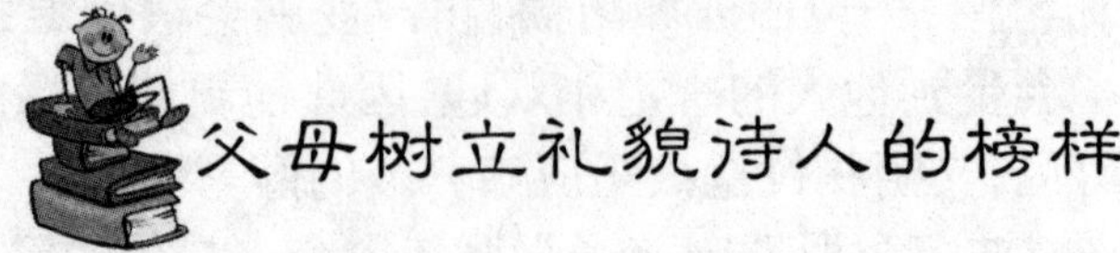

父母树立礼貌待人的榜样

家教案例

父母是孩子的榜样，父母良好的行为举止是对孩子最生动、最有效的教育。父母应该利用家里来客人的有利时机给孩子做出榜样。

7 岁的明明在接待家里的客人时没有运用礼貌用语，聪明的妈妈没有当着外人的面指责孩子，因为她知道批评和指责往往会造成孩子的逆反和不服心理，而且这种做法本身也是不礼貌的。

但是，这位妈妈并没有忘记这件事，在客人离去后，妈妈把孩子叫到身边，温和地对他说："明明，妈妈发现你对刘叔叔讲话时，没有运用礼貌用语，这是不对的。当叔叔送礼物给你的时候，你应该说'谢谢叔叔'，你说是不是？"

明明有所醒悟地说："哦，我忘记了，对不起，妈妈，我下次会注意的。"

这样，妈妈通过在事后提醒教育孩子，让孩子明白自己的错误。

在处理相同的事情上，另一位妈妈的做法有所不同，但是也取得了良好的效果。妈妈发现 4 岁的孩子在接受他人礼物时没有运用礼貌用语，就微笑着对孩子说："贝贝，你好像忘记说什么了？"4 岁的贝贝显然还没有意识到自己应该说什么。这时，妈妈对客人说："谢谢您送礼物给贝贝，我代贝贝谢谢您！"4 岁的贝贝听了妈妈的话，意识到自己没有表示谢意，于是稚声稚气地说："贝贝也谢谢阿姨！"

同样是提醒孩子讲礼貌，两位妈妈都没有当场批评指责孩子，而是运用示范礼貌的方法来提醒孩子。父母要注意提高自身的修养，使用文明的语言，在家庭中不要讲粗话、脏话，家人之间多使用礼貌用语，说话要和气。这样，父母才能通过自己的行为潜移默化地影响孩子，让孩子在良好的环境中养成文明礼貌的习惯。

孩子不文明的语言一般来源于周围的环境。要想让孩子成为一个文明礼貌的人，首先要净化孩子周围的语言环境。

一个上小学的孩子，满口脏话，经常欺负女生，甚至对女老师也很不恭。班主任联系了孩子的妈妈，没想到他的妈妈却对老师哭诉孩子如何对她无礼。班主任苦口婆心地教育孩子要讲礼貌，但收效甚微。有一天，班主任去孩子的家做家访。开门迎接老师的是孩子的父亲，班主任随口问了声孩子的母亲在哪里，孩子的父亲轻蔑地说："还懒在床上呢，死猪婆！"此时，班主任明白了孩子不讲礼貌的原因。

父亲如此当着孩子的面侮辱自己的妻子，而且不顾外人在场，孩子怎么可能讲礼貌呢？班主任非常愤怒，当着孩子，批评了他的父亲。这位父亲也意识到自己的行为对孩子的不利影响，后来学会了尊重妻子，不讲粗话。这个孩子也越来越有礼貌了。

文明礼貌看似是外在的行为表现，实际上反映的是内在的个人修养。有自尊的孩子会尊重自己，维护自己的人格尊严。懂得尊重他人的孩子，在说话时往往会顾及到他人的感受。因此，父母在生活中要做到尊重孩子。

在良好的家庭氛围中，母亲让孩子帮助做事时总是对孩子说："请你帮我……好吗？"，"请你……好吗？"母亲从来不说一些生硬的话，或者用强硬的语气命令孩子去做事。孩子做完了某件事，母亲总会说声"谢谢"。父子一起看电视时，如果父亲想换一个电视节目，总是先对孩子说："孩子，我们换个频道看看，好吗？"过圣诞节时，父亲给孩子买了一个篮球作为礼物。当父亲想与一个朋友一起玩一下时，就问孩子："孩子，能不能把篮球借给我玩一下？"这位父亲认为，既然礼物已经送给了孩子，它就是孩子的物品。不管是谁要使用这个物品，必须经过孩子的允许。父母的这些教育方法，使孩子养成了彬彬有礼的习惯。

英国著名教育家斯宾塞说："野蛮产生野蛮，仁爱产生仁爱，这就是真理。你对待孩子没有同情，他就变得没有同情；而你以应有的友情对待他，就是在培养他友情待人。"也就是说，以应有的尊重对待孩子，孩子才会懂得尊重。

所以，父母一定要尊重孩子，而且，父母在家庭中要互相尊重，父母之间相互尊重会在潜移默化中影响孩子。

教育专家对父母的忠告

当父母发现孩子说脏话时，要找出孩子说脏话的“根源”，尽量让孩子远离或少接触那种不良的环境。例如，父母可以有意识地限制孩子与经常说脏话的同学来往。

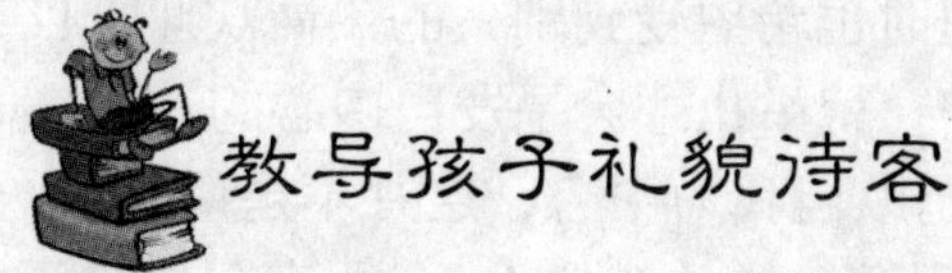

教导孩子礼貌待客

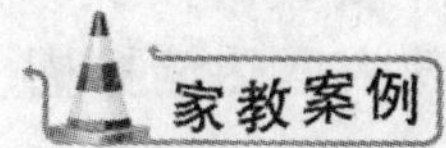

丰子恺的儿子小陈宝，小时候特别怕生人，在客人面前显得不太礼貌。有一次，家里来了一个客人，丰子恺同客人谈了很久。小陈宝虽然在旁边，但是他不认识那个客人，就一直没有与那个客人打招呼。客人与丰子恺谈完后，过来与小陈宝打招呼告别。可是小陈宝竟然愣住了，一时不知该如何是好。

丰子恺送走客人后，语重心长地对小陈宝说："客人向你打招呼告别，你怎么可以不理睬人家呢？"后来，丰子恺一直非常注重小陈宝的礼貌教育。他告诉小陈宝，客人来了，应该为客人端茶、盛饭，而且一定要用双手捧上，这样表示恭敬。他还风趣地打比方说："如果用一只手端茶送饭，就好像皇上对臣子赏赐，更像是对乞丐布施。这是非常不恭敬的。"丰子恺还教育小陈宝说："客人送你什么东西的时候，你一定要躬身双手去接。躬身表示谢意，双手表示敬意。"这些话都深深地印在了小陈宝的心中，后来，小陈宝果然成为一个彬彬有礼的孩子。

当家里来客人时，父母要试着让孩子学会以主人身份招待客人，注重礼貌待客。

需要注意的是，在孩子没有讲礼貌的时候，父母千万不要强迫孩子。在生活中，很多父母在孩子没有礼貌时，总是强迫孩子讲礼貌。例如，有客人来家里，孩子躲在房间里不出来，不与人打招呼，家长非得把孩子拉出来向客人问好，这样很容易使孩子产生逆反心理。事实上，父母的这种强迫行为本身就是不礼貌的。孩子不愿意与人打招呼必然是有原因的，比如孩子从小就很害羞；孩子认为客人是父母的客人，与自己没关系；孩子正在做作业，一时忘记了打招呼，等等

父母要引导孩子去跟客人打招呼。如果孩子实在不想打招呼，父

母不应该强迫孩子，应该在事后告诉孩子："与人打招呼是最基本的礼貌。你去别人家里时也希望受到别人的热情欢迎呀！"让孩子设身处地为他人想想，他的礼貌举止才会是发自内心的。

有些孩子总是以自我为中心，这并不是说孩子一定是自私的，也可能是孩子还不知道怎样关注他人。父母在日常生活中要教育孩子尊重他人。例如，上学时要主动向老师同学问好，遇到熟人要热情打招呼，请人帮助时要用礼貌用语，等等。

孩子们有时会有一些不尊重别人的行为。例如，喜欢叫别人外号，见到残疾人会上前围观，见到别人陷入困境会加以嘲笑，看到别人倒霉会幸灾乐祸。孩子这样做，有时是因为想开个玩笑，好奇，看热闹，盲目地跟着别的孩子做。孩子并没有意识到这样做是不尊重别人，没有意识到这样做会伤害到别人。

如果孩子出现这种情况，父母先要平静地问孩子为什么要这样做，然后有针对性地指出这样做的坏处。父母要让孩子设身处地体会到不受别人尊重时的感觉，要让孩子知道有教养的孩子应该同情别人、帮助别人、尊重别人。

常见的礼貌待客礼节有：

(1) 迎客

迎接客人进屋的时候，主动帮客人放衣物，请客人在合适的位置落座；主动送上客人想喝的饮料；递接物品要用双手。

(2) 交谈

主动大方地与客人交谈，不要拘谨，让客人感到像在自己家里一样。

(3) 送客

在客人要走时，应礼貌挽留，说"您再坐一会儿"、"再喝杯茶吧"等；要送客人一段距离后说"再见"、"有空常来"。

(4) 做客

做客的时候要保持整洁，以表示对主人的尊重；不能粗声粗气，要谈吐文雅；不经主人允许，不可随意动用主人家里的东西；告别时，要说感谢的话，如“今天饭菜真好吃！”、“玩得很愉快！”

教育专家对父母的忠告

礼貌待客存在着一系列的规范和标准。孩子不可能生来就知道如何礼貌待客，父母要在客人来访时有意识地向孩子示范和讲解如何礼貌待客。

礼貌待人从细节做起

家教案例

陈磊气质文雅、彬彬有礼、落落大方，这是她从小到大逐步养成的。陈磊的父母不仅仅是要培养出一个聪明的孩子，也要培养出一个文明的孩子。自陈磊学会说话，能够听懂一些简单的提示和要求时起，陈磊的父母就有意识地在各种场合下，告诉她应该怎样做。例如，早晨离开家时，要和家里人说“再见”，到了托儿所要问“阿姨好”“小朋友好”，等等。

陈磊在上小学以前一直在爷爷奶奶身边。他们非常喜爱这个孙女，每天晚上都给她讲故事，其中不乏如何做一个有礼貌的孩子这类的故事。他们经常告诉陈磊：那些要吃要喝、打架骂人的孩子谁都不喜欢，长大会变成坏孩子。在这种环境下，陈磊变得非常懂规矩、有礼貌。从小到大，陈磊没有和别的孩子打过架，也从未骂过人。

陈磊初中的班主任，在一次父母会上表扬了这样一件事：班级的一些学生到一位同学家去玩，临走时，大家都忙着拿书包、穿鞋子，只有陈磊留在了最后。她把自己坐的椅子认真摆好，把弄乱的东西，也放回原处。这一瞬间的细小行为，被同学细心的父母看在了眼里，很受感动。这反映了一个学生良好的文明习惯，说明这个孩子很有教养。

有的孩子没有做到像陈磊那样懂礼貌，通常是和父母有关系的。父母不能一以贯之地坚持下去，重智力教育而轻文明启蒙。父母对孩子要求是一回事，自己却未能以身作则，使孩子感到迷茫，不知如何是好。

(1) 言传不如身教

古语说：“己正而后能正人。”父母若要孩子礼貌待人，首先自己要做出表率。父母对孩子的影响最直接、最深刻。父母的身教是对孩子最生动、最实际的教育。父母应充分利用家里来客的有利时机给孩子示范，使孩子在亲身体验和实践中理解文明、礼貌和热情的含义。父母通过潜移转化的行为影响孩子，使孩子在耳濡目染的环境中，逐步形成礼貌待人的品德。

(2) 文明礼貌语言要求

不说粗俗的话，日常用语包括“您好”，“早上好”，“见到您非常高兴”，“欢迎光临”，“晚安”，“再见”，“欢迎再来”，“对不起”，“没关系”，“谢谢”，“请”，等等。文明礼貌行为包括交往行为和环境行为两种。交往行为包括见面或分手时打招呼，与人交谈时眼神、体态和表情要体现出对对方的尊重。与别人说话的时候用眼睛看着对方，也是一种礼仪。

(3) 文明礼貌的环境行为要求

遵守公共秩序和社会公德，如爱护公共卫生，不随地吐痰，不乱扔纸屑果皮；穿着朴素大方整洁，头发干净整齐；不打架骂人；待人态度热情和蔼；遵守交通规则；乘车时主动购票，给老、幼、病、残、孕让座，不争不抢座位；购物时按顺序付款；爱护公共设施、文物古迹；观看演出和比赛时，不起哄骚扰，做文明观众，等等。

坐要有坐样，站要有站样。说话要和气，要轻声。有的父母说话大声嚷嚷，那么孩子也会学着父母的样子。同大家说话时要稍大声一些，让大家都听得见，平时说话要轻一些。

(4) 待客要求

父母要给孩子讲解待客的规矩，使孩子懂得一定的行为规范。亲友来访时，听到敲门声要说“请进”；见了亲友按称谓主动亲切问好；拿出茶点，热情地请客人吃；当大人谈话时，不应随便插话；小客人来，主动拿出玩具与小客人玩；共同进餐的人未完全入席前，不得动餐具自己先吃；客人离开时要说再见，并欢迎客人再来。

客人在时，父母对于孩子良好的表现可以做出表扬；客人走后，父母也可以对孩子的表现做出评价，肯定做得好的地方，指出不足以及今后要注意的地方。

教育专家对父母的忠告

孩子在接待客人中出现了失误，如打碎了茶杯，弄脏了饭桌，父母千万不要当面批评，要原谅孩子由于缺乏经验而出现的过失。孩子礼貌待人的行为规范不是一朝一夕形成的，要靠父母平时不断培养。

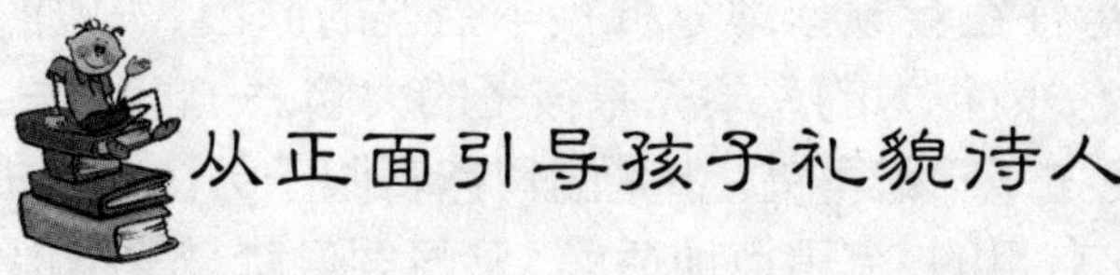

从正面引导孩子礼貌待人

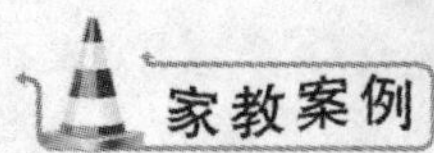

楚楚的爸爸妈妈用一种积极、鼓励的态度,让孩子更有礼貌。楚楚同妈妈一起上街,在过马路时,楚楚看见一个老爷爷行动不便,便主动扶着老爷爷过马路。过后,妈妈对楚楚说:“楚楚,你注意了没有?旁边的叔叔微笑地看着你,后边的阿姨向你投来赞许的目光,路边的那位小妹妹还向你竖起了大拇指!”楚楚只顾扶着老爷爷过马路了,没有注意这些。

“楚楚,为什么这么多人都夸奖你呢?”妈妈适时地诱导着。楚楚没有回答,但从她的微笑中,妈妈知道楚楚已经明白,受别人夸奖的原因是她扶老爷爷过马路。

楚楚同爸爸一起去买东西,爸爸在轻松愉快中让楚楚养成更好的礼貌行为。“阿姨,请换一杯酸奶,好吗?”楚楚笑眯眯地请求阿姨。楚楚很快拿着换回的酸奶来到爸爸身边。“楚楚,你后边的那个叔叔也换酸奶,阿姨没有像对待你那样顺利地给他换。你知道这是为什么吗?”楚楚摇了摇头,因为她没有注意到后边的叔叔。

爸爸告诉楚楚:那位叔叔没有礼貌,楚楚在换酸奶时用了个“请”字,所以,阿姨愉快地答应了楚楚的请求。

一些父母认为,现代社会讲个人自由,懂不懂文明礼仪没关系,只要学习好、有本事就行了。其实,这些父母只要留心一下周围人物,注意一下大众传媒,就会发现事业有成的人没有不懂文明礼仪的。现代社会的确尊重个人的选择,然而对人的文明礼仪要求更高,因为文明礼仪是社会文明程度的重要标志。

孩子最终是要走上社会的。试问,一个举止粗俗、满口脏话的人能受到人们的欢迎吗?一个人纵然学识渊博,满腹经纶,但如果不懂礼貌待人,也无什么前途可言。相反,一个人举止得体,待人彬彬有礼,必定深受人们的欢迎。

有些父母往往会频繁地分析孩子错误的原因，失败的原因，反倒使错误行为、失败行为的表象充塞孩子的大脑。一遇刺激，这些行为便跃然而出，使孩子一错再错。楚楚的爸爸着眼于关注孩子成功行为、正确行为，对此有目的、有重点地诱导。父母要像楚楚父母那样从积极的方面，帮助孩子关注成功，帮助孩子分析成功的原因。

教育专家对父母的忠告

每个孩子的身上都会有闪光点，特别是父母具备较好的礼貌行为时，孩子会表现得更优秀。父母只要真诚地鼓励、赞赏孩子的礼貌之处，就会使孩子变得更为彬彬有礼。

第十三章 关爱他人——己所欲之，先施于人

孩子能够关爱他人，他人也会关爱孩子。孩子生活在处处充满关爱的世界中，会得到更健康的成长。爱心不是单方面的接受，同时也要有付出。只有人人都向他人献出爱心，才能使人人获得他人献出的爱心。

鼓励孩子照顾生病的父母

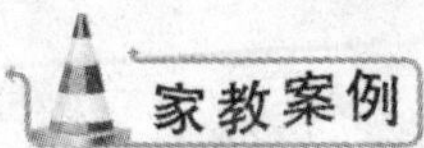

家教案例

一个孩子没有生活在富裕的家庭中，但是他有一个非常温馨的家。每天他回到家里都会帮助妈妈收拾屋子，然后帮妈妈摆放碗筷，一家人快快乐乐地吃晚饭。

这天，孩子放学回家，觉得家里安静得有些不寻常。他放下书包，轻手轻脚地来到父母房间，看到妈妈躺在床上。听着妈妈轻轻的咳嗽声，他知道妈妈病了。

他来到客厅，为妈妈倒了一杯水，轻轻地放在妈妈的床头。然后，他到了厨房，准备为妈妈下一把清汤挂面，还要打两个荷包蛋。

妈妈醒来后，看到床头的水，听到厨房的声音，以为是爸爸回来了。她起身来到厨房，看到儿子小小的身影在厨房忙碌着，她的眼睛湿润了。

孩子听到声音，回头一看是妈妈，笑着对妈妈说："妈，我下了面，等一下就好，您先去客厅待着。"

妈妈眼里含着泪，倚在门边看着儿子，幸福地笑了。

不少孩子都是在父母的娇生惯养下长大的。有的父母对待孩子更是捧在手里怕摔了，含在嘴里怕化了。如果孩子一不小心生了病，父母就会急得像热锅上的蚂蚁团团转。即使是一点点小感冒，父母也要把孩子拖到医院去检查才会安心，生怕孩子会得什么大病。

在父母的精心呵护下，孩子一天天长大了。在蜜罐里长大的孩子几乎什么都不缺，什么都是最好的。但是，这些在父母百般疼爱下生活的孩子，却不知道关心父母，甚至不知道在父母生病的时候为父母送上一杯水，更不要说照顾父母吃药。而有些孩子就很懂事，不仅常常为父母分担家务，在父母生病时也会照顾父母。

回报是一种对给予我们帮助和爱的人的真诚感激。饮水思源、知恩图报是高尚的。反之，忘恩负义，以怨报德则是可耻的。

有个孩子家境贫寒，父亲左手残疾，母亲痴呆。他从小就看到父母为了生计在地里辛苦劳作。父母艰难地支撑着家，艰难地养育着他，让他除了更加勤奋刻苦地学习来报答亲人对他的期望之外，还想方设法减轻家里的负担。为了节省作业本，他写了擦，擦了写。他至少要在每本作业本上写三遍。为了节省鞋子，他暮春时就光脚，一直到立秋才穿鞋。若是下雨下雪，他冬天也要脱下鞋走路。

母亲既给了孩子生命，又哺育了孩子。母亲应该多向孩子讲述他们成长的故事，让孩子从小意识到自己并不是石头缝里蹦出来，也不是山上拾来的，而是妈妈一点点养大的。当然，妈妈在讲述时态度要自然，感情要真挚，要让孩子体会到无私和高尚的母爱。

孩子都很重视自己的生日，早早就在策划自己的生日怎样度过。心细的父亲应该在给孩子切生日蛋糕前，告诉孩子送一支鲜花给母亲，感谢母亲在这一天送他（她）来到这个世界上。

母亲要教育孩子尊敬和热爱他们的父亲。告诉孩子父亲的辛劳，父亲为这个家庭所做的种种牺牲和努力。父亲是家庭这艘大船的船长，要感谢他给了我们安全和温暖的家。母亲应教育孩子好好学习，好好做人，以报答父亲的辛勤。

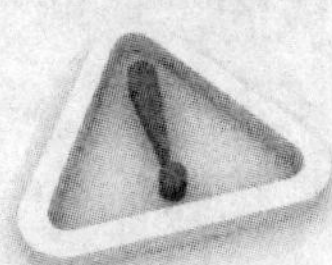

教育专家对父母的忠告

通过照顾生病的父母，孩子能够亲身体会到照顾人的不易，也能够深刻体会到生病不仅会给病人带来痛苦，而且会给照料病人的人带来麻烦和烦恼。

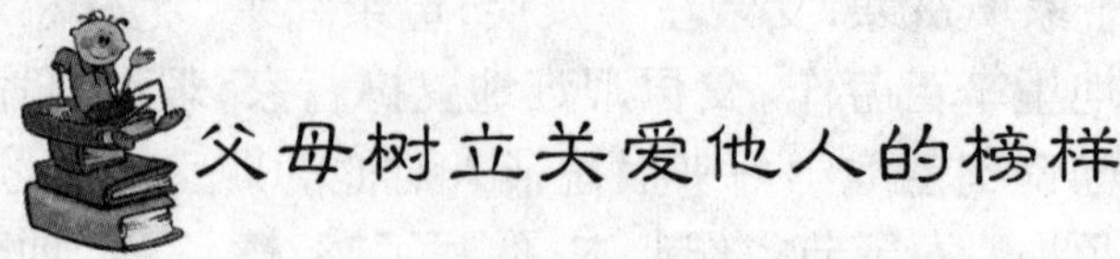

父母树立关爱他人的榜样

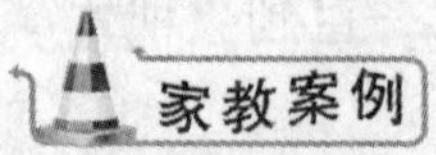

家教案例

社会生物学家威尔逊,曾经意外地发现一个有趣的现象:

一只雌性的成年斑鸠在看到一只食肉动物接近它的孩子的时候,便会假装受伤,一瘸一拐地逃出鸟巢,好像它的翅膀折断了。

这时,食肉动物就会放弃攻击小斑鸠转而攻击成年斑鸠,希望能够捕食这只"受伤"的猎物。一旦成年斑鸠把食肉动物引到一个远离鸟巢的地方,它就会振翅飞走。

斑鸠用这种富有爱心的举动来保护幼小的斑鸠,使它们能够活到成年,繁殖后代。而小斑鸠在成年斑鸠的耳濡目染下,也会仿效成年斑鸠的做法。

关爱的产生,是基于个体的社会性情感需要。关爱不是人与生俱来的品质,而是在后天的环境和教育的熏陶下逐渐形成的。只要父母提供榜样,孩子就会模仿。因此,父母在有意识地对孩子进行爱心教育时,要以身作则,通过自己的言行来对孩子起示范作用,在家庭中营造爱的氛围,感染孩子的心灵。

一对知识分子父母深深地懂得父母的言行在孩子成长中所起的重要作用。他们总是以身作则,并以此去引导孩子。

他们孝顺长辈,在家里总是给长辈倒茶、盛饭、搬凳子;逢年过节给长辈买东西、送礼物时,他们常常请孩子发表意见该送长辈什么礼物。单位组织旅游或搞活动,如果能带家属的,他们总是要带上孩子和长辈,既让孩子与长辈都能开阔眼界,更重要的是能让孩子从中体会到父母对长辈的关心。

他们关心孩子,对孩子说话总是温和、体贴,还常常与孩子进行情感的交流,给孩子适当的鼓励和表扬,让孩子直接感受到父母的爱。

他们夫妻之间互相关心,在餐桌上,总是不忘给爱人夹一筷对方爱吃的菜;每逢出差,在给孩子买礼物的同时,总不忘给爱人也买一份;吃东西的时候,总会提醒孩子给爸爸或妈妈留一份。他们还注意使用爱的语言,比如“你辛苦了,先歇一会儿!”、“别着急,我来帮你!”、“谢谢你为我所做的一切!”等。这样,孩子在父母的引导下,也学会了关爱他人。

许多孩子在父母的教育下也能做到关爱周围的人和事物。但是,如果遇到不被人家关爱的时候,孩子的心里往往会感到失落。这时,孩子会对父母教育自己要关爱周围的人和事物会产生一个不良的判断。父母要及时察觉孩子的心理,抓住机会对孩子进行引导。

小华是某电视节目的小记者。她和许多同龄孩子一样,是一个喜欢玩耍的快乐孩子。小华的父母都是普通的公务员。父母从小就教育小华对人要真诚,要关心他人。小华的父亲常常给小华讲故事、讲历史。他告诉小华,人不能光为自己活着,要像孙中山那样以天下为己任。小华至今还保存着两块珍爱的徽章,一块是“博爱”,一块是“天下为公”。在父母的教育下,小华也非常关心他人。

邻居唐爷爷是位退休的老教师。每次只要遇到唐爷爷出去购物,小华的爸爸总要主动帮老人一把。因此,小华每次遇到唐爷爷也会主动上前搀扶,帮唐爷爷拎包。小华收到第一笔稿费后,还为酷爱书法的唐爷爷买了两支毛笔。

在学校里,小华也非常注意关心别人。只要班上有请病假的同学,不管晚上放学多迟,天气多恶劣,小华都要去同学家帮助同学补课。在父母的教育下,小华一如既往地关心别人,而且也获得了别人的好评。

有些孩子集万千宠爱于一身,却舍不得为别人付出一点点关爱。其实,孩子不是天生就缺乏爱心的。心理学家研究表明,善良和同情是孩子的天性。一岁前,婴儿就对别人的情感有反应,如果旁边有孩子哭,他会随之一起哭;一两岁时,孩子看到别人哭,就会拿自己喜欢的东西去安慰,这表明他已能清楚地分辨自己和他人的痛苦,并有了试图减轻别人痛苦的本能;五六岁时,孩子开始进入认知反应阶段,他知道什么时候该去安慰正在哭泣的同伴,什么时候该让他独处。这些都是孩子爱心的自然表现,但如果后天得不到很好的培养,那么他的爱心就会逐渐消失。因此，孩子有没有爱心，关键在于父母的引导和培养。

在孩子的品性中，没有什么能比爱心和善良更重要了，它们是孩子将来在社会上立足的基础和前提。孩子的爱心是通过自然而然的模仿、潜移默化的渗透而逐渐形成的，是一个从外在到内在、从量变到质变的发展过程。在这一发展过程中，家庭是最重要的爱心培育基地，父母是最直接的爱心播种者。

教育专家对父母的忠告

俗话说："言传身教。"榜样的力量是无穷的，也是最有效的。要使孩子富有爱心，父母必须从自己做起。

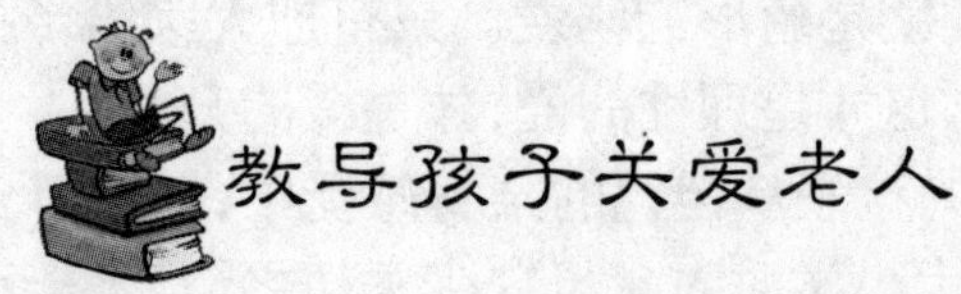

教导孩子关爱老人

家教案例

王晶从小就知道关照老人。幼年的王晶很惹人喜欢,是爷爷奶奶的掌上明珠,是爸爸妈妈的希望所在。父母对她倾注了浓浓的爱,但是从不娇惯她,而是注意让她在享受爱的温馨之中,培养她对家人和对他人的美好感情。

在祖孙三代同堂的大家庭中,只要用心就容易培养起孩子关照老人的习惯。每逢家人吃水果,爷爷奶奶就说:"看晶晶怎么分?"她每次都是把大的给了爷爷妈妈,自己留小的。有时爸爸妈妈给她买来小食品,她也是主动让爷爷奶奶、妈妈爸爸尝一尝。每逢节假日家人聚餐时,等爷爷奶奶长辈入座后,她才上桌。遇到好吃的东西,她也学着大人的样子,多往爷爷奶奶的碗里夹。

王晶的妈妈说:"那时,每逢节假日,我们常带着她去看外公和外婆。在她能走路的时候,我们尽量让她自己走。实在累了,我们才背她走一段,边走边问她:'等爸爸妈妈年龄大了,走不动时,你能背我们吗?'每次她都痛快地说:'能!'有时,看我们背她走得吃力,她便主动要求下来自己走。一次去江边玩,由于天气太热,一动就会全身出汗。她无论如何也不让我们背她走,自己走得满脸通红。路上行人见了,都夸这个小孩真懂事。"

孩子认识肤浅,判断能力差,缺乏独立性,心理活动带有暗示性和模仿性。在他们眼里,父母的行为就是一把尺子,认为父母做的,他就能做;父母怎样做,他就应该怎样做。因此,父母在与老人相处中,态度应谦逊、彬彬有礼、关心照顾、体贴入微。例如,在家给老人端茶送水,在公共场合给老人让座让道等。对父母的言行,孩子会看在眼里,记在心上,表现在自己的行动中,就会像父母一样善待老人。

如果关爱仅仅是向儿女的单向倾斜，而不能实现关爱的双向交流,那么这种关爱就是畸形的溺爱。只有把大家给予孩子的爱转化为孩子对大家的爱,这才是理性的爱,才是爱的升华。

一位叫李雷的孩子从自己的亲身感受中,知道了父母的艰辛。身为独生子的李雷上小学时对父母缺少关切之情,不能正确理解父母的爱心,父母为此感到伤心。李雷的父亲苦恼之下请教了一位专家。专家听了他的诉说深表理解,教给他一个方法。

双休日,李雷的父亲骑车带李雷到公园里玩。看完各种动物的表演,李雷十分兴奋。回家的路上行人稀少,李雷的父亲问他:“你觉得骑车有意思吗?”李雷说没骑过,不知道是否有意思。李雷的父亲问李雷想不想试一下,李雷很高兴地表示同意。于是,李雷的父亲坐到后车架上,双手伸直了把住车把。李雷跨到大梁上骑车,凭自己的操作使自行车向前滚动起来,骑车的兴趣陡生。

可是,李雷毕竟还小,骑过 800 米后就有些体力不支了,额头上也渗出了小汗珠。最后,他喘着粗气停下来,好奇地问:“爸爸,你骑车带我上学也这么费力吗?”李雷的父亲说:“尽管我力气大些,不过每天也都挺累,尤其是上坡时更费力气。”这以后,李雷的父亲照常骑车带儿子上学。骑到一个上坡处时,坐在后边的李雷忽然跳下来,用一双小手推起车来。李雷的父亲心满意足,激动地对李雷说:“你现在知道关心别人了,这让爸爸太高兴了。”

原来,专家教给李雷父亲的方法是让孩子多体验。体验到别人的疾苦,才能激起爱心或同情心,从而设身处地为别人着想。

在日常生活中,父母要注意培养孩子关照父母的习惯。如:爸爸下班回来,提醒孩子为爸爸拿拖鞋;爸爸换完拖鞋,提醒孩子给爸爸端杯水;吃饭时,爸爸没回来,提醒孩子给爸爸留饭或耐心等待爸爸。当孩子学着给父母做一点事时,哪怕是给妈妈倒杯茶、给爸爸拿支笔,父母都应该给予鼓励。经常让孩子进行一些力所能及的劳动,对孩子的健康成长是很有必要的。只有在孩子有了切身体验后,他才能领会父母照顾他的辛苦,从而知道体谅父母,尽自己的力量帮父母做事,为父母分忧解愁。

天下万千父母,都希望子女能够成才。从根本上说,孩子能够成为父母所期望的人才,就是对父母最好的报答和最大的尊敬。同时,尊敬父母这种道德情感,又具体地表现在一些日常的习惯上。父母应让孩子从小养成这些好的习惯。例如,听父母说话要专心,父母招呼要立刻答应;出门要告诉父母;回家要先向父母打招呼;对父母说话要恭敬,要听从父母的正确管教;自己在家外的情况要常对父母汇报,不要隐瞒;不随便弄脏衣服,珍惜父母的劳动,逐步做些力所能及的家务;不影响父母的学习、工作和休息,关心父母的健康,等等。

教育专家对父母的忠告

小孩的现在是由老人创造和给予的，可以这样说，没有老人的存在也就不会有小孩的存在。老人的现在也是小孩的未来,也就是说,小孩总有成为老人的一天。因此,小孩关爱老人既是一种感谢老人恩赐的表现，也是一种关爱小孩未来的体现。

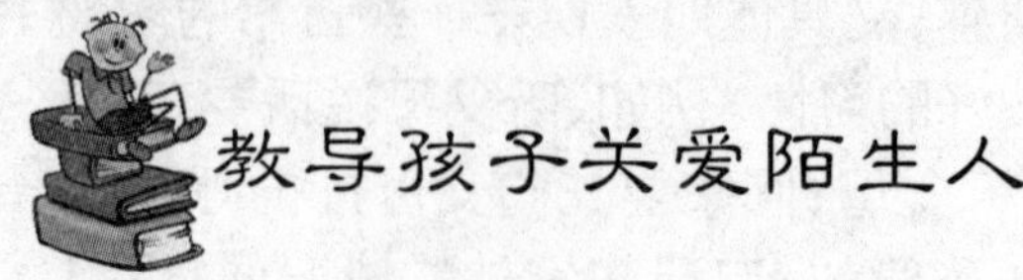

教导孩子关爱陌生人

家教案例

小卫对别人感情比较冷漠，只知道自己保护自己，不知道关心别人，无论在家中还是在学校，都是独来独往。但是，一件发生在小卫身上的事改变了小卫的这种态度。

有一次，小卫去公园玩，把一串钥匙丢了，回来后十分懊丧。妈妈叫他到失物招领处看看，他根本不信有人会管这样的闲事，就没有去。后来，妈妈给失物招领处打了个电话，他们那果然收到这么一串钥匙。妈妈领着他到公园的失物招领处，那里的工作人员把钥匙交还给他，并告诉他这是一个十二三岁的孩子捡到后交来的。

妈妈又带小卫参观了失物招领处，那里有许多各种各样的物品，都是游人捡到后送来的。在事实面前，小卫说："果真有这么多人管闲事"。这时妈妈又给他讲，人世间都应当互相关心，互相帮助，谁都离不开别人的帮助，所以谁都应当尽力去帮助别人。小卫不再像以前那样听不下去了，还说："可不是吗，那位小朋友做了好事，使我找到了钥匙。"妈妈告诉小卫："以后你也要关心与帮助别人呀！"

不久，小卫去体育馆看球赛，散场时人很挤。他看到地上有一张月票，是一个中学生丢的，就捡起来拿回家了。妈妈问他准备怎么处理时，他略加思索后说："月票上有地址，我马上通过邮局把它寄给这位小朋友。"随后，小卫找出信封把月票装进去，写上地址，贴上邮票，高高兴兴地把它投进了邮筒。妈妈问他为什么办得这么快时，小卫说："今天才四号，月票还是新的，小朋友丢了月票该多着急呀！我的钥匙不也是一位不相识的小朋友及时交到失物招领处的吗？我为什么不这样做呢？"

妈妈不失时机地悉心教育，总算在小卫身上收到了效果。

一个懂得关照他人的人，才能得到更多的人关照，才能获得更多的机会，也才能取得更多的成功。父母要积极培养孩子关照他人的习惯，鼓励孩子去关照他人。

列宁具有极强的人格魅力。他谦逊的风度与高尚的举止深得人民的爱戴，而这些良好的品质得益于他父母的精心教诲。

列宁的父亲是国民教育视察员，非常重视对列宁品德的培养。父亲以身作则地教导列宁：要学会尊重他人，不论别人身份高低贵贱；小朋友要是说话发音不准确，不要讥笑他，而要帮助他纠正；要多体谅别人，多替别人着想；别人帮了忙，一定要道谢；自己有了错，也一定要请求别人原谅，等等。

在父亲的教育下，列宁从小便对别人以礼相待。列宁小时候经常到乡下外公家去玩，和贫苦的农村孩子们相处得如同和自己亲兄弟一样亲密无间。有一次，列宁见到一位农民的大车陷到了泥里，赶忙上前，不顾泥泞帮着把车推了出来，还把这位农民掉在地下的手套拾起来，恭恭敬敬地递过去，很尊敬地与对方交谈，最后还愉快地握手道别。

不论是老师、朋友，还是纤夫、洗衣妇，小列宁始终以尊敬的态度对待他们。他终生贯彻这种谦逊真诚的待人态度。即使在他成为一名领袖后，工人、农民、士兵都很乐意接近他，他始终没有脱离过群众。

列宁的父亲教导和鼓励列宁从多方面加强修养，努力成才的同时，也时刻注意引导他发现缺点，改正过失，以赢得别人的信任和喜爱。正是在父母精心的教诲下，列宁受到了众人的喜爱和拥戴，成为了一位伟人。

父母要教育孩子，帮助别人其实就是在帮助自己。关心他人，竭尽全力去帮助他人，会使人变得慷慨；关心他人的痛苦和不幸，设法去帮助他人减轻或消除痛苦和不幸，会使人变得高尚。

一位母亲曾在杂志上发表文章介绍自己是如何教育孩子的。她的儿子叫张波，是上海某小学的学生。她与丈夫在对儿子倾注爱心的同时，也注重用自己的言行教会儿子关爱他人，帮助他人。

学校少先队员倡导“手拉手希望工程”互助活动，张波与四川的李宇结成了伙伴。张波用自己省下的压岁钱和零用钱给李宇买书、买衣服，得到了父母的支持和鼓励。两年来，张波用自己积攒下来的钱支援了“手拉手”小伙伴。

在学校少先队组织的慰问活动时，张波看到80多岁的退休教师王奶奶孤身一人，便萌生了帮助和照顾王奶奶的念头。回家后，他把想法告诉了父母，得到了父母的支持，并且父母也和张波一起来照顾王奶奶。每到双休日和节假日，一家三口经常到王奶奶家帮助打扫卫生、买米买菜。

教育专家对父母的忠告

孩子做人的品行是父母带出来的。要求孩子做到的，父母首先要做到。父母要有意识地让孩子在父母的榜样下学会关心他人，帮助他人。

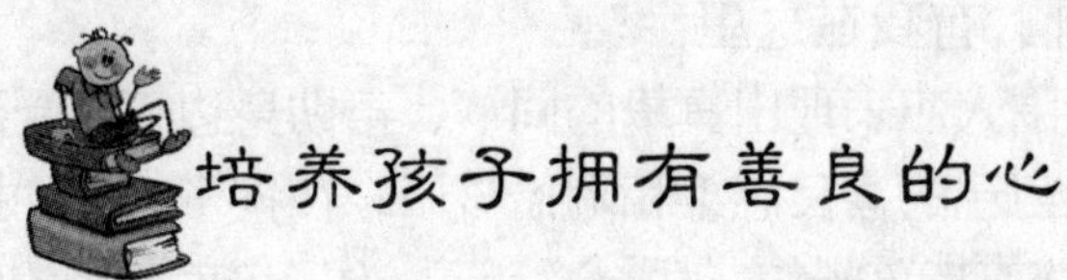

培养孩子拥有善良的心

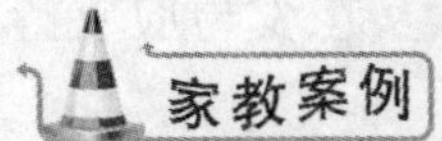

家教案例

王明远和李乐正同时转学来到了同一个班。王明远性格外向，活泼好动；李乐正性格内向，不爱说话。两人初开始都不认识新班级的任何人。

王明远在第一节课帮同桌削铅笔，与同桌成了朋友。下课后，王明远将前面一位同学掉在地上的橡皮拾了起来，又交到了一位朋友。放学后，王明远与两个同路的同学一起回家。就这样，不到三天，王明远就与班上的所有同学都认识了，很受同学们的欢迎。

李乐正学习很好，但不喜欢与人交往。李乐正曾在日记中说："来到新班级后，我很孤独。我在这里没有好朋友，很想念以前学校的同学。"李乐正也常常梦到与以前同学重逢的情景。李乐正在这样的自我封闭中，一直在新班级里独来独往。

不少母亲时常抱怨：孩子如何不关心母亲，有的甚至还打骂母亲。母亲用乳汁养育了孩子，孩子却忘恩负义。可以说，一个孩子假若没有善良的心，他的聪明、勇敢等品质越是卓越，将来对社会构成的危险就越大。

父亲要尊重并热爱孩子的母亲，教育孩子热爱并尊重他的母亲，因为孩子正是从爱母亲开始扩展到爱老师、爱他人、爱祖国的。连自己的妈妈都不爱的孩子，是不可能去爱别人的。父亲对母亲的一言一行都影响孩子对母亲的态度。从父母恩爱、彼此尊重的家庭里走出来的孩子，对家人温和关爱，对外人也谦让有礼。

著名教育家苏霍姆林斯基每当一年级新生入校时，总要在校门口悬上大幅红字标语："孩子，请爱你的妈妈！"爱妈妈是爱的萌芽，善的开始。父亲要让孩子尊重妈妈，不要对妈妈高声大嚷，不要嫌弃妈妈的唠唠叨叨，因为这也是妈妈的爱。父亲教孩子关心妈妈，关心妈妈的身体，体贴妈妈的困苦。在妈妈遇到困难的时刻，孩子要站在妈妈的身旁说："妈妈，不怕，有我在这里。"

父母对周围人应表现出真挚的同情，帮助身边正遭受痛苦和不幸的人。父母应以自己的善良感染和陶冶孩子，在孩子的心中撒播善良的种子。父母要热忱支持孩子的"献爱心"活动。为了培养孩子的爱心，学校、社会经常举行为希望工程、为身边不幸的同龄人献爱心的活动，父母应支持和参加。

一个小女孩在日记里写道："爸爸妈妈都说我是太阳，可是我宁愿做星星。因为星星有好多好多朋友。"星星不会孤独，星星会互相关心，互相爱护，努力发出自己的光彩，照亮自己，也照亮别人，共同组成美丽而迷人的星空。这也正是我们所期望的孩子们手拉着手，互助友爱，建立充满着爱的世界。

孩子的自私在家庭里也许不容易看到，但来到一个集体里就非常明显。自私的孩子总怕自己吃亏，也决不让自己吃亏。自私的孩子劳动时总是拣轻的活干，把脏活、重活推给别人；发新书时，把好书留给自己，把破书留给别人；出去坐车时，总跑在最前头抢占最好的座位，不管老师还在站着，体弱多病的同学也在站着。关心他人的孩子却恰恰相反。他首先想到的不是自己，而是别人。他不怕吃亏，乐于助人。

在交往中，总是那些热情开朗、乐于助人的孩子容易融入群体，被同学们接纳，从而感到轻松快乐。那些性格孤僻的孩子往往是由于冷漠，不善于关心别人，而感到紧张孤独。

有些教育者把智力、分数看得过重，而有意无意地忽视了包括同情人、关心人在内的善良品格教育。的确，孩子是需要有强烈的竞争意识，但更需要有同情人、关心人的优秀品格。

教育专家对父母的忠告

孩子拥有一颗善良的心，才能交到越来越多的朋友。父母培养孩子拥有一颗善良的心，可以从培养孩子凡事多为别人考虑着手。

第十四章 宽容待人——拥有一颗博大的心

人非圣贤，孰能无过。每个孩子在成长过程中都难免会犯各种各样的错误。孩子对待错误的正确态度，应该是勇于承认自己所犯的错误，并且设法找到犯错误的原因以免下次再犯。孩子要能容忍他人所犯的过错，尤其是他人的无心之失。

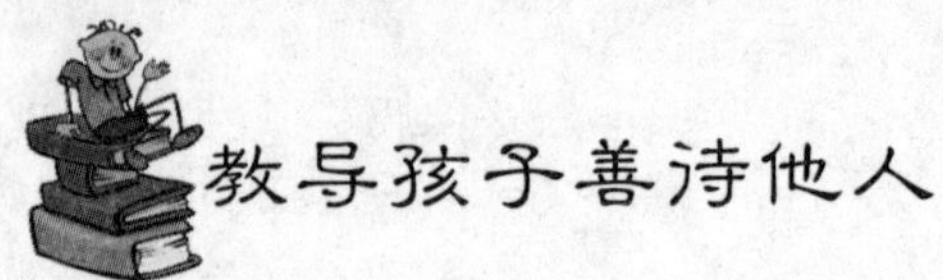

教导孩子善待他人

家教案例

有一个孩子,他不知道回声是怎么回事。有一次,他独自站在旷野,大声叫道:"喂!喂!"附近小山立即反射出他的回声:"喂!喂!"他又叫:"你是谁?"回声答道:"你是谁?"他又大声尖叫:"你是笨蛋!"山上又传来"你是笨蛋"的回答声。孩子十分愤怒,向小山骂起来,然而,小山仍旧毫不客气鹦鹉学舌样地回敬他。

孩子气冲冲地回家对母亲诉说。母亲对他说:"孩子呀,那是你做得不对。如果你恭恭敬敬地对它说话,它就会和和气气地对待你。"孩子说:"那我明天再去那里说些好话。"

"应该这样,"母亲说,"在生活中,不论男女老幼,你对人家好,人家便对你好。如果我们自己粗鲁,是绝不会得到人家友善相待的。"

这位聪明的母亲巧妙地教会了孩子怎样待人。宽容是一种美德,在生活中,即使别人错了,无礼了,你若能容忍他人,宽容他人,同样能获得信任和支持,同样能得到别人的友善相待。

在教孩子善待他人的时候,父母可以通过角色互换的方法让孩子摆脱以自我为中心的不良想法,学会心中有他人,宽容他人。父母应该教孩子对其他小朋友多一点忍让,多一份关心。这样,别人也会遇事宽容自己,体谅自己,为自己着想。事实上,只要孩子学会了宽容,他就会赢得朋友,就会真正体会生活的快乐。

曾有人让爱迪生谈谈对小时候打聋他耳朵的那位列车员的看法。令人意外的是,爱迪生并没有大肆地辱骂那位列车员。他幽默机智地回答:"我感谢他,感谢他给我一个无人喧嚣的环境,使我能够专心致志地完成更多的试验和发明!"爱迪生不仅宽容地对待了这位列车员,而且从这次不幸中找到了发明创造的动力与源泉。

宽容了别人,等于善待了自己。宽容是成就事业的基石,化解矛盾的良药,利己利人的法宝。

有一次,孔子的得意门生颜回在街上看到一个买布的人和卖布的人在吵架,买布的大声说:“三八二十三,你为什么收我二十四个钱?”

颜回上前劝架,说:“是三八二十四,你算错了,别吵了。”

那人指着颜回的鼻子说:“你算老几?我就听孔夫子的,咱们找他评理去!”

颜回问:“如果你错了怎么办?”

那人回答:“我把脑袋给你。如果你错了怎么办?”

颜回说:“我就把帽子输给你。”

于是,两人一起去找孔子。孔子问明情况后,对颜回笑笑说:“三八就是二十三嘛,颜回,你输了,把帽子给人家吧!”

颜回心想,老师一定是老糊涂了。虽然不情愿,颜回还是把帽子递给了那人,那人拿了帽子高兴地走了。

接着,孔子对颜回说:“说你输了,只是输了一顶帽子;说他输了,那可是一条人命啊!你说是帽子重要还是人命重要?”颜回恍然大悟,扑通跪在孔子面前,恭敬地说:“老师重大义而轻小是非,学生惭愧万分!”

孔子的这种精神就是宽容他人的典型。事实上,这种宽容并不是每个人都能够做到的。明知是对方无理,或者是对方错了,却不争不斗反而认输。虽然自己吃点小亏,但使别人不受大的损失。这种宽容的精神是难能可贵的。

有一天,歌德到公园散步,迎面走来了一个曾经对他的作品提出过尖锐批语的批评家。他站在歌德面前高声喊道:“我从来不给傻子让路!”歌德却答道:“我正好相反!”歌德一边说,一边满脸笑容地站到一旁。

歌德以幽默和宽容的方式避免了一场无谓的争吵,也显示了他的大度和忍让。

宽容是一种美德。它能够化解矛盾,使人和睦相处。诸如“退一步天高地阔,让三分心平气和”、“大肚能容,容天容地,容天下难容之事;开口便笑,笑古笑今,笑古今可笑之人”之类不重表面形式的输赢,而重思想境界和做人水准高低的言行是高尚的。宽容体现了一个人的素养与气度，表现了一个人的思想水平。善待他人的短处，可以使我们与他人和睦相处；宽容对待他人的长处，可以使我们不断进步。

现在的孩子大都以自我为中心，不管发生什么事情，首先想到的是自己，而根本不考虑别人。如果别人做错了事，根本没有一点宽容之心，而且往往抓住他人的缺点不放。

研究机构曾经对中小学生做过一次抽样问卷调查。其中，有一个问题是："当你讨厌的同学需要你的帮助时，你会帮他吗？"对于这个问题的回答，表示愿意的小学生、初中生和高中生分别是 59.8%、41.7%和 37%。由此可见，虽然不少孩子对于他人的主动求助表示愿意帮助，但是从小学阶段到高中阶段，表示愿意帮助他人的人数比例是递减的。

在调查中，还有一个问题是："面对过去欺负过你或严重伤害过你的人，你会怎么办？"对于这个问题，只有 29.9%的学生表示会原谅他，有近 24%的学生表示很难原谅或绝不原谅，其余的学生则表示原谅但不忘记。

从中我们可以看出，能够主动宽容别人的孩子实在太少了。

托马斯·利考纳认为，作为道德美德的宽容有两个方面。

(1) 尊重

要尊重所有人基本的尊严和不可剥夺的权利，包括他们做出道德选择的良心自由，只要他们不侵犯其他人的权利。尽管我们可以不认同来自不同地域的人的习俗或信仰，但是宽容这种美德让我们不将自己的观点强加于别人，或者不公正地限制他人的自由。

(2) 欣赏

欣赏人类丰富的差异，欣赏来自于各种背景、人种、宗教、国家和文化的人们的许多正面品质和贡献。在这个社会中，任何一个人都与其他人是不一样的。我们要引导孩子承认人与人之间的差异，并接受这种差异，认识到他人的优点，努力在他人身上寻找美好的特点。

父母应该充分认识到宽容对于孩子来说不仅是一种待人准则，而且是一种保护心理健康的习惯。现代科学揭示,宽容有利于一个人的健康长寿。科学研究表明:当人们想要报复他人时,血压会明显上升;而在宽容他人时,血压则显著下降。因此,父母一定要培养孩子宽容待人。

教育专家对父母的忠告

善待他人的人才能真正成为一个受欢迎的人,而且会受到更多人的帮助。善待他人的人也会获得他人善待自己的回报。

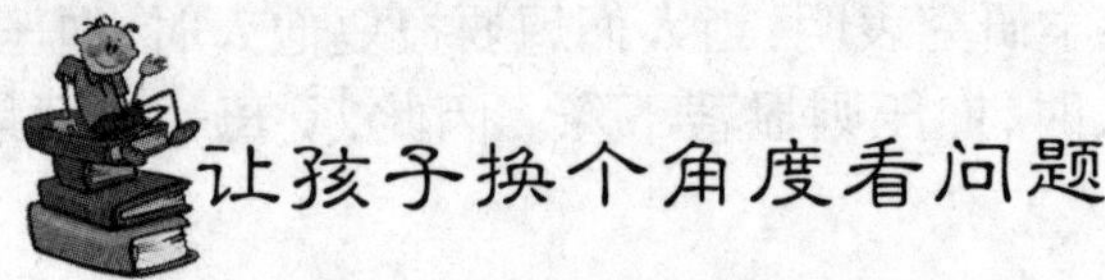

让孩子换个角度看问题

家教案例

陶行知在学校当校长时，曾经发生过这样一件事情：

一天，陶行知在校园里看到学生王友用泥巴砸自己班上的男同学，立即制止了他，并让他放学后到校长室去。

放学后，王友早早地来到校长室门口准备挨训。这时，陶行知走过来了。他一看到王友，就掏出一块糖果递给他，说："这是奖给你的，因为你按时来了，而我却迟到了。"王友惊愕地接过糖果，目不转睛地看着陶行知。

陶行知又掏出一颗糖果递给王友，说："这块糖果也是奖给你的，因为当我不让你再打人的时候，你立即就住手了，这说明你很尊重我，我应该奖励你。"王友更惊愕了，他不知道校长到底想干什么。

陶行知又掏出一块糖果放到王友的手里说："我已经调查过了，你用泥块砸那些男生，是因为他们不守游戏规则，欺负女生。你砸他们证明你很正直善良，并且有跟坏人作斗争的勇气，应该奖励。"王友听了非常感动，失声叫了起来："校长，你打我吧，我砸的不是坏人，而是自己的同学呀！"

陶行知满意地笑了，又掏出一块糖果递给王友，说："你能正确地认识错误，这块糖果值得奖励给你。现在我已经没有糖果了，你也可以回去了。"

陶行知的教育让王友明白了，不管在什么时候，都要换个角度想想问题。

父母不要在孩子面前以自己的眼光议论其他小朋友的缺点，因为这容易让孩子对其他小朋友过于挑剔。相反，父母尽可能表扬其他小朋友的优点，可以使孩子明白每个人都是有优点的。父母不要使孩子产生一种以自己为中心的思想，因为这非常不利于培养孩子宽容待人。

父母不要对某些人和事物有偏见，更不要把这些偏见在孩子面前表露出来，以免让孩子在潜意识里也受到这种偏见的影响，而对这些人和事物有偏激的看法。

当孩子的小伙伴来家里做客时，父母对小伙伴的态度既不要过分冷落，也不要过分热情。父母要教育孩子尊重小伙伴，让孩子平等地与人交往。

父母要让孩子学会从别人的角度看待问题，让孩子把自己置于别人的位置，设身处地地站在别人的角度思考问题。

教育专家对父母的忠告

父母应该教育孩子经常问自己："要是我处在这种情况下，我会怎么想呢？又会怎么做呢？""我现在应该为他做点什么，他的心里会感觉好受一些呢？"这样，孩子换个角度看问题，会更容易养成宽容的品质。

父母要宽容对待孩子

家教案例

印度圣雄甘地在回忆自己的成长过程时说："是父亲那崇高的宽容态度挽救了我。"原来，甘地出生于一个印度土邦的首相之家。他从小就爱撒娇，性格也不开朗。他对父母十分顺从，对周围的事物也特别敏感，自尊心很强，一旦被人奚落，马上就会哭鼻子。他在学样一挨老师批评，就难过得受不了。

少年时期，由于好奇，他染上了酒瘾。后来，他竟然偷兄长和家臣的钱买酒喝，而且越陷越深。渐渐地，他觉察到自己偷别人的钱，背着父母喝酒的行为太可耻了。一想起来，他就觉得无脸见人，内心十分痛苦，甚至还想过自杀。

当甘地终于忍受不了痛苦的折磨时，他便把自己的整个堕落过程写在了笔记本上，鼓足勇气交给了父亲，渴望得到父亲的严厉批评和惩罚，以减轻内心的痛苦。父亲看到后，非常生气，心情十分沉痛。但是父亲深爱甘地，没有责备他，只是伤心地流下了眼泪，久久地凝视着儿子。甘地看到父亲痛心的样子，受到极大的刺激，更加悔恨、内疚和自责，深感对不起父亲对自己的期望。从此，他痛下决心，彻底改正了错误，走上了正路。事隔多年，每当甘地回顾那段经历，他总是激动不已，心情久久不能平静。

父母在孩子出现品德过失的时候，适当地给孩子以谅解和宽容，往往比一味地批评处罚孩子，更能让孩子心悦诚服，给孩子留下较为深刻的印象。

在很多的情况下，父母运用宽容得当，以情感激励孩子，比动之以武力更有效。因为这其中包含了父母对孩子的信任和对孩子认识错误态度的肯定。在对孩子的品德教育中，尤其是在孩子有了过失而又主动认识错误的时候，父母应当以宽容的态度给孩子以心灵上的抚慰，增强孩子改正错误的勇气。而粗暴的打骂未必能够使孩子吸取教训。

学会从别人的角度考虑问题，并且承认对方有表达自己看法的权利。那么，你不仅可以了解别人，赢得友谊，而且，会与别人沟通得更好。父母可以让孩子试一试，把孩子置于对方的处境下，看孩子怎么处理问题。

教育专家对父母的忠告

父母要做孩子的榜样。父母本身具备的品德，一般在孩子身上都可能找到。因此，父母要为孩子创造一个良好的家庭环境。一个整天吵闹不休的家庭，是很难造就出一个宽容待人的孩子的。父母宽容对待他人，在潜移默化中也会影响孩子宽容待人。

退一步海阔天空

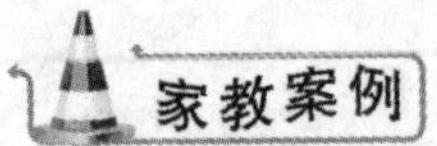

费米太太对孩子们明智的教育，把他们紧密地结合在一起。她的教育掺杂着一种过分强调的责任感和坚强不屈的正直感，在她的热情中也注入了某种严厉。她的孩子们一定要努力而为，才能在德育和智育上达到她要求于他们的那种高标准。

有一次，恩里科因一本课外书而与姐姐玛丽亚争吵了起来，姐弟二人互不相让，正好被费米太太碰见。

“玛丽亚、恩里科，你们两个过来！”费米太太把姐弟二人喊来。

“玛丽亚，你先说，为什么要吵架？”费米太太严厉地问道。

“弟弟拿了我的书。我向他要，可他不给！”玛丽亚理由十足地说。

费米太太又转向小儿子：“是不是这样？恩里科。”

“是的，妈妈，可我真的想看那本书，这有什么错！”恩里科辩解道。

“看来，你们两个都没错哟！”费米太太作出理解他们的样子。

停了停，费米太太又说：“其实你们两个都错了。”

玛丽亚和恩里科不解地望着妈妈。

“玛丽亚，你是姐姐，应该让着弟弟。恩里科，你拿姐姐的书，应该征得姐姐的同意。一个不懂谦让，一个不懂礼貌，是不是都有错？我可不希望我的孩子是这个样子！”

姐弟俩顿生惭愧。他们明白了妈妈的意思，暗自决定向妈妈的要求看齐，做一个明事理的好孩子。

宽容待人的品质可以让一个人受益终生。可是，现在因为种种原因，孩子越来越欠缺这种品质。

为了让孩子们学会友好相处，一位老师教他们用“让一让”作为解决矛盾的方式。老师先给他们讲了“小山羊过桥”的故事：两只小山羊同时从两边过独木桥，在桥中间相遇。谁也不让谁，结果都掉到山涧里摔死了。然后，老师引导小朋友想想这两只小山羊为什么会掉到山涧里去，怎么做才可以都平安地经过独木桥。接着想象一下如果在大街上，或在幼儿园里谁都不让谁，会成什么样子。孩子们想象开了，有的说汽车会撞汽车，有的说汽车会压死人……

接着老师让小朋友谈谈“让一让”的好处，然后希望大家学会“让一让”。这以后，孩子之间的矛盾减少了。即使出现了矛盾，也能用“让一让”的方式妥善解决。

一次，幼儿园小朋友小明和小毛吃完饭，争着拿抹布，都想说“我先拿的”。刚说了“我”字，小明马上想起了老师讲的故事，就说：“对了，让一让。”然后把抹布递给小毛。小毛也笑着说：“对了，让一让。”又把抹布递给小明。小明接过抹布，先替小毛擦好了桌子，然后才擦自己的。

父母可以让孩子有一些吃亏让步的经历，以锻炼孩子的克制能力。父母要让孩子学会心中有他人，不要总是以自我为中心，只顾自己。孩子多与同伴交往，就能得到锻炼。在发生矛盾时，如果孩子知道团结友爱、宽容谦让，那么就能缓解矛盾。

教育专家对父母的忠告

退一步海阔天空，忍一时风平浪静。人与人交往难免会产生摩擦。当产生摩擦时，如果双方各不相让，就容易激发为矛盾；如果双方各退一步，就可以消除于无形。

第十五章 珍惜时间——时间是一去不复返的

也许每个人来到世上遇到的形形色色的事物大多是不公平的，但有一样东西是最公正无私的。它不会因你富有而亲近你，也不会因你贫穷而疏远你；它不会因你出身豪门而使你拥有多一些，也不会因你降生寒舍而使你拥有少一些。这样东西就是我们将要说的时间。

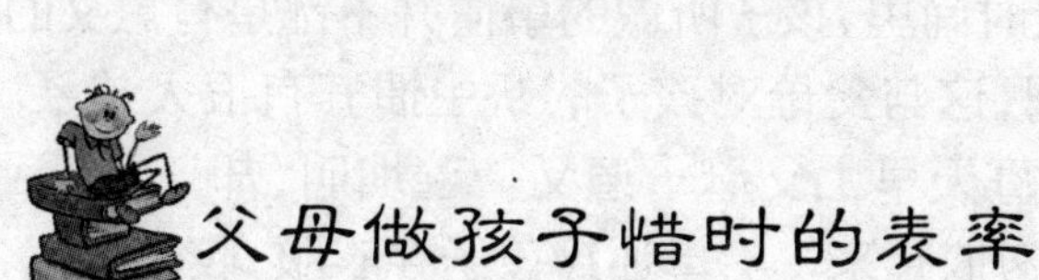

父母做孩子惜时的表率

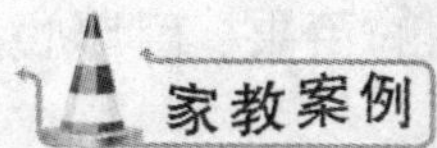

家教案例

拜尔的父亲原先是普鲁士总参谋部一位陆军中将，军阶虽高，科学文化水平却不高。在拜尔的父亲服役时，一位牧师告诫他退役后一定要学习，掌握一门科学技术，以便更好地立足于社会。拜尔的父亲认为牧师的话很有道理，而且自己又很爱好自然科学，所以退役后便不顾别人笑话，拜师学习了地质科学。在拜尔10岁时，拜尔的父亲正在苦心攻读地质科学，积极准备应考，以至于没能给拜尔庆祝10岁的生日。父亲的好学上进、勤奋刻苦，对拜尔形成了一种无形的力量，给他的学习以有力的推动和深刻的影响。

拜尔的父亲对拜尔既严格管教，又时时给予鼓励。在23岁时，拜尔便以出色的论文获得了柏林大学博士学位。父亲专程赶去参加了他的学位授予典礼，向他表示祝贺。由于拜尔是取得博士学位的人中年纪最小的一个，典礼结束时，校长特别关心地问起他今后的去向。拜尔向在座的化学家们扫了一眼，从人群中请出了年轻有为的奥古斯特·贾古拉教授，对校长说："我要追随他！"父亲看到了儿子如此好学上进，脸上露出了欣慰的笑容。

拜尔少年得志却不自满。他牢记父亲的教诲，学习父亲好学不倦、珍惜时间的精神，几十年如一日地不断向科学高峰登攀，终于荣获了诺贝尔化学奖。

成功的人之所以成功，是因为他们视时间为生命，对时间无比珍惜。时间对每个人都是平等的。谁有紧迫感，谁珍惜时间，谁就可以得到时间的宠爱。珍惜时间，父母要以身作则。如果父母本身就是一个勤快的人，生活节奏快而不乱，自然会影响孩子。反之，如果父母整日饱食终日，无所事事，孩子也会虚度光阴。

在每一段时间里，孩子所做的事情并不都是有意义的。许多孩子不懂得珍惜时间，这与父母对孩子的娇生惯养有很大关系。有的孩子爱睡懒觉，虽然每天早上父母一遍又一遍地叫，却一直耗到不起床上学就迟到时，才匆忙起来。父母还给孩子穿衣服，收拾书包，叠被子……

父母这样做不但不利于培养孩子的时间观念，而且会助长了孩子依赖父母的习惯。父母不妨让孩子尝尝自己耽误时间的苦果。自尊心强的孩子会从中吸取教训，逐渐养成按时起床的习惯。

父母要培养孩子的勤奋精神。对于每一个人而言，时间都是平等的，一天都是24小时。对待时间的态度不同，利用时间产生的效益也就大相径庭。所谓的天才就是勤奋的人，他只不过是把别人喝咖啡的时间用在了学习和工作上。他对时间极其吝啬，一分一秒都不愿白白流失。

一个人若一辈子总是悠悠晃晃，无所作为，生命还有什么价值可言！若对时间没有“挤”的精神，想成就一番事业，岂不是痴人说梦。有志者惜时如金，无志者空活百岁。

教育专家对父母的忠告

父母整天无所事事，孩子也容易像父母一样什么事也不乐意做。父母每天忙忙碌碌地做事，孩子也常常会像父母一样充分利用每一分钟。

帮助孩子合理安排时间

家教案例

本田宗一郎的父亲在日俄战争结束后退役回家，和妻子开了一个打铁铺，以打造小农器为业。由于家中孩子多，经济又困难，幼小的宗一郎便帮助父亲拉风箱。他看到父亲打铁累得满头大汗，脖子上挂着的毛巾也被汗水浸湿了，觉得十分心疼，便建议父亲："爸爸，您不能慢慢地打吗？看你累成这个样子。"父亲十分严肃地说："要是慢吞吞地打，铁坯冷却了，就不能打成农具。做什么事，都要讲究速度，要有时间意识。"

宗一郎头脑灵活，对事情常常会感到好奇。一次，他见到父亲把三块烧红的铁坯放在铁砧上，不停地轮番敲打。宗一郎好奇地问父亲："爸爸，您为什么要三块铁一起打？您不如一块一块去打，就不会这么累呀。"父亲回头看了他一下，温和地告诉他说："这几块铁坯形状小，可以放在一起打，能够一起打的铁，就不要分开去打。这样既节省时间又多出活。你要记住，做工作要多动脑筋，能够集中干完的活不要分开去干。当天的活要当天干完，每天都会有新的工作。"

父亲打铁的启发，深深地印在宗一郎的脑海里，像一颗种子埋进了肥沃的土地中。直到后来创办本田公司，宗一郎一直把高效、高速贯彻始终，并作为本田公司的传统，一代一代传承下去。

有些孩子做事情总是拖拖拉拉的。老师布置的当天作业，他们总是拖到第二天才完成；父母安排的饭后洗碗的活，他们非要拖到第二天做饭前才去做。他们没有一点时间观念，学习成绩总是跟不上，做事情也总是马马虎虎的。这些孩子的这些表现表明，他们不能合理安排自己的时间。

孩子不能够合理安排自己的时间，这显然对孩子的成长是没有好处的。那么，父母有没有办法帮助孩子合理安排自己的时间呢？父母应

该从哪些方面培养孩子善于合理安排自己的时间呢?

父母培养孩子善于合理安排自己的时间,可以从日常生活中的点点滴滴做起。比如说,孩子正在洗衣服时,父母可以让孩子听广播,这不仅可以转移孩子因洗衣服带来的疲劳感,而且可以使孩子了解社会和关心生活;孩子正在打扫卫生时,父母可以让孩子听音乐,这不仅可以使孩子不过分注意打扫卫生带来的肮脏感,而且可以使孩子受到艺术的熏陶;孩子正在看电视,父母可以让孩子做一下择菜之类的活,这不仅不会影响孩子看电视,而且可以让孩子多做一些家务活;父母和孩子一起做家务活时,可以和孩子聊聊天、谈谈心,这不仅可以增加孩子做家务的兴趣,而且可以通过这种形式的聊天,更真实地了解孩子的想法。

父母让孩子自己根据学校的作息时间,制定出一个合理的作息时间表,对孩子合理安排时间会起到很大的促进作用。不仅如此,作息时间表制定出来后,父母还要督促孩子严格执行作息时间表的时间安排。孩子通过作息时间表,可以清楚地知道自己什么时候该做什么事情,就会渐渐地养成合理安排时间的良好习惯。

教育专家对父母的忠告

父母对孩子的时间安排要有张有弛。不要让孩子把时间全部都安排在学习上,连星期天也不出去玩。父母要根据孩子的年龄特点,指导孩子合理地安排玩耍的时间,以利于身心健康成长。

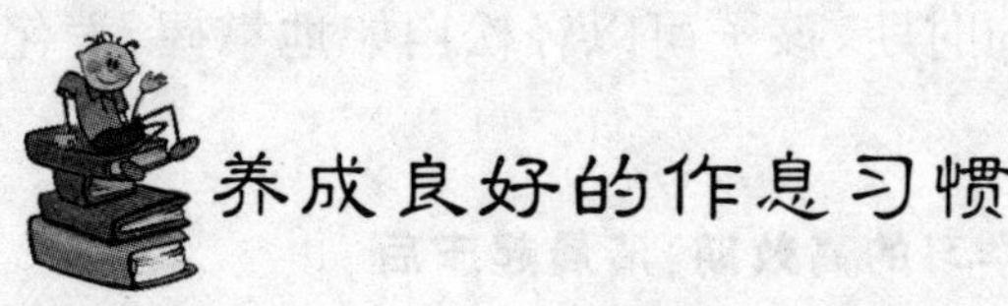

养成良好的作息习惯

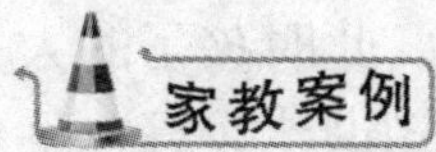

家教案例

月月从幼儿园进入了小学一年级。月月的妈妈为了让月月尽快地适应小学的学习和生活，就向周围的几位孩子已经上小学的妈妈讨教经验。

有的说：“孩子进入小学后，功课难度加大。你早上要让孩子吃饱，晚上要让孩子回到家就能吃到热饭。”

有的说：“与幼儿园相比，孩子在小学的作息时间和生活内容有了很大的改变，你必须安排好孩子的作息时间。”

还有的说：“孩子的好习惯、坏习惯都是从小养成的。合理的作息时间有利于孩子养成良好的生活和学习习惯，有利于孩子的身心健康和正常学习。”

通过向人讨教，月月的妈妈知道了，父母应该为孩子安排一个科学的作息时间。

孩子上学以后有了学习任务，活动也增加了，比上幼儿园时能量消耗得多。因此，父母必须让孩子有充足的睡眠时间，早晨要给孩子安排好吃早饭的时间。

孩子放学回家以后，父母要问问孩子是否完成作业，让孩子洗洗手，喝点水，少量吃点水果，稍加放松。如果孩子还有未完成的作业，让他首先完成作业；如果孩子已经写完作业，让孩子再认真地检查一遍。在做饭的时间可安排孩子看看动画片、阅读课外读物、玩游戏等。

晚饭后，父母可检查一下孩子的学习情况。例如，听听孩子读书，听写一些语文字词，练一些数学口算题。最后，父母要让孩子看课程表、记事本，回忆一下老师还有什么要求，准备好第二天的学习用具。

人们有时会感到疲倦，有时会感到活力十足。这是因为在一天的不同时间段，一个人的大脑活动效率是不尽相同的。因此，父母要让孩子掌握好作息时间，让学习变得事半功倍。

科学研究表明，孩子在一天内会有四个学习的高效期。如果孩子充分利用这四个学习的高效期，就会收到事半功倍的学习效果。当大脑在异常活跃的时期，孩子可以轻松自如地掌握、消化以及巩固所学的知识。

(1) 第一个学习的高效期：清晨起床后

孩子经过一夜的休息后，已经逐渐地消除了疲劳。此时孩子的大脑没有新记忆的干扰，学习一些较难记或较难掌握的知识比较好。例如，孩子可以选择在此时背诵课文、单词和定律等。

(2) 第二个学习的高效期：上午 8 点至 10 点

在这个时间段，孩子体内肾上腺激素分泌旺盛，孩子的精力也较为充沛，理解能力和辨析能力都较强。这个时间段比较适合让大脑接受新知识，而且这段时间也是攻克难题的大好时机。

(3) 第三个学习的高效期：晚上 6 点至 8 点

在这个时间段，父母应该引导孩子回顾一天所学的知识。孩子可以采取记笔记的方式，对当天所学过的东西进行整理、分类，以此来加深印象。

(4) 第四个学习的高效期：入睡前 1 小时

这段时间也是记忆的高峰期。孩子利用这段时间记忆白天特别难以理解的东西比较合适。而且，在这段时间内，孩子所记的东西一般较难遗忘。

教育专家对父母的忠告

以上只是通常情况下的最佳学习时间。实际上，每个人的生物钟都不尽相同。为了帮助孩子提高学习效率，父母应该引导孩子发现自己学习的最佳时间，督促孩子养成良好的作息习惯。

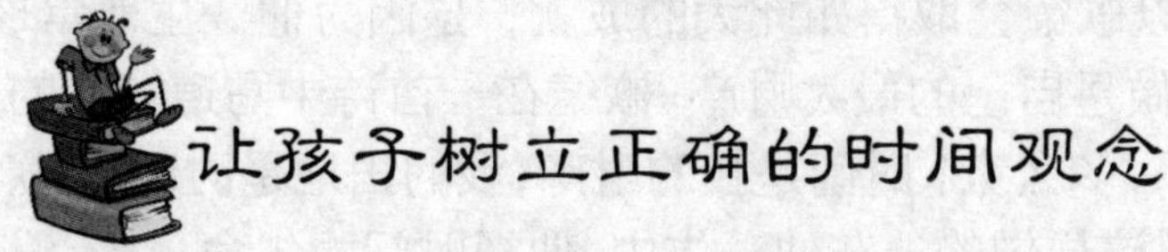

让孩子树立正确的时间观念

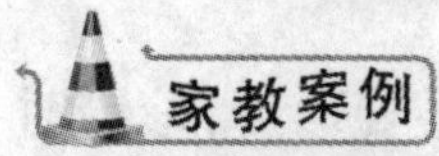

家教案例

著名科普作家凡尔纳每天早上 5 点钟起床，一直伏案写到晚上 8 点。在这 15 个小时中，他只在吃饭时休息片刻。当他的妻子送来饭时，他搓搓酸胀的手，拿起刀叉，很快填饱肚子，抹抹嘴，又拿起了笔。

他的妻子关切地说："你写的书已不少了，为什么还抓得这么紧呢？"

凡尔纳笑着说："你记得莎士比亚的名言吗？放弃时间的人，时间也放弃了他。哪能不抓紧呢？"

在 40 多年的写作生涯中，凡尔纳记了上万册笔记，写了 104 部科幻小说，共有七八百万字。有人问凡尔纳的妻子，凡尔纳取得如此惊人成就的秘诀是什么。凡尔纳的妻子坦率地说："秘诀吗，就是凡尔纳从不放弃时间。"

伏尔泰曾出过一个意味深长的谜语："世界上，哪样东西既是最长的又是最短的，既是最快的又是最慢的，既是最不受重视的又是最值得惋惜的？它既使一切的东西终归于消灭，又使伟大的东西永世长存。"这件东西就是时间。

伏尔泰是这样解释的："最长的莫过于时间，因为它永无穷尽；最短的也莫过于时间，因为人们的计划常常来不及完成。在等待的人眼中，时间是最慢的；在作乐的人眼中，时间是最快的。当拥有它时，人们不会在意；当失去它时，人们却表示惋惜。不值得后世纪念的，它都令人忘却；它使伟大的东西永世长存。"

歌德说："善于利用时间的人，永远找得到充实的时间。"事实确实如此，良好的时间观念是一个人成功的前提条件之一。歌德一生勤奋写作，作品极为丰富，有剧本、诗歌、小说、游记等。他一生留下的作品

共有140多部,其中世界文学瑰宝——诗剧《浮士德》,长达12111行。

之所以歌德会取得如此大的成就，是因为他一生非常珍惜时间，把时间看做是自己的最大财产。歌德在一首诗中写道:“我的产业多么美,多么广,多么宽!时间是我的财产,我的田地是时间。”歌德是这样说的,也是这样做的。在他一生中,他视时间为生命,从不浪费一分一秒。直到临死前,他还伏在桌上专心致志地写作。

人们常说:“时间就是金钱!”其实,时间比金钱还要珍贵,珍惜时间就是珍惜生命。孩子能否安排好自己的时间,与他的学习效率有很大的关系。如果父母在早期教育中让孩子养成了良好的时间观念,就等于给了孩子吸收知识的好开端。善于利用时间的人将会获得高效率的办事结果,也最能做出成绩。

父母要让孩子正确认识时间的价值。父母要经常提醒孩子时间是最宝贵的,不要浪费时间;时间是永不停留的,应该及时抓住时间;时间是神圣的,不要故意浪费时间,否则会受到时间的惩罚。

孩子心理过程的随意性很强,自我控制能力较差。孩子常常是一边吃饭,一边玩耍;一件事情还没有做完,心里却又想着另一件事情;做事杂乱无章,缺乏条理。父母如果不对孩子的这些表现加以注意,就会让孩子养成“拖拉”的坏习惯。

父母一定要坚持让孩子养成有规律的作息习惯。良好的作息习惯是养成正确时间观念的前提。父母可以和孩子一起制订一张作息时间表。什么时间起床,洗漱要多长时间,吃早餐要多少时间,放学后先做什么,然后做什么,几点睡觉等,都可以让孩子做出合理的安排。只有把作息时间固定下来,形成习惯,孩子才能对时间有一个明确的认识,才能养成良好的时间观念。

在孩子的作息时间中,学习时间一定要固定下来,父母务必督促孩子在一定的时间内进行学习。父母应该事先与孩子商量好做作业的时间、中间休息的时间,然后按规定进行。规定孩子在一定的时间内学习,可以使孩子具有一定的紧迫感,以便集中注意力,提高学习效率。

在孩子高质量高效率地完成学习任务后,父母千万不可以再追加作业,否则会引起孩子的反感,令孩子厌倦学习。正确的做法是表扬孩子的高质量学习,并奖励孩子一定的时间休息和娱乐。

孩子往往分不清自己要做的事情的重要程度。孩子的事情往往是由父母和老师来安排的。这是导致孩子不善于利用时间的一个很重要的因素。父母要指导孩子每天把自己要做的事情按照重要程度和紧迫程序排列顺序。如果孩子能够按照这个顺序来安排学习任务,可以保证把重要的事情都完成,把学习安排得井井有条。

教育专家对父母的忠告

孩子树立了正确的时间观念，就会自觉高效地处理自己的事情，也容易形成惜时如金的良好习惯。

让孩子充分利用每分钟

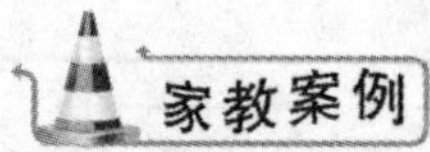

雨果在文坛上崭露头角的时候，经常有人来邀请他赴宴。出于礼节，雨果只得接受，但是，他却为此而浪费了许多能够产生创作灵感的时间。

为了避免这种不必要的干扰，雨果想出一个办法。他把自己的头发剪去一半，又把胡子剃掉。当再有人来请他赴宴的时候，他便对人说：“您看我的头发多不雅观，很遗憾我不能去了。”等雨果的头发长整齐时，他已经完成了一部伟大的文学作品。

孩子的书桌上尽量不放他感兴趣的非学习用品。父母尽量不干扰孩子的学习，家中不要有太多的噪声，要给孩子提供相对安静的学习环境。父母不需要陪读或监督，只需要在孩子学习结束后进行检查，一是看孩子是否按规定的时间完成作业，二是看孩子完成的作业的质量如何。如果孩子已经在一定的时间内保质保量地完成学习任务，父母就应该及时给予肯定和鼓励；如果孩子没有按规定去做，父母需要给予孩子应有的惩罚。

爱因斯坦的一位朋友从外地来看望他。这天，正好下着小雨，在路上，这位朋友远远地看到一个朦胧的人影在桥上慢慢踱步。这个人来回走着，时而低头沉思，时而掏出笔在一个小本上写着什么东西。朋友走近一看，发现是爱因斯坦。

“原来是您呀，您在这儿干什么呢？”朋友高兴地问道。

“哦，我在等一个学生。他说考完试就来，但是迟迟未到，一定是考试把他难住了。”爱因斯坦说。

“这不是在浪费你的时间吗？”朋友愤愤不平地说道。

“哦，不，我正在想一个问题。事实上，我已经想出了解决问题的办法。"说着,爱因斯坦就把小本子放进了口袋里。

我们知道许多事情是可以同时进行的。但是,由于时间意识不强,孩子往往每次只做一件事情,这样就浪费了许多时间。父母有必要教给孩子一些统筹时间的方法,帮助孩子提高时间的利用率。

孩子的时间是否浪费了,有时候,他不认真检查是不太清楚的。因此,要想让孩子合理地利用时间,就得让孩子学会检查自己的时间运用状况。昆虫学家柳比歇夫就是检查时间运用状况的高手,他的方法是时间统计法。

柳比歇夫从26岁开始,就把平时的研究、阅读、写作、散步、开会、讲课、说话等各项工作所占用的时间一一记录下来。这个时间统计法一直持续到82岁。在整整56年的时间里,柳比歇夫从没间断过统计。

时间统计的目的当然是有效利用时间。柳比歇夫每天对自己记录下来的时间运用情况进行小结,每个月进行一次小结,每年再进行一次总结。在总结的过程当中,柳比歇夫能够及时发现自己的时间用到什么地方。这帮助柳比歇夫清楚地认识了自己各项工作的开展情况。这种时间统计法给柳比歇夫节省了大量的时间。

在日常生活中,父母可以要求孩子每天把自己的时间运用情况记在日记本上,每月分析自己时间运用的规律,找出浪费时间的地方。父母也可以让孩子先对自己每天要做的事情制订一个计划,在晚上再对自己的计划进行总结,看哪些做到了,哪些没做到。然后,父母教孩子减少时间的浪费,每天按计划完成任务。

现在的孩子年龄虽然很小,但承受的压力却是非常大的。孩子每天的时间都被安排得满满的。大部分父母望子成龙心切,恨不得要孩子利用好每一分钟。这样一来,孩子每天都很疲惫。孩子虽然很努力,但生活和学习还是如同一团乱麻,没有丝毫的改善。出现这样的问题,主要是由父母时时事事一手包办造成的。

授之以鱼,不如授之以渔。永远让孩子在父母的安排下去做某件事,对孩子树立强烈的时间观念非常不利。父母应该把控制时间的主动权交给孩子。学习是孩子自己的,时间也是孩子自己的。父母只需要着重教育孩子学会珍惜时间,合理安排时间,有正确的时间观念。

有的孩子除了能够轻松完成学业,还能够参加集体活动,而有的

孩子总是埋怨时间不够用。鲁迅说过:“时间就像海绵里的水,只要愿挤,总还是有的。”其实,每一个人的时间都是一样的,这跟孩子本身不会合理利用时间有关系。

每一个成功的孩子总是从认识自己的时间、计划自己的时间开始起步的。父母要注意结合孩子的特点和兴趣,灵活引导。

心理学家的研究表明,人在遇到外界影响的时候都会有目标倾斜的心理。人们努力工作或学习时,在安排痛苦作业的同时应该安排有快乐的报酬。换言之,在做一件事情之前,不管有多么痛苦,只要他觉得前边有自己期待的东西,也就不会觉得痛苦了。这样,工作或学习效率反而会显著地上升。

父母可以运用这个原理。家庭作业是很枯燥的,一直埋头于做功课对于大多数孩子来说是很乏味的。父母先了解孩子想看的节目,把节目开播前的几十分钟或半小时,集中定为孩子学习的时间。孩子既乐意接受,又往往能轻松愉快地消化掉所学的东西。

教育专家对父母的忠告

当孩子总是报怨时间不够用的时候,父母不妨建议孩子将自己的时间以分钟为单位计算。孩子将每分钟要做什么事情都计划好,就可以充分利用每分钟,在相同的时间内做出原本认为不可能完成的许多事情。

第十六章 自我管理——培养孩子的管理能力

能够自我管理是孩子自立的前提。培养孩子自我管理，可以提高孩子为人处世的能力，可以提高孩子应对环境变化的能力。

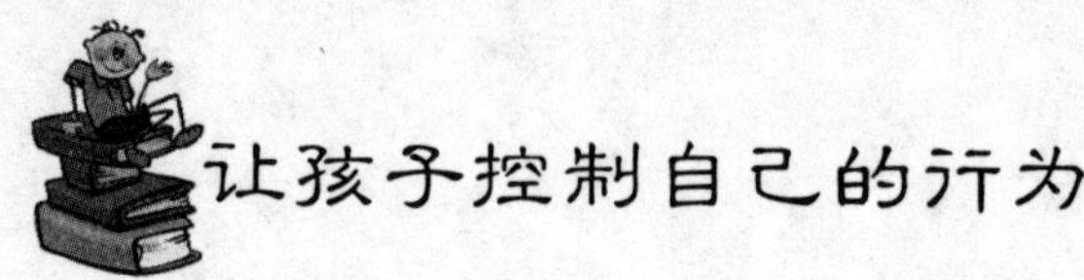

让孩子控制自己的行为

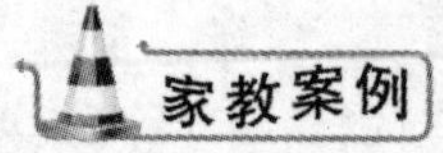

屈斯克利曾经进行了一个测试孩子自制力的试验。

他在所有参加测试的孩子面前放了两盘巧克力，一盘多一盘少。如果孩子能够忍耐15分钟，他就可以吃到多的那盘，反之则得到少的那盘。结果，超过80%的孩子只忍耐了几分钟就按铃呼唤试验人员要求得到巧克力。

这说明大部分孩子抵挡不住眼前的诱惑，自制力较弱。

帕瑞克说："除非你能自我管理，否则你不能管理任何人或任何事物。"

在哈佛商学院接受两年MBA教育后，帕瑞克回到了印度。起初，他始终希望做得更多，干得更好，不断取得进步。后来，他变得越来越焦虑。他发现周围那些成功的商界人士都处在极大的压力之中，他们把自己局限在狭小的生活领域内，既不健康又不快乐。

帕瑞克认为，学校教育经常教我们怎样去管理他人和事物，却从不教育我们怎样去管理自我。帕瑞克还认为，一个人最重要的是发现自我。

自我管理在管理界非常受重视。对于孩子来说，自我管理也是非常重要的。孩子进入社会前，必须学会自我管理。

随着孩子年龄的增长、能力的提高、活动范围的扩大，他会意识到需要管好自己，也就是自我管理。但是，许多孩子由于经验太少，缺乏自我约束的意识，在自我管理上往往表现得不尽如人意。有关专家认为，中国学生的问题不是智力问题而是管理的问题。大部分学生没有自我管理的能力，一旦离开父母生活，将无法很好地管理自己。

一位母亲说："我一直教育我的孩子要有爱心和责任心，另外，就是要学会自我管理。因为每个人的一天都是24小时,一样的时间,有的学生学得很轻松,但有的孩子却学得很累,效果还不好。”

孩子的自我管理是一个从不自觉到自觉的发展过程。随着年龄的增长,孩子的自我意识水平不断增强,孩子的自我管理能力也逐渐提高。

孩子上学以后,父母要教给孩子有关学校生活的常识,让孩子整理书包、课本、画册和文具等;学会削铅笔,使用剪刀、铅笔刀、橡皮和其他工具等。许多父母抱怨孩子不会整理书包,书包里乱得像纸篓。其实,这是父母造成的。父母包办孩子的一切,从未想过培养孩子自我管理的能力。

孩子能不能自我管理,控制自己的行为是非常重要的。一个孩子如果没有自我控制能力,就会盲目行事。例如,一名学生成绩很好,由于迷上了电子游戏,整天泡在电子游戏机室里打电子游戏,一发不可收拾,耽误了功课,学习成绩每况愈下,最后每门功课都不及格,导致被学校开除。

让孩子学会控制自己的行为,父母要让孩子明确什么是可以做的、什么是不可以做的。孩子事先在脑海中有一个判断是非好坏的标准,才能认识到自己的行为是否正确,才能学会控制自我。

父母不妨通过制订规则来指导孩子的行为。例如,进别人房间前要先敲门;晚上不能太晚回家;未经家人同意不能在外留宿;下棋、玩游戏要按规则决定胜负;说错话或做错事时要礼貌道歉;看电视时不要干扰别人,等等。当然,父母在制订规则的时候,要跟孩子讲清楚为什么要这样,比如,未经家人同意而在外留宿会让家人担心,这样孩子会比较好接受。

父母应该避免帮助孩子检查作业。一旦父母帮助孩子检查作业,孩子不但不会自己检查作业,反而觉得这是父母的事情,对学习的兴趣就会降低。

一些网站、报纸、杂志、电影、录像、图书等中都有不健康的内容,这些不健康的内容很具有诱惑性,会腐蚀青少年的心灵。父母要经常跟孩子讨论什么内容是健康的,什么内容是有毒害的,提高孩子的鉴别能力,让孩子自觉抵制不健康的东西。

社会上有一些不法分子专门骗未成年人的钱,诱惑未成年人走歪门邪道,甚至拐卖未成年人。比如,有的骗子诱惑未成年人赌博;有的用讲故事的方法散布封建迷信或淫乱思想;有的在未成年人单独行动时,以认识其父母或亲友、带其出去玩儿等为由拐骗孩子。父母要帮助孩子分析这些社会现象,告诉孩子这些坏人的真实面目。

教育专家对父母的忠告

父母从小培养孩子自己的事情自己做,自己的东西自己管,自己的生活自己安排,就能增强孩子自我管理能力,这对于孩子今后取得成功无疑是有帮助的。

让孩子控制自己的情绪

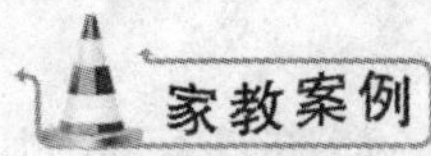

家教案例

有一位脾气非常暴躁的男孩，他的父亲为了帮助他控制情绪和行为，想出了一个办法。

父亲把男孩叫到一面墙壁前，对男孩说："孩子，爸爸知道你脾气不太好，这也不是你希望的。但是，脾气不好会影响到别人。这样吧，从今天开始，你感到自己要发火的时候，就在这面墙壁上贴个图标。"然后，父亲给了小男孩一叠图标。

一周后，墙壁上果然贴上了许多图标。一天晚上，父亲指着墙壁对男孩说："孩子，你看到自己的坏脾气了吗？"男孩不好意思地低下了头。父亲说："从现在开始，如果你一天不发脾气，你就从墙壁上撕下一个图标。"

第一天，男孩坚持不住还是发了火。第二天，男孩居然真的没发火。这周内，男孩居然有三天没发火。一个月后，墙壁上的图标都被撕掉了。

之后，父亲又把男孩叫到了墙壁前，对他说："孩子，现在你已经学会了控制自己的脾气，这非常好。你看看，以前你发脾气的图标虽然被你撕下了，但是，图标的痕迹还在。这说明你每次发完脾气之后，不管是给他人还是给自己都留下了伤害。"

男孩惭愧地笑了笑。从此以后，男孩很少再发脾气了。

艾森豪威尔小时候，他父母让他的两个哥哥在圣诞节前去远足，却坚决不同意他去。艾森豪威尔感到十分愤怒，就冲到屋外，捏紧拳头在树上猛击。他一面哭一面打，双拳血肉模糊都没感觉到。最后，艾森豪威尔被父亲拖回家中，但是父亲并没有呵斥他。母亲给他涂上止痛药，并扎上绷带，但是也没有安慰他。

又恨又怒的艾森豪威尔倒在床上大哭了很长时间。直到他平静后，母亲才进来对他说："能控制自己情绪的人要比能拿下一座城市的人更伟大。发怒是自我毁灭，是毫无用处的，需要学会克制。”

遇事不如意或遭遇突发事件时，孩子往往会表现出情绪不稳定，或者是大喜大悲，或者是做事不顾后果，容易冲动。而善于自我管理的孩子就知道情绪是怎么回事，情绪的体验是什么，应该怎样去正确释放自己的情绪。

有些孩子喜欢骂人、说脏话。他们虽然知道骂人、说脏话是不对的，每次骂人、说脏话以后也常常后悔，但是由于已经习以为常了，所以总无法控制住。许多孩子骂人、说脏话其实是对自己受到伤害的一种情感宣泄。例如，东西被他人偷走，自己被他人踩了一脚，等等。父母应教育孩子以平和的心态看待与他人之间的摩擦，让孩子学会宽容他人的过失。

父母可以和孩子达成一种协议，当孩子在气愤、想发泄时，父母用某种事先约定好的语言或目光暗示孩子，让孩子及时冷静地想一想，考虑如何文明地表达自己的意思，从而改正不文明的语言习惯。

教育专家对父母的忠告

孩子不能控制自己的情绪，就会常常做出过分的事情。父母协助孩子控制好自己的情绪，就可以避免孩子做出过分的事情，使孩子形成健全的人格。

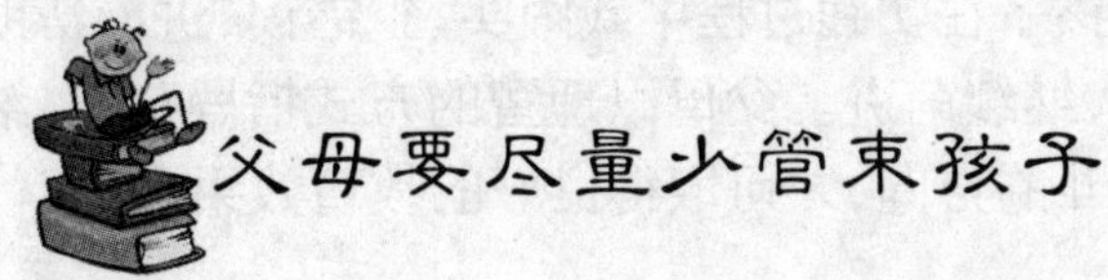

父母要尽量少管束孩子

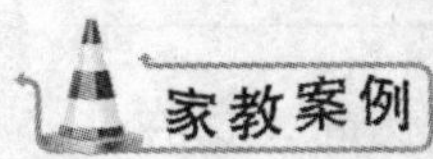

一位母亲从孩子上幼儿园时起，就培养孩子把自己的东西用过之后放回原处的习惯。需要父母做的，让孩子来提醒；孩子能做的，父母从不代劳。

有一次，孩子上少年宫学画画忘记了带纸，她看到之后只是在一旁提醒孩子："再检查一下，有忘记带的东西吗?"孩子漫不经心地回答"没有"，然后背起画夹就走了。到了教室后，孩子才发现没带纸，只好自己又回家去拿。

有的人批评这位母亲这样不管孩子未免太过分了。这位母亲说："在我看来，对孩子来说，惩罚错误的方法，必须是自己去改正。父母替孩子改正，孩子永远也改不正。这次孩子虽然上课迟到了，但这事给孩子留下了深刻的印象，以后再没有发生过类似的事。"

父母管孩子，是出于对孩子的爱，是孩子健康成长所必需的；而不管孩子则是父母的失职。然而，父母管要有个度，不能把孩子管死；不管应有不管的原则，绝不能放任自流。

许多事情就是这样，父母事事替孩子想得周全，孩子就会想不周全，而只是在父母的周全当中去享受。父母事事让孩子自己管下去，就能逐渐地管好自己。从某种意义上说，对孩子事事不管才是最好的管。

在许多家庭中，父母对孩子管教越多，带给孩子身上的问题越多的情况是普遍存在的。例如，在生活上，父母成了孩子的保姆，使得五六岁的孩子不能自己吃饭，上小学了不会穿衣服，上中学也由父母收拾书包，上大学了仍需要大人洗衣服……这种保姆式的管，使孩子失去自己动手的机会，丧失了基本的生存能力。

对孩子管与不管是相辅相成、相互包容的。这就要求父母树立榜样影响孩子，用无声的教诲为孩子展示做人的准则；以宽容的态度对待孩子，允许孩子在实践过程中栽跟头、犯错误，进而帮助孩子总结教训，树立信心，继续前进。父母以理智的方式指导孩子，给孩子指明成长的道路、奋斗的方向，才可取得良好的教育效果。

教育专家对父母的忠告

人类天生具有一种追求自由的倾向，这在孩子身上表现得尤为突出。父母不要过度管束孩子，而要给予孩子充分的自由，使其按照自己的天性成长。

鼓励孩子独立处理事情

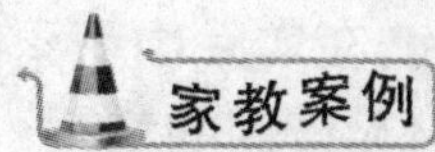

刘少奇对子女的要求是很严格的。

当王光美在河北省新城县蹲点时，为了锻炼女儿平平，刘少奇特地写一封信让平平送去，并嘱咐秘书，不要给平平买车票，不要送平平去火车站，也不要通知王光美到车站接平平，一切由她自理。

平平毕竟只是个孩子，而且从未出过远门，这使秘书很为难。

刘少奇看出秘书的心思，就对他说："对孩子一是要管，二是要放。什么叫放呢？吃苦耐劳的事情，经风雨见世面的事情，都要放手让孩子去干。虽然孩子可能要摔些跤，但只有这样做，才能使孩子受到锻炼，得到更好的成长。"

一个猎人打猎时捡了几只刚出生不久的小狮子，就把它们带回家中精心喂养。这几只小狮子慢慢长大了，生活无忧无虑，有吃有喝，自在幸福。当然，它们都被关在笼子里。猎人给他们设计的笼子也是温暖而舒适的。由于猎人的疏忽，一只小狮子从笼子里跑了出去。猎人到处寻找也没有找到。

一天，猎人外出打猎后再也没有回来。习惯于被喂养和保护的小狮子们，最后活活饿死了。而那只跑出去的小狮子变成了一只野狮子。它独自在野外生存，饿了自己找食吃；渴了自己找水喝；受了伤，它学会了用舌头舔伤口；遇到敌人，它知道怎样保护自己。

能不能在生活中管好自己，这在自我管理能力中是十分重要的。如果孩子无法管理自己的生活起居，我们很难想象他能够管好其他事情。

在培养孩子的自我管理能力方面，国外的父母做得相当好。例如，韩国人喜欢周末全家出游。不管孩子多大，哪怕只有两三岁，父母都会

带上他。而且父母都会让孩子自己走,自己照顾自己。有时,孩子爬累了,走不动了,父母也很少抱起他,而只是在一边等他休息一会儿再接着走。韩国父母认为,应该从小就锻炼孩子的生活自理能力,这样孩子才能学会自我管理。

中国的很多父母往往对孩子照顾有加:东西乱扔了,大人来收拾;衣服穿脏了,大人立即洗。父母应该放手让孩子去实践,在实践中积累经验,培养自我管理能力。父母平时要注意培养孩子自我管理的意识。例如,让孩子把玩完的玩具放进柜里,作业做完后收拾书包等。久而久之,孩子就会学会约束自己的行为,树立自我管理意识。

孩子的生活自理能力并不是什么鸡毛蒜皮的小事情,它不仅关系到孩子生活是否舒适,也关系到孩子有没有自信心。具备生活能力的孩子,什么事情都会做,什么事情都难不住,自信心就会很强。而缺乏生活自理能力的孩子,事事不会做,处处有困难,不仅在生活上会遭受许多磨难,也会逐步滋长自卑心理,而且在学习上也会觉得自己不如人。

中国近代教育家陈鹤琴曾说:"做母亲的最好只有一只手。"现在,父母对孩子过度照料的现象相当普遍,尤其是在独生子女家庭,这种现象更是有增无减。孩子什么事都不用自己动手,一切全都由父母包办。孩子过的是"饭来张口,衣来伸手"的生活。人们还戏称自己的孩子是"小皇帝"。

专家指出,在现代社会,人们不需要"皇帝",即使是皇帝也要自立。孩子在家里是"小皇帝",到社会上都要成为"平民百姓"。平民百姓要生活自理,如果孩子连自己的生活都不能料理,今后就难以正常生存。

当孩子还不能完全生活自理时,父母应在生活上给予照料,这是父母的责任。但是,父母应当明白,照料孩子的目的,不仅是为了使孩子生活得舒适和幸福,更是为了使孩子逐步学会生活自理。

教育专家对父母的忠告

父母为了孩子的未来,为了孩子的明天,要在日常生活中多给孩子一些生活自理自立的锻炼机会,使孩子树立自我管理意识。

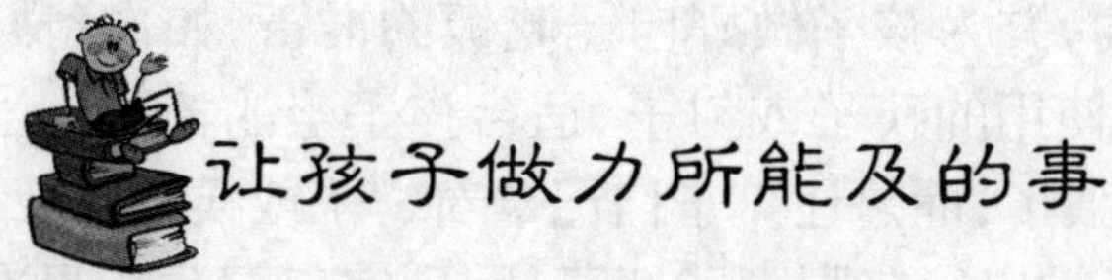

让孩子做力所能及的事

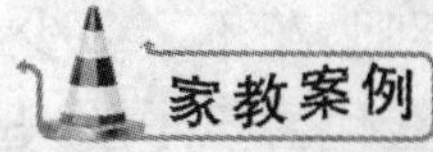

家教案例

在日常生活中，孩子除自己的事情能自己做之外，还必须承担一定的家庭义务。一位母亲通过巧妙的方法让儿子做到了吃完饭收拾碗筷。

刚开始，母亲故意在儿子面前说："收拾碗筷真开心。"儿子听后对收拾碗筷产生了好奇心。母亲接着说："儿子，你愿意帮妈妈吗？"儿子很高兴地帮母亲收拾碗筷。收拾完后，母亲不忘称赞儿子。在儿子得意之时，母亲又趁热打铁地说："明天你一个人做，有没有信心做得比妈妈还好？"

第二天，不等母亲提及，儿子就以最快的速度吃完了饭，还急催着父母快吃。父母刚吃完，儿子就赶忙说："今天我收拾碗筷。"当然，母亲仍然没有忘记表扬儿子。

尽管儿子也出过几次差错，母亲也只是淡淡地笑笑，提醒儿子下次注意。

父母们按照自己理想的模式为孩子设计美好的未来，并以自己的最大努力去扶助孩子，手把手地教孩子，不厌其烦地陪着孩子，使出了浑身解数，但也未必达到预期的目的。问题的关键是只有父母一方面的积极性，而孩子只是被动地接受。孩子认为，学习是父母的要求，自己是为父母学习的；生活中的事更是父母的事，自己没有必要去做。

如今的孩子大都是独生子女，对父母的依赖性强。因此，如果父母觉得孩子做某件事力所能及，就不要代劳，而要在旁边不停地鼓励，教孩子技巧和方法。起初，孩子还会有些生疏，显得笨手笨脚。不过，在渐渐习惯之后，孩子也就能独立完成了。

要让孩子干净利索地做事，首先要让他们去尝试。例如，孩子不会使用筷子或勺子之前，成年人喂孩子吃喝，满足孩子饥饿的需要。当父母喂孩子饭时，孩子把头躲开，并伸手抢父母手中的筷子或勺子。孩子的动作是告诉父母要自己吃饭。这时,父母应该从孩子的动作中觉察到孩子的需要,并为孩子做好自己吃饭的准备,如准备好不怕摔坏的碗、适合孩子使用的筷子或勺子、适合孩子坐的椅子。当孩子再吃饭时,父母就不喂了,而是让孩子自己拿着勺子或筷子吃饭。

一个孩子的自行车脚蹬子坏了,回到家自己拿工具准备修理。母亲却说:“你会修吗?修不好倒麻烦了,送自行车修理部吧,花不了多少钱。”这位母亲首先是怀疑孩子的能力,其次,通过花钱代替孩子解决问题。很多孩子做事的积极性在父母这样的随意问话中被抑制了。将来一旦孩子不会做这件事情,母亲可能又会说:“这点小事都不会做,真笨。”孩子的感觉是“做也不是,不做也不是”,最后什么都不想做了。

在现实生活中,许多父母为了让孩子专心学习,什么家务都不让孩子做。一位学生埋怨说:“妈妈挂在嘴边的总是学习学习,除此之外没有别的。”当然,父母关心孩子的学习是不错的,但是,只关心孩子的学习就片面了,因为孩子的生活应是丰富多彩的。

在家里,孩子需要丰富的家庭生活,需要有回到家里的感觉。孩子应和成年人一样做他力所能及的事情,特别是做使用手指的细活。例如,让孩子剥圆白菜、洋葱皮,去掉豌豆荚的筋等。这种细微的手指运动会刺激大脑。孩子手指的动作越灵活,其头脑越灵活。可以说,对手的刺激就是对大脑的刺激。

无论孩子动手做什么事情,都可能会有失败的时候。这时,父母千万不要说“你怎么这么笨?”“还不如我自己干呢!”之类的言语,而要鼓励孩子:“找找没有成功的原因,再仔细地想一想。”当孩子实在不知从何下手时,父母再给予必要的指导。

教育专家对父母的忠告

动手做事是孩子成长发展的基础,也是开发孩子智力、提高孩子审美能力、培养孩子品德的基础。父母要注重让孩子在做事中成长,在成长中更好地做事。

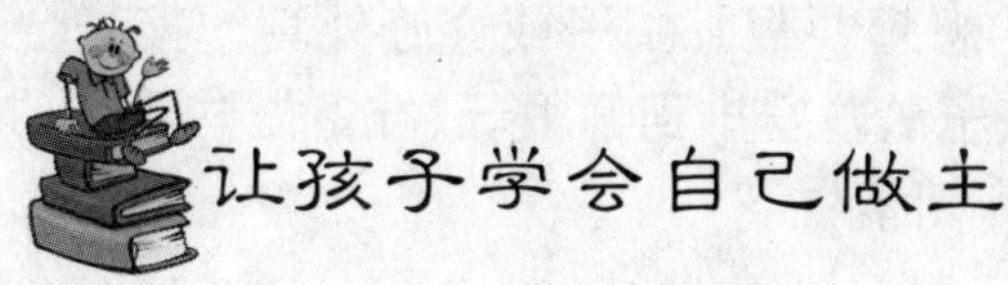

让孩子学会自己做主

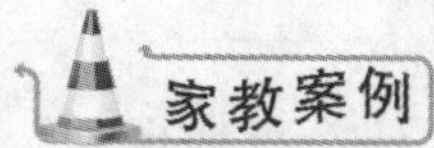

家教案例

获得过多项世界冠军的李正，令很多人敬佩。李正之所以有今天，与父母给他独立自主的机会有着密不可分的联系。在李正12岁，小学快毕业时，是升重点中学还是学象棋，成为李正和他的父母需要面临的选择。李正在小学成绩优异，将被学校保送上重点中学。

但是，象棋也对李正有着很大的吸引力。是上重点中学，还是当运动员？一家人谁也拿不定主意。最后，母亲用商量的语气对李正说："儿子，抬起头来，看着妈妈的眼睛。你很喜欢下棋，是不是？"李正坚定地说："我十分喜欢学棋。" 李正做出选择后，母亲极其严肃地对其说："好，记住，下棋这条路是你自己选择的。既然你做出了这个重要的选择，今后你就应该为自己的选择负责。"

假如李正的母亲没有让李正选择，而是让李正上重点中学，那就不会有后来令人敬佩的李正。

在很多情况下，父母的过分照顾、担心和保护，成了孩子的沉重负担。因为怕摔着，所以孩子十多岁了，父母还不让孩子学骑自行车。孩子一离开自己的视线，父母就想象出各种危险可怕的情景：一会儿孩子在路上被汽车撞了，一会儿孩子游泳给水呛了。总之，一百个不放心。人们常说，世上不会有怕孩子摔跤而不让孩子学走路的母亲。然而，许多父母怕孩子碰着、撞着、出车祸、走失，就不许摸电器、碰炉灶、单独坐公交车、自己去公园。

寸步不离的看管与设置过多的限制，会阻碍孩子身心的健康发展，使孩子各方面的能力不能随着年龄增长而得到相应提高，从而使孩子产生自卑和抑郁心理。在过度保护中长大的孩子，往往优柔寡断，胆小怕事，没有勇气面对困难，也缺乏处理实际事务的能力。

父母每次带孩子出门玩，可以让孩子想想要带什么。几次提醒之后，孩子便主动想起要戴好帽子或穿好外套。孩子会表达、会思考以后，父母可让孩子试着安排到哪里玩、准备做些什么，并帮助孩子分析这样做的优劣和可能性。

教育专家对父母的忠告

在父母的过度保护下，孩子会什么事情也不敢主动去做。在日常生活中，涉及孩子自身的事情时，父母在做出决定时不妨征求一下孩子的意见，让孩子养成自己的事情自己做主的良好习惯。

第十七章 挫折教育——让孩子在挫折中成长

孩子的成长过程不可能总是一帆风顺的，难免会遇到一些挫折。遇到挫折并不可怕，可怕的是不能勇敢地面对挫折。父母要培养孩子正视挫折，使孩子走出挫折的阴影。

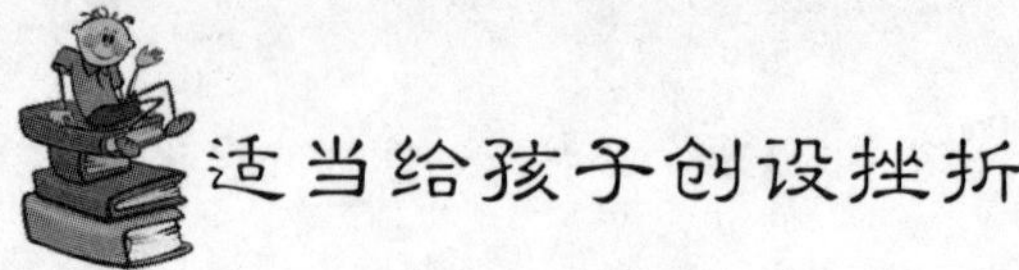

适当给孩子创设挫折

家教案例

一位日本画家曾提出过“一人旅行”的教育方式。

一次,这位画家5岁的儿子想去五千米外的外婆家。画家知道后并没有因为儿子小而加以阻拦,而是对儿子叮嘱了一些在人行道靠右边行走、遇到红灯停止、遇到绿灯前行之类的话,就让儿子独自一人上路了。

儿子给画家告别后就上路了。画家当然不放心儿子独自一人上路,就暗中尾随着儿子。令画家感到欣慰的是,儿子平安地到达了外婆家。

大量的社会调查表明:当代儿童的身心日趋脆弱,常常出现怯懦、任性、自私、孤僻、懒惰等心理问题。这是由于家庭中老人娇惯,父母宠爱造成的。专家认为:这些孩子是因为家庭给予他们的太多,约束他们的太少,使他们从小在一个过于顺利的家庭环境中成长。一个从小总是生活在顺境中的孩子,是很难具备坚强的意志和较强的生存能力的。

对那些从小家庭环境优越、受挫较少的孩子,父母不妨有意制造一些适当的挫折,使孩子从小就承受一定的挫折。有意给孩子制造一些令他不满意、不舒服、不愉快甚至难受的外界刺激,对常被娇惯宠爱的孩子来说是必需的和有益的。这将会对孩子长大后适应复杂的社会,经受各种挫折和困难起到良好的作用,至少能使他们具有与其年龄相称的心理承受能力。

孩子的意志品质大都较为脆弱,做父母的应放手让孩子自己活动,积极鼓励孩子,有意识地培养孩子克服困难的能力。而对于天性活泼、好表现的孩子,父母也要多指点、多约束,给他创造逆境,多设障碍,以磨炼孩子勇于克服困难的品质。

对于未成年的孩子,家长可根据孩子的身心发展特点创造一些有益的打击或挫折。

父母要让孩子感受一下饥饿的滋味,因为有些孩子的营养补品多，零食不离口，经常挑食拒食，饭到嘴边没胃口。父母不妨有意识地让孩子挨挨饿，孩子饿了就能食欲旺盛。同样，孩子在心理上也需要经受饥饿的考验。每个孩子都有欲望，父母如果无限制地满足他的一切欲望，孩子的兴奋感会处于饱和状态，就会失去追求的热情。因此，父母就要制造欲望的空腹状态，让他心理上有“饥饿感”。例如，有些父母给孩子买了很多玩具，这反而会使孩子东挑西捡，兴趣不专一。相反，当孩子缺少玩具时，他会专心地玩，玩得更津津有味。

在父母温暖怀抱中长大的孩子，生活一帆风顺，长大后稍遇困难就束手无策，表现出胆小、依赖成性、意志薄弱。因此，父母要有意识地给孩子设置一些障碍，增强孩子的心理承受能力和克服困难的意志。例如，孩子学走路会摔跤，要让他克服困难，在多次摔跤后，慢慢学会走路；要孩子独自一人关灯入睡，就需要他克服胆小、惧怕的心理；喜欢睡懒觉的孩子，早上不肯起床，父母不妨安排好作息时间，让他早起跑步锻炼。从日常生活的小事中，父母要让孩子感到人生的道路并不是畅通无阻的，碰到困难和障碍是常有的事。

有些父母认为孩子小，做不了什么事，就包办代替。孩子从小不劳动，不知什么是苦累，以后就会逐渐变得懒散、依赖、怕苦。孩子活动少，缺乏锻炼，不仅对身体发育不利，而且还会影响智力发育，导致不良性格的形成。即使孩子还小，也要让他做一些力所能及的事。例如，自己穿脱鞋袜，洗手洗脸，整理玩具，帮助父母拿东西、浇花等。

孩子都喜欢听好话，听到批评就不高兴。父母要让孩子从小学会分清是非，知道对错；要让孩子明白做了不对或不好的事情要听从父母的劝告，否则要受到批评。例如，有一个孩子乱翻爸爸的抽屉，把里面的东西扔了一地。妈妈看见批评了他，他就大哭。妈妈又给他慢慢讲道理要他接受批评，去将东西拾起来，对爸爸说对不起。几次批评后，孩子再也不乱翻爸爸的抽屉了。

教育专家对父母的忠告

父母有意给孩子创设一些适当的挫折和打击，也就是一种挫折教育。这不仅能锻炼孩子的心理承受能力，还能强化孩子的生存意志、培养生存能力。

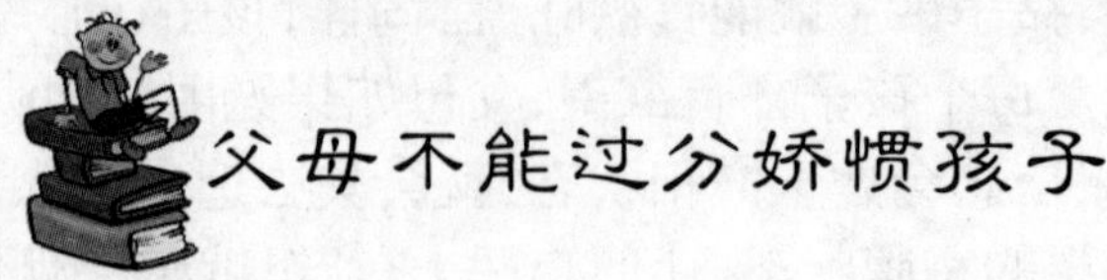

父母不能过分娇惯孩子

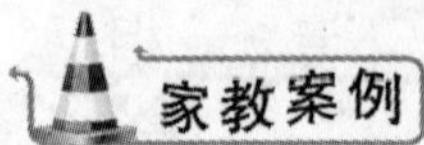

家教案例

杨洋刚入小学读书。杨洋的妈妈为了让杨洋能够用功读书，就对她说："孩子，只要你好好学习，要什么都给你。家里的事情你也不用做。"

杨洋听了妈妈这样说，就没有做过任何家务活，想要什么东西了，张口向妈妈要就能得到。还不只这样，每天上学前，杨洋的妈妈给杨洋准备好学习用品、收拾书包；放学后，杨洋的妈妈为杨洋检查作业，替杨洋查字典和解决难题。

但是在杨洋的妈妈的百般呵护下，杨洋不仅连系鞋带都不会，而且学习也跟不上。

孩子学习不自觉，总要家长督促，对各种学习活动失去兴趣，一提到做作业、练琴、画画就头痛。上述情况的出现，如果不是父母施加给了孩子太大的压力，那么就是孩子意志力薄弱的表现。在生活和学习上，孩子往往缺少主见，或者固执己见、独断专横，或者冒冒失失，控制不了自己的冲动，缺乏恒心和毅力，等等。

不恰当的家庭教育常常是导致孩子意志力薄弱的根本原因。例如，父母对孩子的过度保护，减少了孩子面对和克服困难的机会；父母采取专制的教育方式，使孩子做事畏缩、犹豫、缺少主见；父母对孩子管教太多，限制了孩子调节自己行为的能力，使孩子的行动缺乏主动性。

孩子娇气、懒惰、依赖性强、吃不了苦并非天生的，都是父母惯的。父母总是担心孩子吃苦受累，从小就倾向于为孩子创造一个顺利的成长环境。然而，孩子从小就生活在一个十分顺利的环境中并不是一件好事。过于顺利的环境不利于孩子健康成长；相反，适度经受挫折才能促进孩子健康成长。

据有关方面对各国小学生每日的劳动时间进行的不完全统计：美国为72分钟，韩国为42分钟，法国为36分钟，中国则为12分钟。其实，即使是刚会走路的孩子，也有帮妈妈做事的愿望，2岁时会帮着递送物品，3岁时便产生了参与成人生活的愿望，4～5岁时就能自己收拾玩具、衣服和洗刷自己的碗筷，这说明孩子的娇懒不是天生的。从人的本能来讲，孩子是愿意做事的。只是父母过分照顾，事事都要包办代替，才使孩子养成了不劳而获、娇懒成性的恶习。

有些父母对孩子过于溺爱，把孩子视为宝贝、心肝，担心孩子跌倒摔伤而不让孩子尽情地玩耍。孩子没有机会锻炼身体，训练行为能力。父母怕孩子做家务太多而累坏，怕影响孩子学习，这都是不明智的看法。这种做法只能使孩子成为一个什么都干不了，什么苦都吃不了的无用之人。

当今的孩子，物质享受大都不缺，文化生活上也比先前丰富了许多，所缺的恐怕要数吃苦精神。现在的父母可以体会到，年轻时吃点苦，能增长见识，受益无穷。倒是一个人一生不曾尝过吃苦的滋味，才是一件悲哀的事。中国数百位帝王中，除了那些艰苦创业的开国皇帝外，有所作为的能有几个？造成这种悲剧的原因主要不是智力因素，而是无忧无虑的帝王生活方式。

再看当今的一些孩子，不是同样享受着“帝王”般的待遇吗？把他们戏称为“小皇帝”，倒是极为确切。做父母的甘心为子女当“保姆”甚至是“孝子”（孝顺儿子），这种环境能培养出孩子的吃苦精神吗？孩子总有长大的那一天，总有离开父母之时。孩子总是在父母编织的网中生存，在父母的羽翼下长大，等到该自己编网了，就会无从下手，茫然无措。俗话说：“穷人的孩子早当家。”穷苦人家的孩子从小就生活在苦难中，环境逼着他们自强不息，这就在无形中培养了他们独立生活的能力和吃苦耐劳的精神。

人们常说：“吃得苦中苦，方为人上人”“嚼得苦菜，百事可做。”因此，就目前生活条件而言，吃苦不再是一种为生活所迫的被动行为，而是做人应有的一种优良品质。不要说我们的国家现在还不是很富裕，即使将来国富民强了，我们也没有理由在子女面前大摆阔气。吃苦仍应作为一种精神，用来激励后来人。

因此，当今的父母对子女表现出的“穷阔”是不可取的。面对子女日益高涨的物欲，父母必要时可表现出几分小气，有勇气对孩子说：“孩子，这东西太贵了，咱们买不起！”让孩子幼小的心灵产生震动，知道这个世界上总有不能满足的欲望。父母还可以为子女创造一个能够培养吃苦精神的环境，有意把富日子当苦日子过。当今的父母有一些是从贫困中爬过来的，倘用“时代不同了”为借口，不再用“吃苦”精神来激励后人，若干年后，孩子的吃苦精神和意志品质将面临严重的挑战，长此下去，一代人娇惯成风，不思进取，那就可悲而危险了。

孩子的事就让孩子自己去做，父母千万别替孩子去做，这是一个很重要的家庭教育准则。父母替孩子做孩子能做的事，是对孩子积极性的最大打击，因为这样会使孩子失去实践的机会，也就等于对孩子说：“我不相信你有做这些事的能力。”如此一来，孩子会感到危机、不安全。安全感是建立在能用自己的能力去对付要处理的问题的基础上的。如果孩子不自信，哪来的安全感呢？

孩子在感到不安和无助的时候，会本能地到父母那里寻求慰藉。孩子知道父母的爱会给自己以温暖与支持。因此，为了确保可以一直获得这种舒适的感觉，有些孩子一直把情感的支点靠在父母身上，而孩子在交出了自己情感领地的独立权的同时，也就不得不接受他人对自己的情感支配。一些在此方面有心理障碍的人，情感上一直高度地依赖他人，因为他们没有自我安全感，不能为自己创造心理上的满足。为了支持自我，他们都高度地依靠别人。他们按照父母或老师的方式思考和行动，他们的自我安全感实际上是他人的反映。

有个孩子的父亲早逝，他的母亲倍加疼爱他。当孩子 4 岁时，母亲还是整天喂他吃饭，给他穿衣梳洗。当孩子长得再大一些的时候，他仍然不会自己吃饭，不会自己扣衣服上的纽扣，也不会穿鞋子。和他同龄的孩子做这些小事都做得很好，相比之下，他却显得手忙脚乱，而且很可怜。有人告诉他的母亲，让他学着自己去做这些事情，因为像他这么大的孩子应该学会穿鞋戴帽了。但他的母亲却说：“我爱我的孩子，他现在是我的一切，我愿为他做出更多的牺牲。”

这位好母亲并不知道，她这样做对孩子的成长是有害的。她认为自己是一位好母亲，把一切都贡献给了孩子，却不知道她的做法实际上在告诉孩子:“你是没用的、不行的。”这种超常或过分的爱起的负效应很大,使孩子产生了极强的依赖性。孩子可以什么都不干,不想学习,只顾自己玩耍。当妈妈不再这样照顾他时,他便会产生失落感。

母亲这样的“无私”行为实际上是自私的,因为她忽略了孩子本身发展的需要。等孩子长大之后,这位母亲还是一如既往、不断地替他做事情。孩子这不会做,那不愿学,更会感到自己不如别人,甚至认为自己是一个无能的人,没有勇气和同学们在一起。这样,孩子将面临一个完全陌生的世界,内心毫无准备、毫无自信。

有关研究表明:从小爱劳动、能干事、能吃苦的孩子成年后,比不爱劳动的孩子更能与各种人保持良好关系,健康状况也好得多,生活过得也更美满充实。因为从小所受的磨难、劳动能使孩子获得各种生存能力,并使孩子感到自己对社会是一个有用的人。

教育专家对父母的忠告

孩子受到过分的娇惯，就会凡事都以自我为中心,形成自私的性格。因此,父母可以关爱孩子,但是千万不要过分纵容孩子。

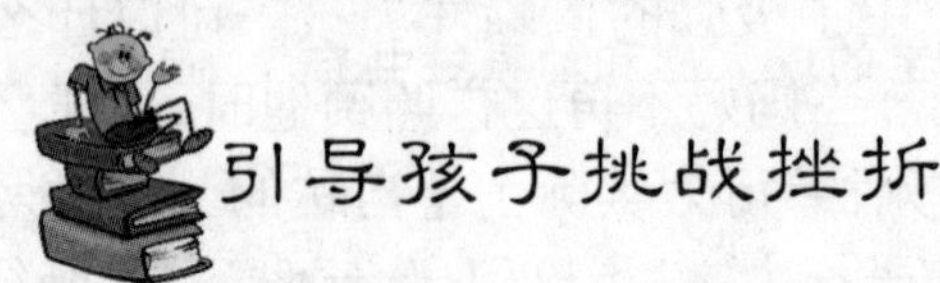

引导孩子挑战挫折

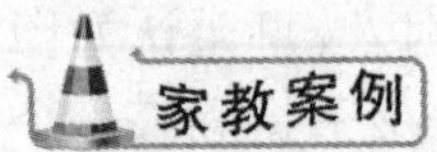

家教案例

德国天文学家开普勒,从童年开始便多灾多难,在母腹中只呆了七个月就早早来到了人间。

在开普勒几岁的时候,天花把他变成了麻子,猩红热弄坏了他的眼睛。但是,开普勒凭着顽强、坚毅的精神发愤读书,学习成绩遥遥领先于他的同伴。

在开普勒十几岁的时候,父亲欠债使他失去了读书的机会,他就边自学边研究天文学。

在以后的生活中,开普勒又经历了多病、良师去世、妻子去世等一连串的打击,但他仍未停止天文学研究,终于在59岁时发现了天体运行的三大定律。

开普勒把一切不幸都化作了推动自己前进的动力,以惊人的毅力,摘取了科学的桂冠。

一次考试没考好、一次作业没做好、受到同学或伙伴的嘲笑、受到老师或家长的批评,这些在成年人看来也许是很平常的小事,却可能成为孩子精神世界里的重磅炸弹,摧毁孩子的求生意志,让孩子彻底放弃求生的希望而走上不归之路。这种悲剧的发生,一方面是由于孩子的生命意识淡薄,另一方面则突显了孩子对挫折的耐受能力太低,无法走出挫败感的阴影。而事实上,那些在挫败感中轻生的孩子,大多都是一些在别人眼中十分优秀的孩子。由于家长的忽视,平时对孩子的心理感受关注得不够,才导致一场场悲剧上演。

孩子由于生理发育十分迅速,心理发育的速度相对缓慢,身心常处于一种非平衡状态,易引起心理发展上的矛盾。主要表现在以下几个方面:

(1) 心理感受上的成人感和幼稚性共存

身体外形的变化使孩子产生了成人感,进而独立意识增强,希望得到别人的认可。但是孩子的思维水平还较低,思想方法上仍带有很大的片面性和表面性,缺乏承受压力、克服困难的意志力,同时社会经验又不足,表现出幼稚性。孩子往往不能处理好自己的行为目标与目标情境的关系,常常会因为内外干扰使许多期望得不到实现而产生挫折感。

(2) 对自我的高度关注与过分看重他人评价

伴随着孩子的成长,他对自我会高度关注,内心世界会进一步丰富起来,认为自己事事都很正确,听不进别人的意见。同时,他们又高度在意他人对自己的评价, 看到他人低声讲话, 就觉得是在议论自己;看到他人微笑,就觉得是在嘲笑自己,总觉得周围的人时刻在品评自己。

(3) 在情绪体验中显示出矛盾性

随着孩子心理能力的发展和生活范围的扩大,他们的情绪体验也不像以前那么单一了,但又不如成人那么稳定和深刻,表现方式也是强烈而粗暴的。例如,有的孩子可能因为一点小事就大发脾气,但很快就可能因为其他事情带来的愉快情绪体验而忘掉先前的挫折感,表现为情绪的可变性;而另一些孩子却表现为情绪的固执性,经受过几次挫折以后,便陷入无助和抑郁的情绪之中,长时间不能摆脱挫折感,乃至轻生而自杀。

(4) 人际交往方面的变化

孩子随着年龄的增长, 一般将感情的重心逐渐偏向于同龄伙伴,与父母的情感逐渐疏远。人际交往从过去的团伙式转为了好朋友式,对异性开始感兴趣,对老师不再盲目迷信。这些新的人际交往方面的变化,也会给他们带来新的要求。例如,怎样理解别人的期望,怎样与别人平等相处,怎样使别人理解自己,怎样确立自己在同伴中的地位,特别是如何与异性相处的问题以及对相处中发生误会的处理等，都很容易使他们产生挫折感。

心理挫折是指人们在实践活动中遇到障碍或干扰，致使预期的目标不能达到，需要不能满足时所产生的情绪失衡状态。例如，紧张、焦虑、沮丧、困惑、愤懑，甚至迁移、攻击、自杀等，都是心理受挫的情绪反映。每个人都会产生挫败感，只是孩子对挫折的承受能力较成人低，更容易出现严重后果。引起孩子心理挫折的原因是多方面的，概括起来有以下几点。

(1) 目标定得过于完美，过于理想

目标定得过于完美，在争取实现的过程中，当因一些想象不到的困难而难以实现时，孩子就会产生受挫心理。目标是一个人奋发向上的方向，它意味着一个人有积极发展的健康心态。但是现实生活中还会受到各种环境因素的限制，在达到这种目标之前，会出现许多困难和挫折。如果在不顾客观环境条件的限制下，一味地追求完美的目标就有可能失败，就有可能受挫。有一位学生，他的家境并不富裕，却一味追求豪华的生活方式，想和某些学生一样能出国，能去国外办企业，并把此作为自己生活中的一个强烈的追求方向。但由于他家的经济条件有限，又没有国外亲友的资助，于是他就感到失望，感到痛苦，又感到十分自卑，自叹生长在这样一个家庭里，从此一蹶不振。

(2) 内心冲突导致心理挫折

人们常常会在同一时期内有几个动机和目标。当这些动机和目标一致时，就不会产生心理挫折，而当这些动机和目标不一致时，尤其是只能取其一时，就会因此产生动机之间的冲突而导致心理受挫。例如，某重点中学的学生，既想使自己的学习成绩能在班中数一数二，又想做好班委干部工作，同时又担任学校的文艺工作，还参加了乐器小组……结果由于各种活动无法同时顺利开展，他的目标实现受阻。顾此失彼，他的学习成绩下降了，乐器演奏得也不如以前了，文艺工作也无心去做了。他开始怀疑自己的智商，开始怀疑自己的能力，一度陷入到焦虑和痛苦之中而无法自拔。这就是由于内心冲突引起的心理受挫。

(3) 受挫耐力差容易导致受挫心理

我们生活在一个复杂的社会环境中，无论一个人在各方面多么顺利，但挫折感都会在心理上产生，只不过不同的人心理受挫的强度不同而已。有的孩子能忍受经常的、严重的挫折，而且能表现出坚忍不拔的毅力；有的孩子由于老师和家长的一点小小的批评而感到委屈，感到失去了面子，甚至产生了轻生的念头，这就是承受挫折能力较差引起的。

生活中，挫折是不可避免的，而个体对挫折的感受，又与个体的抱负水平和个体对待挫折的态度密切相关。如果个体期望达到的目标太高，超过了实际能力，就很容易因为动机活动受阻而经历挫折；如果个体能够以积极的态度对待处理挫折情境，他就不会体验到过多的挫折。心理学上，把个人遭受挫折时免于行为失常的能力，即个人承受环境打击和禁得起挫折的能力，叫做挫折耐受力。挫折耐受力是个体适应环境的能力之一。一般来说，挫折既有使人失望、痛苦、沮丧，或引起消极对抗行为的一面，也有给人以教益，使人认识错误、磨砺人的意志的一面。所以，父母应该教育孩子学会用积极的态度对待生活中的挫折，鼓励他们从挫折失败中获取经验，同时也有必要为他们提供适当的挫折情境来锻炼他们的挫折耐受力。

为提高孩子的挫折耐受力，一般可以采取下列的方法。

(1) 让孩子用宽容乐观的态度对待挫折

面对挫折，父母首先要对孩子采取宽容乐观的态度，并以这种宽容乐观的态度影响孩子，让孩子养成对自己和他人宽容的心态。不同的人，之所以在同一情境内受到相等强度的挫折会有不同的反应，是因为他们对待挫折的态度不同。在实际生活中，人们并不是完全被动地接受外界的刺激，而是会依照当时的心情和经验，给它们加上某些意义和色彩。因此，人对客观世界的认识，要依赖于人对待它的主观态度。对于乐观的人来说，世界充满了阳光，于是他对前途就充满希望，充满信心。虽然他并不是完全没有遇到挫折和困难，但他能耐心地应付挫折和困难，相信挫折会过去，成功会到来。但是世界在悲观人的眼里却布满了荆棘和危险，他们经常怀有沉重的心情，即使是获得了成功也没有喜悦和满足感，因此常常没有信心，情绪低落。

当然，这并不是说要让孩子盲目乐观，当挫折到来时不闻不问，似乎它自己就会过去，或者强颜欢笑，装作不在乎的样子。采取这种逃避的态度，当然是不可取的。事实上，很多看起来像是令人不快的事物，如果仔细观察，却能发现一些新的意义和价值；如果换一个角度，常常能看到新的面貌和形态。所以，采取乐观、宽容的态度，也常常能从挫折中学到很多积极的经验，而且会感到过去觉得无法逾越的障碍，其实没有什么值得灰心丧气的，只要振作精神，完全可以克服它们，取得胜利。要保持乐观、宽容的态度，就要保持与周围环境有良好的接触，以一种开放乐观的心态，尽可能地认识它、了解它和解释它。还要学会从多方面去观察事物，训练自己经常移动、变换观察角度，从不同侧面、用不同方法去认识各种各样事物及现象的意义，而不使眼界局限在某些狭隘的范围里。

(2) 帮助孩子客观地认识事物，认识自我

当父母为孩子定的目标过高，超过了孩子的实际能力时，就容易使孩子达不到预定的目的，或者使孩子损失太大而产生挫折感。所以，父母本身应该正确地认识客观事物，正确地认识孩子，确立好适合孩子的各种目标，既不要太高，也不要太低。目标太高容易使孩子经受挫折，丧失信心，对孩子的进一步成长非常不利。心理学研究表明，如果一个人反复经受挫折，就会形成一种心理感觉，认为自己总会遇到不可克服的困难，无论自己怎么努力，挫折都无法避免，也就会产生无助感。最后，在以后的学习生活中，他很容易放弃努力，对任何活动，哪怕是他自己完全可以胜任的活动也不愿意再去尝试。可见，高不可及的目标给孩子带来的是严重的损失。但如果目标太低，孩子往往不需怎么努力就可以完成。轻易获得的成功，不能使他们获得满足感，没有成功的体验，也很容易失去进取心，不再努力。

(3) 帮助孩子采用合理的心理调适方法

孩子遭遇挫折后，需要解脱挫折带来的烦恼，减轻内心的不安和紧张，以保持其心理平衡和健康。这就需要父母采用心理调适的方法，将主体与客观现实之间的关系，用孩子所能接受的方式加以处理和解释。但是心理调适有时候也有消极的作用，如果不能合理使用，就会自欺欺人，让孩子学会推卸自己应负的责任，使问题得不到解决；有时还会因为投射作用，造成人际关系紧张，给孩子的生活学习带来不必要的麻烦。因此，父母应该特别注意这种方法的合理使用。

教育专家对父母的忠告

在成长过程中，孩子难免会遇到各种各样的挫折。父母应该让孩子正视面对的挫折，帮助孩子采取正确的方法应对挫折，培养孩子挑战挫折的勇气和能力。

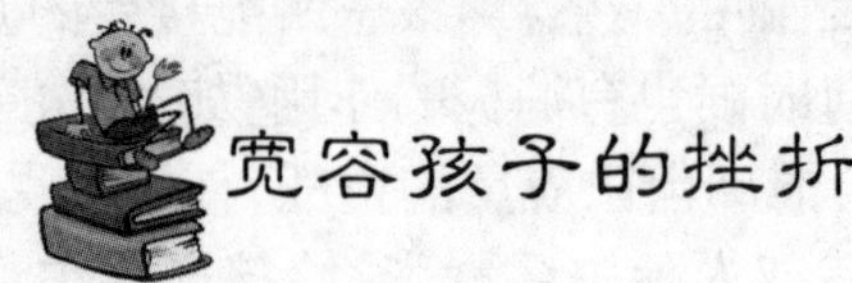

宽容孩子的挫折

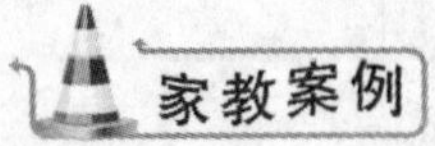

一位母亲曾经讲述了她的经历：她读初中的儿子在一次期中考试中考砸了，因害怕大人责备和唠叨，就谎报了成绩。直到学校的分数通知发下来，母亲才知道受了骗，于是狠狠地教训了儿子一顿。以后，无论是测验还是考试，她都预先到老师那儿打听成绩，再找儿子核对。一次，老师偶尔报错了成绩，母子两人自然没能对上号。母亲于是勃然大怒，以为儿子又在撒谎。儿子当然不服，反问她："您怎么知道我在撒谎？"母亲就将到学校打听成绩的事说了一遍。谁知儿子听罢扭头就走，从此，母亲再问成绩时，儿子死活都不开口了。

显然，这位母亲深深伤害了儿子的自尊心，因为她对儿子根本就不信任，非要想出与老师核对成绩的小伎俩。

挫折也是一种人生体验，父母应宽容孩子的挫折。毫无疑问，父母都希望孩子能成功，都希望孩子在成长的道路上能少些坎坷，但是孩子必须经历一个自我探索的阶段。因此，父母对孩子的这种所谓的挫折，要给予理解、给予宽容。只有不断经受挫折，孩子才能长大。

父母给予孩子的信任感对孩子的健康成长至关重要。父母善于向孩子表达这种信任，才可以使孩子有自尊、有自信，才可能使父母真正放心。父母对孩子该信任时一定要信任，不该放手时要谨慎，但又不能让孩子觉察到父母经常对他不放心，对他没有基本的信任。父母是否信任孩子，关键就是看在孩子出现过失或失败时，父母能否宽容他们的过失或失败。

很多孩子初次做事做不好，如洗的衣服不太干净，父母可以背着他再洗一遍，但不能让孩子觉察出对他不信任。

信任永远是相互的，父母首先信任孩子，孩子才可能信任父母。另外，即使孩子犯了错误，也应该告诉他，错的是事，不是人，不要因为一次过失或者错误就对孩子全盘否定。

在孩子失败时，父母要把事情本身和孩子个人分开，不要对孩子说："这次你把事情又弄糟了，你怎么搞的？你怎么这么差劲？"这样说的父母是很不懂得如何教育孩子的，对孩子的教育也是不得法的。父母有父母的世界，孩子有孩子的世界。很多时候，孩子的思想行为在大人看来也许显得幼稚可笑，但不能否认，它们与孩子的年龄、心理和思维的发展阶段是相吻合的。

孩子是一个独立的个体，父母必须尊重孩子的个性、兴趣、需求及感情表达方式，当然也必须根据孩子的特点、条件予以恰当的指导。失败是孩子成长过程中不可避免的，也是孩子从学习到最终成功必须经历的。父母应当教育孩子有勇气面对不完美的结果，不仅允许孩子犯错误，还要善于让孩子从错误中获得经验和教训，不要让孩子因犯了错误而使自信心受到伤害。当父母看到孩子犯了错误，尤其是认为他们在有意调皮捣蛋时，往往会怒火万丈，大发脾气，而这恰恰会使孩子更加害怕犯错误，而越怕犯错误往往就越容易犯错误。

一般来说，孩子有过失或者失败，只是因为孩子没有足够的经验或知识，并不影响孩子本身的价值观。父母应把挫折的事与孩子个人分开，在教育中就事论事，切不可大而化之。父母和孩子之间要建立相互信任的关系，以下几点可供参考。

(1) 父母要真诚地向孩子表达自己的思想、观点和感受

例如，父母可以直接对孩子说自己很烦恼、不高兴；如果对孩子的表现很不满，直接对他讲出来。

(2) 父母出现过错应第一时间向孩子道歉

父母在教育孩子的过程中，难免会出现一些不妥的做法，甚至错误做法。父母如果能坦诚地面对自己的过失，用摆事实、讲道理的方法向孩子及时说明情况，纠正一些错误的做法，往往可以很好地弥补失误或错误带来的损失，而且孩子不仅能通过具体事件懂得一定道理、吸取经验，还能从父母身上学到敢于改正错误的好品质。反过来，如果父母文过饰非、坚持错误，那么就会给孩子留下“父母永远是对的”或“父母犯错后总是不承认”的不良印象。这样，父母给孩子树立了一个很不好的榜样，对孩子未来的成长极为不利。

(3) 父母要永远对孩子保持信任感

父母对孩子的信任是孩子对父母信任的前提。如果孩子预先知道父母对他的行为将怎样对待时，他就会有较强的安全感，而这种安全感也是强化孩子对父母信任的重要因素。

教育专家对父母的忠告

孩子遇到挫折时，父母一定不要雪上加霜，否则，孩子就会受到来自挫折和抱怨的双重打击。父母应该给予孩子遇到的挫折以充分的理解和宽容。

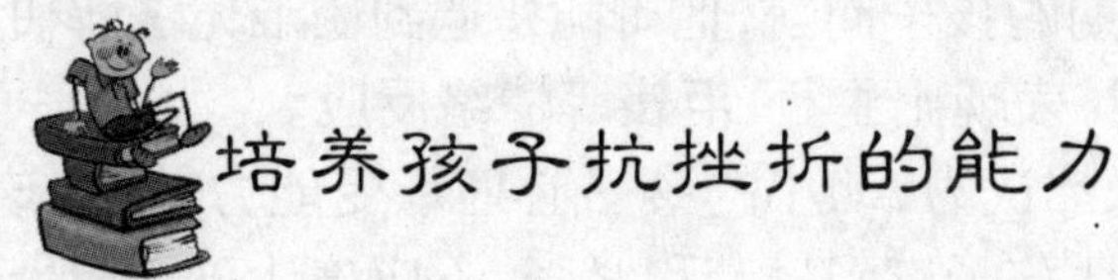

培养孩子抗挫折的能力

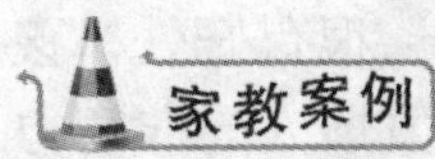

家教案例

著名的聋哑作家海伦·凯勒,在她两岁的时候,就被病魔残酷地夺走了视觉、听觉和说话的能力。看不见、听不见、不能说话,这对于一个两岁的孩子来说,真可谓是生活在三重苦难的地狱中,但是生活并没有抛弃凯勒。

正当她的父母为她将来的生活忧愁时,帮助他们的天使出现了。一位家庭女教师来到她家,教会了海伦如何与人打交道,如何表达自己。

海伦在老师的帮助下,刻苦学习,最后考上了著名学府——哈佛大学,用自己不健全的身体为自己的人生画上了圆满的句号。她还在老师的无私帮助下,在全世界旅行,献身于帮助全世界聋哑人的教育事业。

人的一生既有高潮也有低潮,既有峰顶也有低谷;不可能永远春风得意、一帆风顺,也不可能永远背时背运、道尽途穷。所有的困难都有被克服的一天,只要一个人努力攀登,就可以很快地到达顶峰;只要一个人主动奋斗,就可以很快地突破逆境。

当挫折来临时,我们没有选择,只能接受不可避免的事实并做自我调整。荷兰的一座教堂遗迹上面有一句发人深省的题词:“事必如此,别无选择。”消极逃避可能毁了一个人的生活,也许会使这个人的精神崩溃。叔本华也曾说过类似的话:“逆来顺受是人生的必修课。”惠特曼也说过:“让我们学着像树木一样顺其自然, 面对黑夜、风暴、饥饿、意外与挫折。”既然遭遇挫折是人生必经的一道坎,父母就必须教孩子学会接受挫折。

挫折是指事情不如预期时的情境与感受。不同年龄的孩子会有不同的挫折经验,也有不同的表现。对幼小的孩子来说,他想要玩具,妈妈却把它收起来了;他想吃肯德基,妈妈不允许,这些都可能使他产生挫折感。面对挫折时,年幼的孩子通常是以哭闹或发脾气的方式表现出来。对学龄期的孩子而言,他可能是遇到困难无法解决,或无法达成预期的目标时,表现出生气、沮丧等情绪反应。

许多父母都认为,幼小的孩子心理承受能力差,应该对孩子保护有加。挫折会让孩子感到痛苦和紧张,不应该让孩子遭受太多的挫折。其实,一个人受点挫折,尤其是在孩子时期受一些挫折,很有好处。孩子遭受挫折的经历有利于培养人的良好品德,有利于发展人的非智力因素,有利于丰富知识和提高能力。所以,家长应正确看待挫折的教育价值,把它看成是磨炼孩子意志、提高孩子适应力必不可少的要素。

如果父母一味地把挫折教育看成是吃苦教育,专门让孩子参加一些以吃苦教育为主的夏令营,或者参加一些探险、到边远穷山村去体验的活动等,这是片面的挫折教育,或只能说是挫折教育的一个方面。

挫折教育的目的是让孩子在体验中学会面对困难并战胜挫折,培养孩子的一种耐挫折能力。它不仅包括吃苦教育、生存教育、社会教育、心理教育,也包括独立、勇气、意志及心理承受力等方面的培养。换言之,挫折教育的内容是多方面的,它的目的不只是让孩子吃点苦、受点挫折,而是从各个角度培养孩子的抗挫能力。

父母可以把自己事业和家庭生活中遇到的挫折和不如意告诉孩子,让孩子对挫折有一个全面的认识,为孩子正确对待各种挫折和不如意提供借鉴。因为父母对生活的热爱、执著、不怕困难的态度和坚强的意志,是孩子面对挫折最强有力的精神支柱。

每个人都经常会遇到困难和挫折。孩子在成长的道路上难免要遇到苦难、阻碍。如果孩子平时走惯平坦路、听惯顺耳话、做惯顺心事,那么一旦他遇到困难,就会不习惯,束手无策,情绪紧张,从而容易导致失败。所以,父母不妨在平时学习和生活中有意地给孩子设置些障碍,以此来培养孩子的抗挫能力。

例如,在外出游玩的时候,妈妈和孩子一起去爬山。山路高低不平,对于孩子来说是非常难走的。但是,妈妈却有意识地让孩子跌跌撞撞地走。当孩子踩到一颗小石子摔坐在地上时,妈妈不是赶忙跑过去扶起他,而是对他说:“呀,摔倒了? 勇敢的孩子要自己站起来哦!”

父母要有目的、有针对性地组织障碍性活动,这样既有利于提高孩子的适应能力，增强孩子的韧性，同时又不会超过孩子的心理承受限度。例如，对于幼小的孩子，如果他拿不到想要的物品，父母不要马上拿给他，而要让孩子动脑筋，想想怎样才能拿到物品。对于稍大些的孩子，可让他参加各种劳动，在劳动中体验生活的艰辛；也可让他多参加集体游戏，在游戏中体验到失败和不如意。

有的孩子在逆境中易产生消极反应，往往会垂头丧气，采取退避的方式。要改变这种现象，父母就必须在孩子遇到困难时，教育孩子勇敢面对挫折，向困难发起挑战。例如，当孩子登山怕高、怕摔跤时，父母就应该鼓励孩子说："别怕，你行的！摔一跤算不了什么！"

当孩子一次次战胜困难时，他便会增强勇气，激起战胜困难的愿望，害怕的心理就会消失，自信心就会增强。当孩子认为自己能行时，他就会主动克服困难，抗挫折能力也就培养起来了。

教育专家对父母的忠告

对孩子来说，父母的温情与支持是孩子信心的来源。人是有感情的动物，父母多么希望孩子能一切顺利，但是挫折却如影随形一样跟随着孩子的一生。父母应当把它当做生活里正常的一部分，以一颗平常心去对待。因此，当孩子面对挫折时，父母应该重视孩子的心灵，用温情去温暖孩子，对孩子进行引导，避免挫折对孩子的心灵造成伤害。

第十八章 自信教育——告诉孩子你能行

自信的孩子做事常常具有较强的毅力和耐心，有勇气挑战困难、克服障碍，对生活充满希望。自信也是孩子取得成功的前提。没有自信的孩子无论做什么事都不会持之以恒、坚持到底的，当然也就很难获得成功。

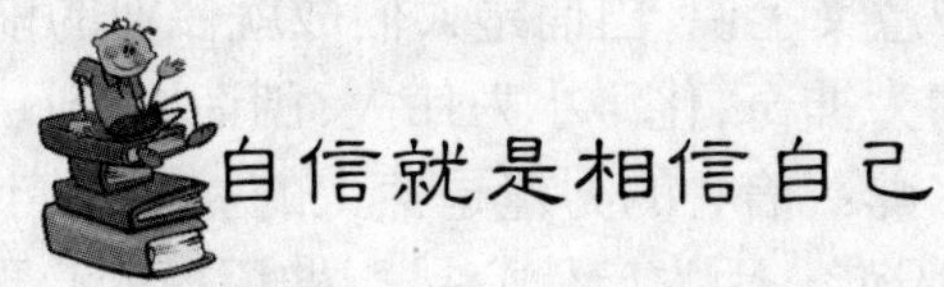

自信就是相信自己

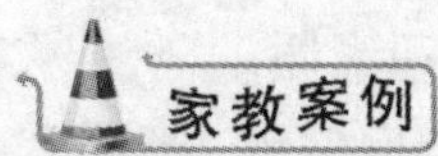

一个出身显赫的日耳曼少年和一个出身贫贱的犹太少年在一起玩耍。

出身显赫的日耳曼少年骄傲自满地将自己的祖先吹捧了一番，一副天下家族唯有他们家族为贵的神情。出身显赫的日耳曼少年说话时言语间不乏对出身贫贱的犹太少年轻视之意。

出身贫贱的犹太少年并没有被出身显赫的日耳曼少年的夸夸其谈镇住，而是非常自信地巧妙予以回击说："原来，那位威名远播的英雄就是你的祖先啊！但是，我要让你知道，如果你是你们家族中的最后一个人，那么我就是我们家族伟大的祖先。"

犹太人不太重视自己家族威望，更看重的是个人的努力，而自信又是犹太人成为世界上最优秀民族的一个重要因素。

高尔基曾有过这样的表述："只有满怀自信的人，才能在任何地方都怀有自信，沉浸在生活当中，并实现自己的意愿。"反之，一个人如果失去自信心，非常容易被颓废和绝望所困扰，甚至会因此而毁掉自己的一生。

自信是人们事业成功的阶梯和不断前进的动力。在许多伟人身上，我们都可以看到超凡的自信心。正是在这种自信心的驱动下，他们敢于对自己提出更高的要求，并在失败中看到成功的希望，鼓励自己不断努力，从而获得最终的成功。正如卢梭所说："自信心对于事业简直是一个奇迹。有了它，你的才干就可以取之不尽，用之不竭。一个没有自信的人，无论他有多大的才能，也不会抓住一个机会。"

居里夫人在巴黎求学时，过着艰苦的生活，但是她并不气馁。她说："我们应该有恒心，尤其要自信！我们必须相信，我们的天赋是要用来做某件事情的。无论代价多大，这件事情必须做到。”

因此，从某种意义上说，自信是人们成就伟业的前提。拥有自信心的人，可以化平庸为神奇，化渺小为伟大，创造出非凡的业绩。

拿破仑·希尔说：“信心的力量是惊人的。相信自己，那么，一切困难都将不会再是困难。因为自信心是一种积极的心理品质，是促使人向上奋进的内部动力，是一个人取得成功而必备的心理素质。”

自信对孩子的发展有巨大的作用。如果孩子是个自信的人，那么他处世乐观进取，做事主动积极，勇于尝试，乐于接受挑战；如果孩子缺乏自信，那么他就会在事物面前表现出柔弱、害羞、恐惧的心理，不敢面对新的事物，不敢主动与人交往，从而失去了很多学习和锻炼的机会，影响自身的发展。而且，长期缺乏自信会让孩子产生“无能”的感觉，产生自卑等不良心理，甚至可能自暴自弃、破罐破摔。

教育专家对父母的忠告

一句教育名言说：“要让每个孩子都抬起头来走路。”“抬起头来”意味着对自己、对未来、对所要做的事情充满信心。任何一个人，当他昂首挺胸、大步前进的时候，才是充满自信的。因此，激发孩子的自信，让孩子挺起自信的胸膛，是父母应该重视的问题。

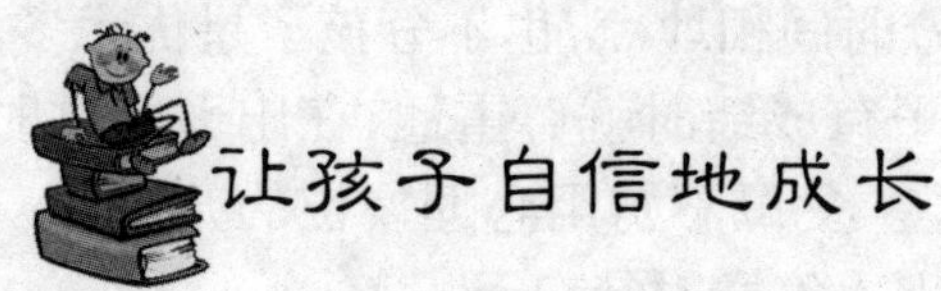

让孩子自信地成长

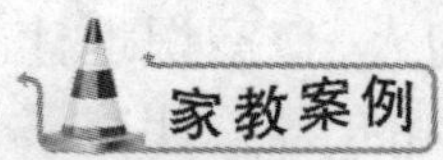

文文已经三岁了。三岁的孩子独立性非常强,经常要做自己想做的事。有一天,文文想自己倒牛奶来喝,妈妈想帮助文文。文文说:“妈妈,我自己来。”文文的妈妈想到应该让孩子自己独立做事了,就鼓励道:“文文长大了,会自己做事,真能干!”于是,文文捧起牛奶盒子,努力想把牛奶倒进杯子里。

文文的小手抖了一下,正好碰到了杯子。杯子没打翻,但是却有一部分牛奶洒在了桌子上。妈妈没有责怪文文,反而称赞道:“文文真能干,竟然把牛奶倒进了杯子。现在,让我们把洒出来的牛奶用海绵吸干净好吗?”文文高兴地说:“好!”于是,母女二人认真地擦起桌子。

自我形象就是自己对自己的看法与评估。孩子由于年幼,对自己的看法与评价一般先来自于成人对自己的看法和评价。孩子自信心的形成与父母有密切的关系,因此父母需要尊重孩子,帮助孩子建立良好的自我形象。

妈妈从超级市场买了许多食品回来。珍妮在厨房里看妈妈把放鸡蛋的盒子从食品袋中拿出来,便伸手去抓盒子。她很想帮妈妈把鸡蛋放到盒子里去。

“别动!珍妮!”妈妈大声叫道,“你会打烂它们的。让妈妈来放,等你长大了再来帮忙好吗?”

珍妮极不情愿地说:“妈妈,我不会打烂的,让我来帮你吧!”

妈妈一边放食品,一边大声叫道:“小孩子不要乱动!”

珍妮只好缩回了手,很委屈地看着妈妈整理那些鸡蛋。

任何人都有自尊和被人尊重的需要,孩子也不例外。自尊和被人尊重是产生自信心的基础。孩子的自信首先来自于自尊。一个没有自尊的孩子是不可能有自信的。

尊重孩子不分时间和地点，也不分孩子是优点多还是缺点多。如果一位父母在孩子有成绩时就尊重他，在出现问题时就责怪他，任意褒贬，这就做错了。父母不妨用心理换位的方法想一想，自己有了缺点、错误时，希望别人怎样对待自己。

在日常生活中，父母要把孩子当成与自己平等的人，有意识地让孩子参与一些家庭中的事务，与孩子讨论一些家庭中的事情，让孩子认识到自己的能力体会到父母对自己的信任。

尊重孩子，就不能对孩子说有辱人格、有伤自尊的话。父母千万不要经常对孩子说："你真没出息！""小孩子懂什么！""大人的事，小孩子知道什么？"这样，孩子就会觉得自己无法获得父母的信任，从而无法获得自信。尊重孩子尤其不能随意辱骂、惩罚和殴打孩子。辱骂、惩罚和殴打是最伤害孩子自尊心的。

小女孩阿里住在非常贫困的山区。她的家乡在大山里面，那儿很少有外人进出，因为通往外界的路是只有两条锁链吊着的吊桥。

有一天，阿里的家乡建了希望小学，在学校举行奠基仪式的那天来了很多城里的记者。记者在采访的时候，遇见了阿里。她当时正在窗边窥探。她从未见过照相机，于是就跑到记者身边，更加仔细地端详着这个"怪物"。

记者问她："没有见过这个东西是吗？要不要我告诉你？"阿里却回答："不用告诉我，等我长大了，读了很多书后自然就会知道。"阿里的回答让记者出乎意料。他逗阿里说："这个东西很神奇的，不到我这么大年纪是不会知道的。"此时，阿里撅起了小嘴，质问记者说："我也知道很多你不知道的事情，比如，我知道我爸爸和妈妈叫什么，这些你知道吗？"记者被阿里的妙语逗笑了。

但是给记者印象更为深刻的是，在这个穷困闭塞的小山沟里，有很多自信、乐观的孩子在健康地成长，他们并没有因为经济条件的落后而表现出不自信和消极悲观。

城市里生活的孩子大多过着衣食无忧的生活，享受着优越的物质条件，承受着很多人的期待和关爱，但是出现心理问题的却不占少数。有的孩子自卑，有的孩子自闭，还有的孩子患上了抑郁症。孩子出现如此多的心理问题的主要原因在于不自信，找不到自己在社会中的准确位置，对未来的生活充满了疑惑和恐慌。这样的孩子是很难成长为对社会有用的人才的，因为他们无法正确地认识自己，无法发掘自己的内在潜质。

自信心对于孩子的成长起着至关重要的作用。它影响着孩子的智力、交际能力等方面。

孩子如果有“我是失败者”的心理阴影，在做事情之前就会存着“这一次我大概又会失败”的念头。这种负面暗示对孩子的影响是极大的，往往直接导致孩子的失败。因此，如果父母在孩子犯了一点小错时就责怪他“你怎么总是犯这种错误”，就等于是在暗示孩子“下次你一定还会做错”。

很多父母忽略了言语对孩子心理的影响。父母使用“又犯错了”和“谁都会犯错” 这两个不同寓意的句子，会使孩子产生两种不同的心理。前者会让孩子更加焦躁不安，后者可以缓解孩子的自卑心理，给孩子注入一定的自信。

历史上有很多因为缺乏某些能力，而曾经被视为劣等生的大人物。例如，以进化论而闻名于世的达尔文、发现地心引力的牛顿以及伟大的哲学家黑格尔等，在学生时代都曾不同程度地被身边的人歧视过。

孩子多读此类伟人的传记的作品，就会积极地寻找自己的优点。因为每个孩子都是渴望成功的，当他看到这些伟大的人物与自己一样或某些方面还不如自己时，就会知道有这种困扰的并不只是自己一个人。这样，孩子会大受鼓舞，能激发自己在某一方面做出突出的成绩。

家庭环境对于孩子的成长是至关重要的，一个在民主、和谐的家庭中成长起来的孩子一般都会具有良好的心理素质。因此，父母创造一个民主、和谐的家庭氛围对建立孩子的自信心至关重要。

建立一个具有和谐氛围的家庭，父母需要具有民主思想。所谓的民主思想就是父母把孩子当成大人来看，要给孩子属于他的自主权和自由权。如果孩子需要扩大自己的交友圈或选购自己所需的用品，父母应该以旁观的角度不擅加干涉；如果孩子在发表自己对某一事情的看法时，不论他的思想或行为在父母看来是多么幼稚，父母都要尊重

孩子的看法。父母要善于分析，对正确的建议给予采纳，对幼稚的看法给予完善，而对错误的观念则要加以批评。父母要以平和的方式与孩子交流，这样孩子也会养成乐于与他人交流的习惯。父母要倾听孩子的心声，和孩子站在一条战线上。当孩子受到挫折时，父母要在感情上给予支持。

一个男孩要参加竞选优秀班干部的演讲。他心里一直忐忑不安，一方面他从来没在众多人面前演讲过，另一方面他缺乏必胜的信心。回到家后，妈妈得知了他的担忧，便极力地宽慰他说："结果并不重要。能站在众多人面前展示自己就已经是一个成功者了，因为成功者都具备勇气。"此外，妈妈还帮他修改演讲稿，让他在妈妈面前模拟训练。在一遍又一遍地模拟演讲过后，男孩的信心大增。最终，男孩取得了竞选的成功。从此，男孩爱上了演讲，对自己越来越充满自信。

教育专家对父母的忠告

也许对于父母来说，孩子的成功常常是微不足道的。但是站在孩子的角度，每一个小成功都是非常好的开始，孩子会因为这些小成功而变得敢于表现自己，敢于把自己放在一个平台上去考量，这对于孩子将来的成功是至关重要的。

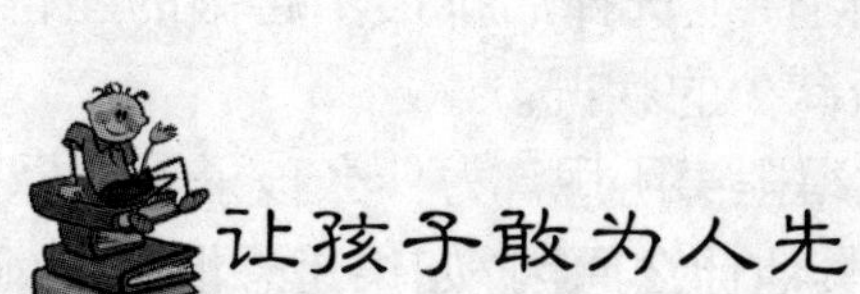

让孩子敢为人先

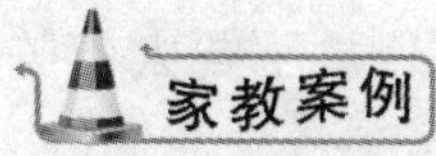

小杰米已作了几百幅画，而且其中几幅还得过奖。但是，有一次幼儿园老师对他所画的一幅习作评价很差。这个随口而出的否定却在小杰米心中生了根，使他对自己的画画能力产生了怀疑，最后放弃了画画。

缺乏自信的孩子常常会在心里建立消极的自我暗示，即“我是没用的”“我很没信心”等，这种心理让孩子越来越不敢尝试新事物，越来越没有信心。因此，父母在平时的生活中可以有意识地忽视孩子缺乏自信的表现，而在孩子表现出自信的时候及时给予积极的表扬和鼓励，让孩子淡化“我无能”的心理，树立起“我也行”的心理。

父母对孩子的鼓励和赞扬要真诚，千万不要故意夸大其词，或者言不由衷，否则会让孩子感觉到父母的假意，不领情父母的赞扬。例如，孩子在画画时，父母不要总说：“啊，你画得真好，真像个大画家！”可以针对画的画说：“你画的这棵树真美，连树叶也很逼真。”这样，孩子就会觉得父母的鼓励和赞扬是真诚的。

丹麦物理学家玻尔小时候非常喜欢拆卸家里的东西。有一次，他三两下就把家里一辆有点问题的自行车给拆了。当他想把自行车装上的时候，却怎么也装不回去了。玻尔非常着急，家里人也很着急。这时，玻尔的父亲对他说：“爸爸知道你能装回去的。不要着急，想一想你是怎么拆下来的，然后你就能够装回去了。”在父亲的鼓励下，玻尔静下心来，仔细回想了拆卸的过程，又仔细地把各个零件研究了一番。最后，玻尔把自行车重新装了回去，而且修好了原有的小毛病。从此以后，不管遇到多么大的挫折和困难，玻尔都会充满自信，从不丧失信心。

如果父母给孩子一个空旷的教室，让孩子自由选择座位，那么他会选择坐在哪里呢？父母也许会看到这样一个现象，大部分孩子都会尽量地往后走，习惯性地选择后排最不起眼的座位，整个教室呈现出人数从后往前逐渐减少的状况。

父母也许会觉得匪夷所思。为什么孩子不选择前排座位呢？是因为恐惧？还是因为其他什么原因？如果是恐惧，那么选择坐在后面的孩子又在害怕什么呢？每个人都会有从众心理，大部分人都不希望自己成为最“扎眼”的人。有些孩子总是希望自己不要太显眼，不要太被关注，其实就是一种缺乏信心的表现。

在英国一个偏僻的小镇上，有一个名叫玛格丽塔的小姑娘。她从小就接受严格的家庭教育。父亲经常对她说：“无论做什么事情，都要力争一流，永远要在别人前头，绝不能落后于人。”父亲非常严厉地要求她，更不允许她说“我不行”或者“太困难了”之类的话。

这种苛刻的要求，对于一个小姑娘而言是非常严厉的，然而正是由于她从小接受了父亲这种“残酷”的教育，才培养出了她积极向上的品质和坚忍不拔的信念。在以后的岁月里，她谨记父亲的教导。在生活中，她总能抱着一往无前的精神和必胜的信念，遇到艰难的问题时，总会尽自己最大的努力克服，力争做好每一件事情。

在大学时，要求必须学习 5 年的拉丁文课程，玛格丽塔硬是在一年内全部学完，而且成绩还是第一名。玛格丽塔不仅在学业上出类拔萃，还积极参加体育、唱歌、演讲及学校的其他活动，并且一直走在前列，在学生中是实属罕见的佼佼者。

后来，玛格丽塔成为英国乃至整个欧洲一颗闪亮的政治明星，连续 4 次当选英国保守党领袖，并在 1979 年成为英国有史以来的第一位女首相。

教育专家对父母的忠告

敢为人先不仅是一种积极自信的人生态度，还是一种勇于发掘自我的勇敢表现。因此，家长应该帮助孩子找到这种自信，让孩子在人生的大舞台上尽情地展示自己。如果孩子是一个缺乏自信的人，父母也不要为此苦恼，应该引导孩子树立自信。

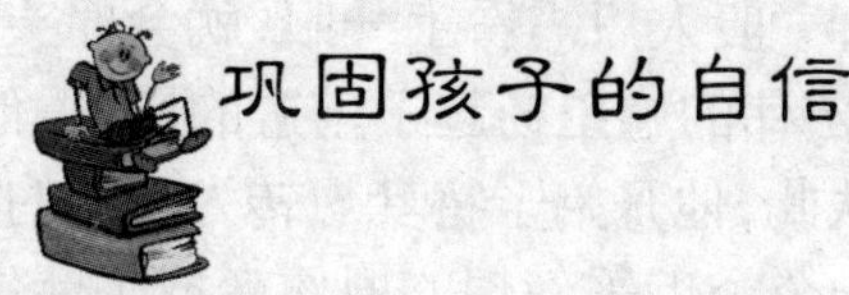

巩固孩子的自信

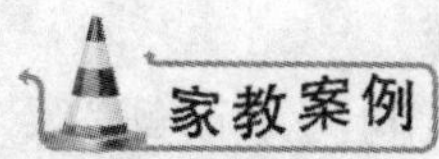

有一个小女孩，她非常喜欢弹钢琴，弹的曲子非常优美，而且还每天坚持练习好几个小时。另一个孩子的妈妈见此情景，对小女孩的自信和努力非常好奇，就问小女孩的妈妈："你的孩子怎么这么自觉弹琴呀？而且，她看上去非常喜欢弹钢琴。"小女孩的妈妈淡淡地笑了笑，说："我虽然不懂音乐，但是我懂得欣赏我的孩子。每当她练琴的时候，不论好坏，我总是对她说：'孩子，你今天弹得更好了，比昨天进步了。'我是她最忠实的听众，孩子非常喜欢弹琴给我听。"

巩固孩子的信心是一个不间断的过程。当父母看到孩子因不断成功而树立起信心时，千万不能以为大功告成，而要不断鼓励孩子，巩固其自信心。孩子要在受到不断的鼓励中，通过自己不断的努力树立起自信。如果父母经常挑剔孩子，孩子刚形成的自信很快就会消失。

巩固孩子的自信是需要时间和耐心的。在这个过程当中，父母要注意以下几个原则：第一，不要讽刺孩子，以免孩子受到不同程度的打击；第二，不要过分赞扬孩子，以免孩子产生骄傲情绪。只有恰当地鼓励孩子，才能不断提高孩子的自信。

美国西部一个不起眼的小山村有一个清贫的少年，他在15岁那年写下了毕生的宏愿："去尼罗河、亚马孙河和刚果河探险，走遍世界上著名的河流；登上珠穆朗玛峰、乞力马扎罗山和麦金利峰，踏遍世界各大名山；骑乘着骆驼、大象、鸵鸟和野马去探访亚历山大一世，走马可·波罗走过的和没有走过的路；主演一部像《人猿泰山》那样伟大的电影；读完莎士比亚、柏拉图和亚里士多德的著作，阅览哲学史著作；谱写一部乐曲和写一部书；至少拥有一项发明专利；有生之年给非洲的孩子筹集100万美元的捐款……"

就这样，这个少年洋洋洒洒地列举了127项的人生志愿。且不要说要一一实现它们，一般人只需看上一眼，就会摇头叹息。然而，这个少年却为自己那些宏伟的愿望扬起了前进的风帆，他的全部心思都已经被愿望所牵引。从此，他开始了将梦想转为现实的漫漫征程。他一路风雨兼程，硬是将一个个近乎幻想的夙愿变成了活生生的现实。他就是著名的探险家约翰·戈达德。

有人曾经惊讶地问他是凭着怎样的力量把这许多的“不可能”踩在脚下时，他微笑着回答：“其实很简单，我只是让心灵先到达那个地方，随后，周身就有了一股神奇的力量，让我不断前进，而我只是沿着心灵的召唤前进。”

成功是每个人的梦想，执著却是基石，而人们的这种执著源自于内心的召唤，并不是人人都具备这种执著的精神，所以很多人一生都过着平庸的生活。

自信源于每个人的内心，一个人的内心是否充满信心，直接影响他对事情的看法和态度。通常，这种看法和态度是事情成败的关键所在。

教育专家对父母的忠告

父母应该帮助孩子树立起自信和执著的信念，让孩子相信自己，感受心灵的召唤，并沿着心灵的方向执著地前行。只有那些坚信自我、勇敢执著的人，才能到达胜利的彼岸。

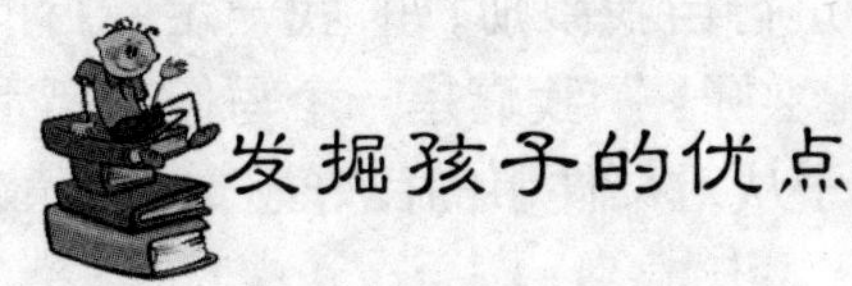

发掘孩子的优点

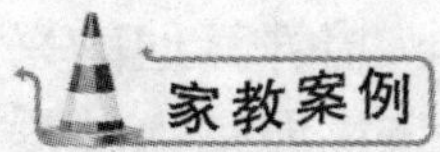

已经7岁的小雪在家里养成的习惯是,数学不懂问妈妈,作文修改找爸爸,打球、下棋找哥哥。家里似乎每一个人都是小雪的老师,每一个人都可以做小雪的主。小雪只有听话的份,没有发言的权利。爸爸妈妈觉得这样的环境,对小雪个性的独立发展,以及树立自信心都不利,就想改变一下。

小雪是一名小学生,一年级开始学习汉语拼音。几个月后,她就掌握了每个发音,以及全部拼音规则,并能正确拼写。于是,妈妈找到了小雪的优点。当全家人都高高兴兴聚在一起时,妈妈郑重其事地宣布:"小雪是我们家里汉语拼音的权威。家里的大人都有家乡口音,普通话读音不准。哥哥也没有扎实学好汉语拼音。所以在我们家里,谁遇到读不准的音,拼不对的字,都要向小雪请教。她是全家学习汉语拼音的老师。"小雪当然非常兴奋,高兴得手舞足蹈。于是,妈妈又告诉她:"当老师责任很重大,不可以随便弄错呀!"小雪连连点头。

一个7岁的孩子,帮助大人时产生的那种自豪感、那种实实在在的自信,是任何夸奖和表扬都无法做到的。从此,小雪学习更加用心了,测验几乎都是满分。无论班上同学还是家里人,都经常向小雪请教。

特殊的才能可以增强孩子的自信。父母可以根据孩子的兴趣和爱好培养孩子的一些特长,让孩子通过发挥特长树立信心。例如,有些孩子虽然缺乏自信,但是却能写一手好字,父母就可以让孩子学习书法,只要孩子有兴趣去学,肯定会做得很好。父母要抓住机会夸奖孩子,让孩子明白自己也是有能力的,从而培养起自信心。父母也可以通过展示孩子的特长,让其他人来认可孩子的能力,来提高孩子的信心。

父母应该让孩子明白,每个人都有自己的特长,虽然自己在某些

方面不如别人，但是在其他方面可能超过别人。父母可以教孩子运用积极的自我暗示法进行自我激励，如“我一定能行的！”“我书法能学好，其他的肯定也能学好！”“我真是一个写作文高手呀！”这些积极的自我暗示可以让孩子从对某件事的良好感觉中扩散出去，从而形成良好的自我感觉。

父母要鼓励孩子参加课外活动，让他在学业之外，培养其他的兴趣与爱好；鼓励孩子参加社区义工活动，让他接触那些需要别人关爱帮助的人，增强孩子的自信心与自尊心。另外，父母培养孩子的自信心必须与老师配合，让孩子在学校也得到成功的机会，得到鼓励而不是受到贬抑。

自信心对一个人的发展，无论是在学习上还是在为人处世上，都起着至关重要的作用。父母在教育孩子的过程中，不仅要信任孩子，而且还要注意培养孩子的自信心。幼小的孩子，显得特别柔弱，尤其是当他（她）面对一个成年人的世界时。虽然他（她）拥有未来，拥有将来的世界，但是现在他（她）是弱小的，他（她）的自信心也是特别弱小的。

教育专家对父母的忠告

父母要为孩子提供施展才能的机会。在日常生活中，对孩子的一切，切忌热心包办和冷淡蔑视。凡是孩子能做的事，只要是有益的，父母应支持他去做。孩子缺乏经验和技术，有时失败了或者出现什么失误，这是正常现象。当孩子遇到挫折和失败时，父母应多进行安慰和鼓励，帮助他找出原因，使他树立起自信心。

第十九章 劳动教育——在劳动中培养责任感

衣来伸手，饭来张口，不让孩子从事任何劳动，父母常常以为这样就是关爱孩子，岂不知反而会因此害了孩子，使孩子什么事也不会做，什么事也做不了。父母培养孩子热爱劳动的习惯，不仅使孩子能够获得全面发展，而且也会促进孩子智力的发展，增强孩子的体质。

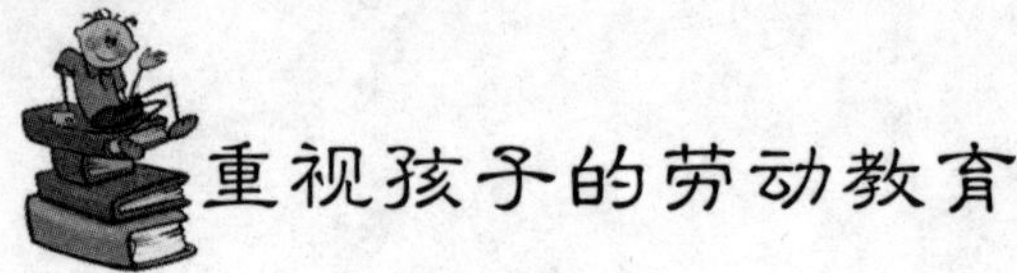

重视孩子的劳动教育

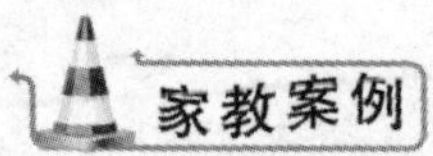

家教案例

朱德在四五岁的时候就开始帮助妈妈做事。在八九岁的时候，朱德不仅能够帮助妈妈挑东西，而且还会下地种田了。朱德放学回家后，总是悄悄地把书包一放，然后就帮助妈妈去挑水或放牛。有时候，他上午读书，下午种地。农忙的时候，朱德便整天在地里跟着母亲劳动。朱德深情地说："我应该感谢母亲。她给了我与困难作斗争的经验。我在儿时的家庭生活中已经饱尝艰苦，这使我在以后的生活中再也没有感到过困难，没有被困难吓倒。母亲又给了我一个强健的身体，一个勤劳的习惯，使我从来没有感到过劳累。"

俗话说："樱桃好吃树难栽，不下苦功花不开。"只有付出相应的劳动和汗水，才能获得美好的东西。当孩子明白东西来之不易的时候，他才会更加珍惜，才能体验到快乐和幸福。

哈佛大学曾对波士顿的456名孩子进行了跟踪调查，了解他们的生活经历和成长过程。在这些孩子进入中年后，研究人员对他们的生活进行了分析，结果发现，不管他们的智力、家境、种族或受教育的程度如何，也不管他们遇到多少困难和挫折，从小参加劳动和工作的人，即使只在家里做一些简单家务的人，生活得要比没有劳动经验的人更充实更美满。

劳动使孩子获得能力，在生活上独立。而面对挫折时，孩子能够以独立的积极的心态去面对。因此，父母要重视培养孩子热爱劳动。

劳动是人类的第一需要，所谓"不劳动者不得食"。但是，许多父母却由于溺爱孩子等各种原因，忽视了对孩子的劳动教育，使孩子逐渐养成了不爱劳动的坏习惯。据调查，现在的中小学生，爱劳动、有较好劳动习惯的约占1/3，其余2/3的中小学生是不爱劳动或不太爱劳动的。缺乏劳动意识的孩子会养成依赖成人的习惯，而且，由于孩子没有经过劳动的磨炼，走上社会后也很难胜任工作。

有一部日本电影纪录片讲述了关于野生狐狸的故事。狐狸妈妈对自己生下的小狐狸们非常照顾，可谓舐犊情深。小狐狸们渐渐长大了，狐狸妈妈却像发了疯似的要“逼”小狐狸们离开温暖的家。刚开始，小狐狸们都不愿意离开舒适温暖的家。但是，狐狸妈妈就是不让小狐狸们进家，又咬又赶，非要把它们都从家里撵走。最后，小狐狸们只好夹着尾巴落荒而逃，去开始自己的独立生活。这只狐狸妈妈看似冷酷，但是却懂得小狐狸们应该学会自己去捕食，这样才能生存下去。

孩子不爱劳动与家庭教育有极大的关系。许多父母心疼孩子，怕孩子吃苦受累，因此往往不让孩子劳动。有些父母怕孩子干不好，不如自己干来得省事；有些父母认为孩子学业重，功课多，不想占用孩子的宝贵时间；有些父母认为孩子的任务就是学习，劳动以后自然会做的，用不着家长教育。这使孩子渐渐失去了劳动的意识，养成了不爱劳动的坏习惯。

苏霍姆林斯基说：“一个孩子为了浇花，开始提了一小桶水，接着又提第二桶、第三桶、第四桶。结果，他累得满头大汗。这时，父母不必担心，因为对他来说，这其实是世界上任何一种别的喜悦都不能够相比拟的真正喜悦。在这种辛勤的劳动中，孩子不仅可以了解世界，而且可以了解自己。”童年时期的自我教育正是从了解自己开始的，而且这种自我了解是非常愉快的。一个孩子栽了一棵玫瑰树，开出了一朵很美丽的花。他不仅十分惊讶地观看自己双手劳动创造出来的成果，而且还观察了自己：“难道这是我自己做成的吗？”像这样，孩子在慢慢地体验无与伦比的劳动乐趣的同时，还可以通过这件事来认识他自己。

教育专家对父母的忠告

培养孩子热爱劳动，父母首先要重视对孩子进行劳动教育，平时不要溺爱孩子，让孩子做一些力所能及的事情，同时通过社会生活实际、社会发展历史和家庭生活实例告诉孩子劳动的重要性，让孩子从思想上认识到劳动的光荣，劳动的伟大。

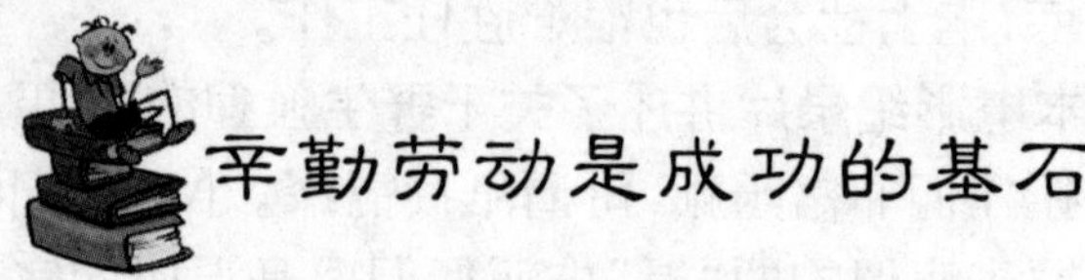

辛勤劳动是成功的基石

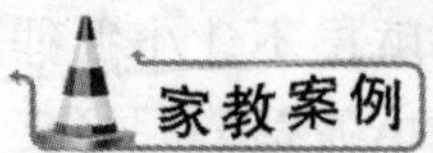

家教案例

一个男孩在家里从来不做家务，在学校里也总是躲避大扫除等集体劳动。老师把这个问题反映给了他的父母。他的父母意识到自己平常忽视了孩子的劳动实践，于是，就想方设法要让孩子改变这种不爱劳动的习惯。

暑假的时候，父母带孩子参加一个野外生存训练的夏令营活动。父亲发现男孩非常喜欢这种活动。第二次，父母又带孩子去野营。但是，父母在野营中却不再照顾男孩，什么事情都让他自己来。平日不爱劳动的男孩，在这次野营活动中尝尽了苦头。这时候，他才意识到，自己的生活自理能力和劳动能力太弱了。

回家后，男孩主动要求父母让他多做一些家务，这正中父母下怀。经过一段时间的劳动实践，男孩对劳动已经不再厌恶，反而产生了热爱的倾向。

父母对孩子进行劳动教育，不能只限于口头，而应该通过劳动实践来进行。如果父母在平常没有让孩子参加具体的劳动，那么，孩子是不太可能爱好劳动的。

父母一定要注重让孩子参加劳动实践，不要心疼孩子。可以让孩子学着收拾饭桌、洗碗，而不要担心孩子可能会把碗打碎。与孩子的劳动精神相比，打碎一只碗又算得了什么呢？诸如洗衣服、拖地、倒垃圾、购买日常生活用品、修理一些旧东西、整理房间之类的家务劳动，都可以让孩子去做。父母最好每天安排一定量的劳动让孩子做。一般来说，小学生每天劳动 20 ~ 40 分钟，中学生每天 30 ~ 50 分钟，具体可根据孩子的功课情况来调节。

劳动的内容应根据孩子的实际情况决定，从简单到复杂逐渐过渡，切不可刚开始就让孩子去做难度比较大的劳动，否则会使孩子更加不爱劳动。

在安排孩子劳动实践时，父母应注意搭配孩子的自我服务劳动和家务劳动，让孩子所做的家务按星期轮流替换。让孩子懂得，作为家庭的一个成员，他不仅要做到自己的事情自己干，而且应该帮助父母做一些力所能及的事情。当学校或社区安排公益劳动时，父母应带领孩子参加，让孩子体验集体劳动的乐趣。

当孩子已经掌握一定的家务技能时，父母可以试着让他做家庭的主人，比如由他决定做什么饭菜、负责采购等。当然，父母也应接受他的支配。这样，孩子才能真正体会到父母平日的辛苦，对家庭生活有更深刻的体会，从而更加热爱劳动。

童年和少年经受过困难、挫折和磨炼，是日后成才的资本。

陈章良教授出生在福建省福清市一个家境贫寒的农民家庭。他 9 岁入学，26 岁获博士学位，28 岁被破格晋升为教授，30 岁获联合国青年科学家奖，成为获此殊荣的第一位中国公民。作为一个农民的儿子，他能够在这么短的时间连续完成“四级跳”，与父母对他的教育，尤其是吃苦耐劳的教育和培养关系密切。

由于家境清贫，陈章良入学前一直在家帮助干活，直到 9 岁才上小学。有些人认为，从智力开发的角度看，他浪费了许多美好的时光。可是，陈章良并不这样认为。他说：“学前教育很重要，学前的四年劳动，我起早摸黑在大自然熏陶下成长，空白的仅是文化。虽然我年龄大一些，但一入学，就很用功。由小学到大学，我都担任班干部，14 岁入团就当上了团支书，社会工作锻炼了我的组织能力，增强了我的自尊心和自信心。”他正是靠这股自尊心和自信心，仅用 17 年时间就完成了小学至博士的学业。难怪有的大学生问他：“你是否绝顶聪明？”他说：“我很刻苦。”他认为，一个人能否成功，关键在于是否有吃苦耐劳的精神。

虽然陈章良的父母目不识丁，但他们却能尽到父母的责任，以劳动人民的质朴感情教育陈章良怎样做人。他们教育陈章良从小就要学会做事，“不要坐在家里等着天上掉下玉米来”“要好好劳动，努力念书，不要乞求别人为你解脱困境”。所以，令陈章良最难忘的画作是罗立中的国画《父亲》，最不能辜负的是父母在家乡的期待。

父母要让孩子知道，要享受真正的人生，享受真正的生活，就必须从事这样或那样的劳动。只有在劳动中，人们才能找到无尽的快乐，才能创造美好的生活，而好逸恶劳是万恶之源。劳动是成功的源泉。美好的东西如果轻易得到，孩子就会毫不在意。他只有亲自付出辛勤的劳动和汗水，才能懂得珍惜、爱护这些美好的东西。那些成功的人士，无一不是在苦难中、在贫困的推动下勤奋劳作，终于脱颖而出的。

教育专家对父母的忠告

一分耕耘一分收获。父母要让孩子树立成功的获得需要付出相应的劳动的意识。孩子付出的劳动少，获得的成功就小；孩子付出的劳动多，获得的成功就大。

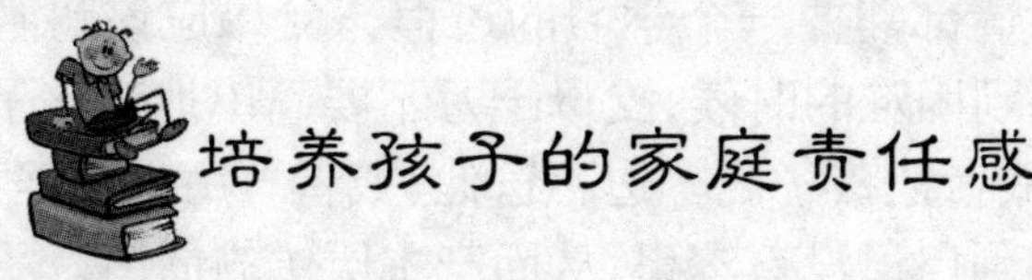

培养孩子的家庭责任感

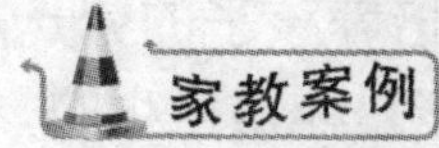

家教案例

一位妈妈养育了四个8～14岁的孩子。这些孩子整天只知道看电视、玩游戏，就是不肯帮妈妈干活，甚至连做功课也提不起劲，每天需要爸爸妈妈不断地呵斥才会勉强去做。实在没办法了，这位妈妈决定治治这些孩子。

一天，孩子们发现，门前竖了一个牌子，上面写着："妈妈罢工"。孩子们觉得很奇怪，就去问妈妈怎么回事。

妈妈说："我每天要工作，还要给你们做饭、洗衣服。但是，你们并不觉得妈妈做的这些事很重要，从不肯帮助妈妈来做，甚至自己的功课也要妈妈来催，妈妈觉得很累。从今天开始，妈妈要罢工了。妈妈不再为你们做家务活了，你们自己的衣服自己洗，自己要吃什么都自己去做吧！"妈妈说到做到，真的不再为孩子们做家务了。

这时，孩子们才发现，劳动是多么的重要。最后，孩子们终于明白，他们除了看电视外，还有很多事情要做。他们开始自觉看书、做作业和做家务活。

当孩子不愿意劳动时，父母绝不能姑息迁就，一定要想办法让孩子参加劳动。

干什么活都有一定的干法，劳动也需要一定的技能，这就要求父母教给孩子一些劳动的程序，劳动的操作要领、方法及劳动的技巧。例如，父母要求孩子做饭，就应该告诉孩子做饭的程序，放多少水，煮多长时间。父母要孩子洗衣服，就要教孩子洗衣服的技能。教孩子先将脏衣服按颜色分为深色、浅色、白色几类，教孩子看衣服的标签把要干洗和特殊处理的衣服挑出来，告诉孩子该怎么操作洗衣机、测量洗衣粉、事先处理污垢等。父母要注意示范，教会孩子劳动程序。孩子只有掌握了劳动的技能，他（她）才会愿意去做。

做任何事情都需要一个学习的过程，父母应该耐心地教孩子去做。在孩子遇到困难的时候，父母千万不要简单地对孩子说："你自己想办法吧！"或者把孩子搁一边不管他，或者严厉地责怪孩子无能，否则会让孩子感到自己没有本事，从而产生厌倦的情绪。

父母在孩子的劳动过程中给予指导，给予鼓励，培养孩子的劳动技能是比较重要的。在孩子取得进步的时候，哪怕进步是非常微小的，父母也要鼓励孩子，让孩子从劳动中体验到快乐和幸福。

孩子承担一定的家务活动，是培养孩子家庭责任感的很好手段。开始的时候，可以让孩子做一些很简单的事，比如帮助妈妈拿个盘子、递个钩子。渐渐地，可以给孩子分担一些稍微重一点的事，比如扫扫地、倒倒垃圾。再到后来，可以让孩子洗碗、洗衣服等。

小梅的父母在给她分配任务前，总给她先讲清楚，一个家庭总有很多事情要做，每个人，包括爸爸妈妈在内，都享受着一份"家"的温馨，因此也都有责任承担一定的家务。例如，小梅开始承担家里的扫地任务，妈妈对她说："你现在还小，所以负责扫地，相信你一定会乐意，而且每天都会把地扫得很干净，以后家里地干不干净就看你的了。"一旦把这个任务给了小梅，以后爸爸妈妈就不会过问。小梅一个人干，他们只是在旁边监督一下。小梅偶尔也有偷懒的时候，比如不想拖地，就用水把地弄湿，但是都被妈妈识破了。几次之后，她也就打消了侥幸的念头，老老实实地负责自己的工作。

父母通过扫地这件事，让孩子参与家庭事务。长久下来，形成习惯后，孩子就会自觉参与家庭事务，也会自然而然地热爱劳动。

教育专家对父母的忠告

父母适当让孩子做一些力所能及的家务活，既能够培养孩子的家庭责任感，也能够培养孩子热爱劳动的习惯。

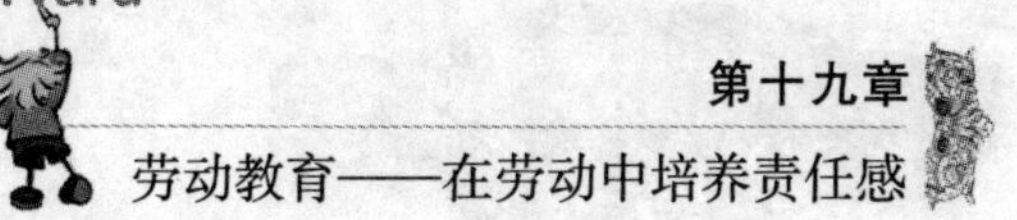

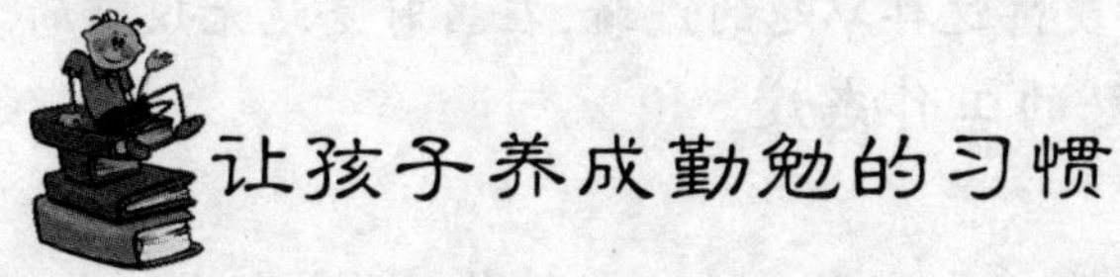

让孩子养成勤勉的习惯

家教案例

电报业巨子萨尔诺夫小的时候，他家里十分清贫，他也没有机会读书。读小学的时候，他就不得不利用放学时间及假日做工，挣点钱贴补家用。当他小学快毕业时，父亲因为长年辛苦而积劳成疾，过早地去世了。萨尔诺夫没有办法继续学习了，只好辍学做了童工。

15 岁的萨尔诺夫就开始步入了社会，并挑起了全家生活的重担，他一边赚取微薄的工资补贴家用，一边开始自学。

几经周折后，萨尔诺夫在一家邮电局找到一份送电报的工作。他的工作异常辛苦，一天要送 20 份电报。为了一份电报，他有时候要跑上几英里路。当他回到家里的时候，往往已经是深夜两三点了，匆匆吃点晚饭，他就疲倦地入睡了。为了多送几份电报，他又不得不在早晨五六点钟的时候赶到电报大楼。

尽管如此，萨尔诺夫始终没有忘记实现将来要做一番事业的愿望。于是，他开始学习当时几乎没有几个人掌握的国际莫尔斯电码操作方法。

萨尔诺夫减少了每天送电报的时间，把时间挤出来学习。只有初中文化程度的他，要学习这样的先进技术，其难度是可想而知的，但由于他惊人的决心和毅力，居然学会了这项高难度的技术，于是他被破格提升为报务员。

在公司的研究所，萨尔诺夫学完了电气工程学专业，成为当时世界功率最强的电台——马可尼无线电公司的收发报员。

在 1912 年 4 月的震惊世界的大型豪华客轮“泰坦尼克”号遇难的时候，萨尔诺夫是世界上第一个收到沉船信息的人。

长期的电报工作，让萨尔诺夫敏锐地发现无线电技术的市场化具有广阔的前景。公司认为萨尔诺夫具备了经理的思维和能力，于是在他

30 岁时，将他提拔为无线电公司的总经理。

萨尔诺夫获得这样卓越的成绩，在当时是绝无仅有的。这显然得益于他一贯勤勉的工作态度。

勤勉或懒惰很少来自一个人的本性，很少有人一生下来就是勤勉的工作者，也很少有人是天生的懒惰虫，而大多数人的勤勉或懒惰都是习惯所致。此外，孩童时期的家庭环境以及所受的教育，也都有很大的影响。

勤勉有两种：一种是外力强迫的勤勉，另一种是自愿的勤勉。

在很多的时候，犹太人为了生活，咬紧牙关勤勉工作，在非常恶劣的环境中，长时间地从事体力劳动，因为如果不如此的话，便无法维持生活。这是一种外力强迫的勤勉。

唯有自觉的勤勉才能真正长久地坚持下去，成为一种良好的习惯。因而在犹太人的家庭里，犹太人的父母很注意培养他们子女的勤勉习惯。比如说，父母会给孩子们一份清单：

“玛丽拖地 15 美分，收拾好自己的床铺 10 美分，清除花园的杂草 20 美分。”

“吉米插花 10 美分，洗碗 10 美分，收拾房间 30 美分。”

父母告诉孩子们这就是他们的零花钱。要零花钱就必须自己好好干活，不然就不能得到想要的零花钱。如果他想得到更多的零花钱，那他就只有在家里干更多的活，父母不会随便地给他们钱，目的就是鼓励他们多干活。

犹太人的父母这样做的意图很明显，就是要孩子们知道只有努力干活才可以得到收获，而懒惰的人是什么也得不到的。这样，等到这些孩子长大了，他们大多都能勤奋工作。

因而，犹太民族的勤勉和任劳任怨的程度是其他民族的人少见的，犹太人里有不少是“工作狂”，他们的敬业精神让其他民族的人敬服。

犹太民族是世界最为勤勉的民族，犹太人似乎是一群从来不知道疲倦的辛苦工作的人，他们可以在长期的工作中忍辱负重地工作而没有丝毫的怨言。在犹太巨富的身上人们可以看到，他们一般都可以长期默默地埋头工作而不为外人所知晓。人们似乎早已经忘记了他们，而他们也似乎和这个世界没有任何关系，然而有这么一天，他们却获得了意外的巨大成功。人们不能不为这些勤劳的人感到骄傲。

那么，父母应该怎么培养孩子勤勉的习惯呢？父母对孩子的勤勉教育可以从家务劳动开始的，具体安排如下。

为3至4岁孩子安排的劳动：把自己的脏衣物放到洗衣房；帮助父母收拾房间和玩具；协助父母把干净的衣物放好，等等。

为4至5岁孩子安排的劳动：给家里的植物浇水；协助大人摆放和整理饭桌；洗碗；喂宠物，等等。

为6至8岁孩子安排的劳动：取报纸；整理自己的房间；摆放和整理饭桌，等等。

为9至10岁孩子安排的劳动：擦洗家具；完成部分做饭的准备工作；洗衣服；擦地板；协助清理院子，等等。

教育专家对父母的忠告

父母培养孩子勤勉的习惯，可以让孩子从知道一分耕耘一分收获开始，让孩子从一点一滴做起。

第二十章 理财教育——树立正确的财富观

不少父母为了防止孩子过早地产生拜金主义思想，就尽量避免孩子接触金钱，以至于孩子真假钱不分，大小钱不明。这还影响到孩子适应社会的能力以及其他能力的发展。

避免让孩子成为金钱的奴隶

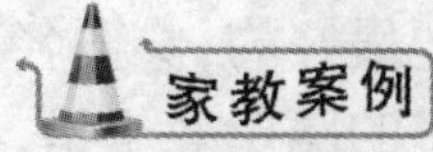

比尔·盖茨与他的妻子都十分疼爱自己的孩子们，但是在满足孩子们的一些要求上，他们绝对是一对吝啬鬼。他们从不会给孩子们一笔很可观的钱。

当小儿子还不会花钱，而女儿已经可以拿着一些零用钱买自己喜欢的东西时，小儿子总是抱怨父母不给自己买他最想要的玩具车。他们却认为："再富也不能富孩子。"

比尔·盖茨宁愿将金钱捐给最需要它们的人，也不随意交给孩子挥霍。因为在金钱中长大的孩子，他们的养尊处优终将会让他们一事无成。

许多生活在富裕家庭的孩子，由于缺乏理财教育，而对金钱有一种依赖感。而生活在贫穷家庭的孩子，由于经常性地需要精打细算，反而对金钱有较强的控制能力。

卡耐基说："不要以为富家的子弟得到了好的命运。大多数的纨绔子弟，做了财富的奴隶。他们不能抑制住任何的诱惑，以致陷入了堕落的境地。一些贫苦的孩子，甚至穷苦得连读书的机会也没有的孩子，成人之后却成就了大事业。一毕业就投入社会的苦孩子，开始做着非常平凡的工作。可这些苦孩子，也许将来能拥有很丰富的资产，获得无上的荣誉。"

在市场经济的新形势下，父母有必要让孩子从小就树立正确的金钱意识，懂得金钱需要用劳动去获得，有意识地培养孩子自主理财的能力。实际上，理财教育只是一种工具和手段。理财教育的目的并不是让孩子学会攒钱，或者要让他经商，而是要让他成为一个能干的、健全的、真正的人。

从眼前来看，让孩子养成不乱花钱的习惯；从长远来看，培养孩子的理财能力，将有利于其及早形成独立自主的生活能力。因为，这关系到孩子将来以什么态度去从事那些与钱财有关的活动，也关系到孩子在生活中为人处世的价值观。

乱花钱是许多孩子，尤其是独生子女普遍存在的问题。许多父母对孩子宠爱有加，孩子要什么就给什么；许多孩子吃要最好的，穿要名牌的，家长总是宁愿自己节约，也要省下钱来满足孩子的愿望。于是，孩子就变本加厉，内心的欲望不断膨胀，不仅使父母无法承受，孩子的心灵也会被金钱扭曲。

一份调查表明，绝大多数的孩子都有零花钱，九成以上的孩子存在乱消费、高消费、理财能力差的问题。随着独生子女的增多，孩子在消费方面存在越来越多的问题。与欧美等发达国家相比，我们国家孩子的理财教育相对比较欠缺。在美国等许多发达国家，父母从孩子3岁左右就开始对他们进行理财教育。欧美发达国家的父母认为，培养孩子自主理财的习惯，最主要的是要让孩子正确理解金钱。父母要让孩子认识到自己所花的钱都是父母辛辛苦苦用劳动换来的，不是想要多少就有多少的；要让孩子认识到钱不是万能的，金钱并不能买来亲情、健康、生命等人生最重要的东西。

什么才是爱孩子，每一个父母都有不同的体会，但是，有一点是明确的，溺爱不是真正伟大的爱。由于大多数家庭是独生子女，父母对孩子的爱是不消说的，但是，许多父母给孩子的爱仅仅局限于表面。遇到事情，父母往往用金钱来解决问题。父母以为给孩子钱，孩子就不用吃苦受累，不用被人看不起了。殊不知，孩子在金钱面前逐渐失去了抵抗能力。

教育专家对父母的忠告

在当今社会，拜金主义四处风行。追求财富最大化是人们追求更美满生活的一种体现，但是，美满生活的实现绝不仅仅是物质生活方面满足人们的需要那么简单，更主要的还是精神生活方面达到人们的目标。

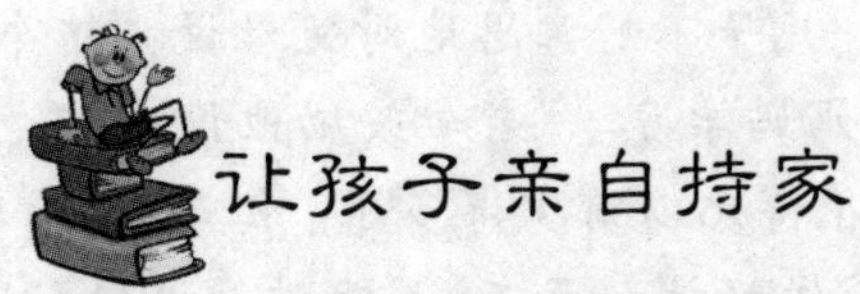

让孩子亲自持家

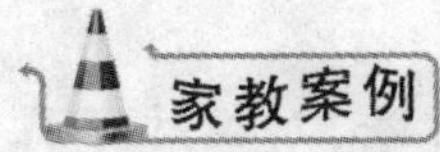

老李的儿子一天天长大，吃穿玩乐也越来越讲究，每天桌上若无鸡鸭鱼肉，便绝食抗议，衣服稍旧或不时髦就不愿穿。儿子平时向父母要零花钱时，数目小了还不乐意，而且对家里的物品也毫无爱惜之心。

老李和妻子的工作单位都不景气，日子过得紧巴巴的。儿子这样大手大脚地花钱，他们自然承受不了。为此，他们想了一个办法。

一天，他们开了一个家庭会议。老李说："现在，我们家花钱多，来钱少，每月入不敷出。我建议以后每月开一个家庭会议，通报每月家庭收入，实行家庭成员人人轮流理财，做到计划开支、节约开支。"妻子马上表示同意。儿子则疑惑地问："我也参与理财？"老李不容置疑地说："是的，你也是家庭中一员，自然要参与理财。"

接着儿子问怎么理财。老李告诉他就是把家里的钱管好。儿子听说要管钱，非常高兴，说："以后不需要天天向您要零花钱了。"老李很严肃地说："管钱并不意味着想怎么用就怎么用。如果无计划地用钱，要不了几天，一月的收入就花光了，那以后只有喝西北风了。家庭理财就是要根据每月收入情况，进行计划开支，做到支出合理又还有结余。"

第一个月由老李理财。当月收入是764元，老李首先列出开支计划：家庭生活包括柴米油盐等费用350元，儿子学习费用100元，人情往来费用100元，儿子零花钱30元，添置衣服100元，计划共开支680元。在这个月里，他安排得井井有条。儿子的零花钱用完后，又找老李要。老李严肃地说："现在计划开支了，用完了就没有了。"儿子只好撅着嘴走开。到月底结账，一月总共开支634元，结余130元。

到了儿子理财的那个月，家庭收入共780元。儿子开始时天天买鸡鸭鱼肉，大手大脚地花钱，不到10天，就用了400多元。老李提醒儿子："这个月还有三分之二的时间，看你怎么用。"儿子也为难了，从此，每天买菜只买点白菜、萝卜，老李和妻子都吃腻了。儿子理财的当月共开支760元，结余20元。儿子不好意思地对父母说："这个月我没理好财，下次一定虚心向爸爸妈妈学习。"老李鼓励他说："这个月还算不错，略有结余嘛！零花钱也花得比以前少得多了。但是，以后理财还要注意一个问题，那就是认真地做好计划开支，不能时而过松，时而过紧，要做到细水长流。"

老李通过让孩子持家理财，使孩子学会了理财的方法，对理财有了感性和理性的认识，真真切切地体验到了理财的重要性。

父母应该给予孩子一定的机会去买菜，交纳水电费、电话费等，让孩子知道家里的钱是怎么花出去的，同时让孩子知道一个家庭的必要开支，体验到生活的艰辛。

许多父母认为不应该和孩子谈家庭的经济情况。尤其一些家庭条件不是很好的父母，认为和孩子谈家庭状况，面子上过不去，而且会加重孩子的心理负担。其实不然，许多孩子在了解了家庭状况后，反而能够替父母着想，控制自己花钱。

教育专家对父母的忠告

让孩子亲自来持家，不仅可以使孩子更全面地体验生活，而且可以使孩子真切地理解父母操持家庭的不易。

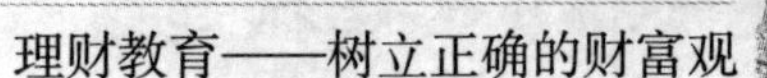

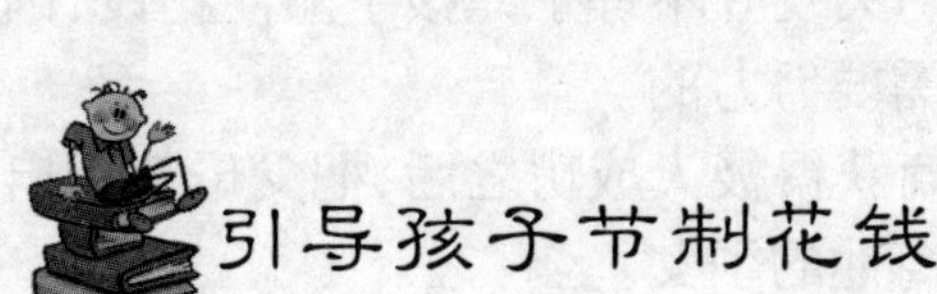

引导孩子节制花钱

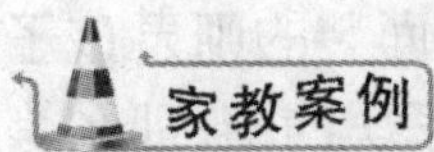

家教案例

约瑟夫是美国最大的企业家之一，先后担任过美国证券交易委员会主席和驻英大使。他为培养子女做出了巨大努力，并取得了惊人的成功。

约瑟夫有3个儿子：长子叫乔治，次子叫肯尼迪，幼子叫罗伯特。约瑟夫是美国最富有的人之一。他虽然富有，但并不因此而让孩子们随意花钱。他非常注意对孩子们进行节俭教育，严格控制他们的零用钱。他决定根据孩子们的年龄大小，每月只给孩子很少的零花钱。

如何为孩子们提供一个良好的家庭环境，这是约瑟夫在教育孩子时所注意的一个问题。他让家中的家具尽可能的舒适，适合孩子，但不能华贵豪奢；每天给孩子们吃的食物，要求清淡；房子保持整洁，但从不限制孩子们喜欢的动物跑进跑出，也不限制孩子们从外面玩耍回来带进沙土。

在约瑟夫教育下，他的孩子们最终都成为杰出的人才。长子乔治曾被公认为是肯尼迪家族中最有希望成为总统的一个；次子肯尼迪曾当选美国总统；幼子罗伯特曾任纽约市议员。

父母要让孩子有计划地花钱，就要让他对花钱有个预算。如果父母每个月或者每个星期给孩子一次钱，那么孩子打算怎么花这些钱，父母可以指导孩子制订一个计划。例如，多少钱用于买学习用品，多少钱用于买自己喜欢的日用品，多少钱用于买零食，等等。这样既可以防止孩子乱花钱，又可以培养孩子把钱用在刀刃上的良好习惯。当孩子超出计划的时候，父母最好是和孩子商量，将那些可花可不花的项目划掉。在周末或者月末，孩子把已经花了的钱按照计划的项目对照一下，省下来的钱由自己来支配。

父母对孩子的关爱并不等于让孩子随便花钱,因为那会让孩子忘记金钱的得来是需要努力的。

洛克菲勒经商获得极大成功之后,把父母教育自己正确认识金钱的办法也用于教育他的子女。

洛克菲勒经常告诉孩子们要学会过有节制的生活。他在厨房里摆放了6个杯子,杯壁上写着每个孩子的姓名,杯子里面装的则是孩子们一周用的方块糖。如果哪个孩子过多地贪吃了杯子里的糖,那么等到别人喝咖啡放方块糖的时候,他只有喝苦咖啡了。想要得到糖,只有等到下周父母再次发放了。经过这样的教育,孩子们都认识到有节制的生活是有好处的,而随便消费自己的东西,消费完了剩下的就只有苦味了。

孩子越早接触钱,越早具备理财的观念,长大后也就可能越会赚钱,关键是家长如何教孩子理财。不论经济条件如何,父母在给孩子零花钱时,一定要有节制,不可随意多给,也不要有求必应,要把钱的数额控制在孩子有能力合理支配的范围之内。钱数应给多少,可以根据孩子的日常消费来确定。

教育专家对父母的忠告

父母都会或多或少地给孩子一点零花钱用。一些父母将零花钱给孩子后,就不管不问,任由孩子自己支配。这是很不恰当的。由于孩子的自制力比较差,他(她)有了不受约束自由支配的零花钱,就很容易去做一些有害自身身心健康的事。

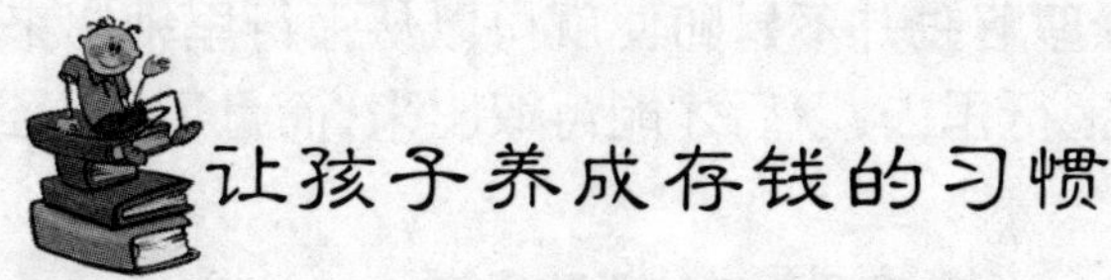

让孩子养成存钱的习惯

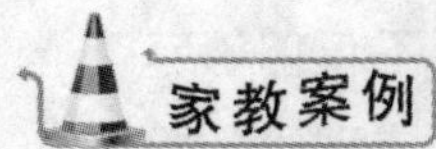

杜文收到了 2000 元压岁钱。妈妈为他开了一个银行账户，并要求杜文每月在自己的账户上存 10 元。妈妈要求杜文每次花钱不能超过 10 元，逢年过节必须给爷爷奶奶、外公外婆买些小礼物。

给杜文设立账户后，妈妈还给了杜文一本小册子，告诉杜文如何充分利用账户。妈妈认为，让孩子对自己账户的存款负责，他就不会养成乱花钱的习惯，买东西时也会精打细算。

杜文每天都会花 5 元钱，其中 2 元是车费，2 元是餐费，1 元是零食费。有一天，杜文对妈妈说："妈妈，我发现我们学校小卖部的干脆面太贵了。你帮我在超市多买几包，我付你钱。"妈妈听了很高兴，就替儿子买了 5 包干脆面。每包便宜 2 毛钱，儿子省下了 1 元。

一周后，儿子又对妈妈说："妈妈，你先出钱给我买一箱吧，这样更便宜。我每周把钱还给你。"妈妈又同意了，结果每包便宜了 3 毛。

后来，杜文有了属于自己的两个账户，其中一个是定期账户，用于存放不常用的钱，这样利息高；另一个是活期账户，用于存放日常开支，可以随用随取。

父母要帮助孩子养成一种良好的习惯，即定期储蓄。如果想要孩子养成这种习惯，你就要把它变得有趣，并且使它成为一种例行事项。

戈弗雷在谈到储蓄原则时指出：孩子可以把自己的零花钱放在 3 个罐子里。第一个罐子里的钱用于日常开销，购买在超级市场和商店里看到的必需品；第二个罐子里的钱用于短期储蓄，为购买芭比孩子等较贵重物品积攒资金；第三个罐子里的钱则长期存在银行里。

为了鼓励孩子存钱，父母可以为孩子在银行开一个账户，并定期陪孩子到银行存款。当孩子看到自己的存款不断增加时，他会有一种

成就感，会感到自己长大了。父母带孩子去银行存钱的另一个好处是，能使孩子充分理解钱并不是随便就可以从银行里领出来的，而是必须先挣来，存到银行里去，以后才能再取出来，而且还会得到利息。

教育专家对父母的忠告

父母让孩子养成存钱的习惯，不仅能够节省开支，还能使孩子学习理财，养成理财的好习惯。

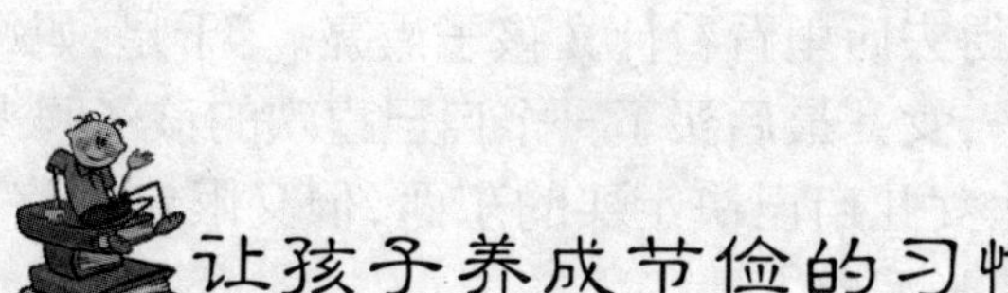

让孩子养成节俭的习惯

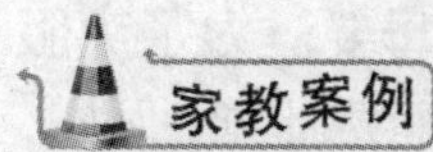

家教案例

哈理的祖父勒克菲尔是美国勒克菲尔财团的董事长，父亲是曼哈顿公司的经理。

虽然家境殷实，但他们不仅自己生活节俭，也不允许子女们铺张浪费。在他们家族有个家规，即孩子长到18岁以后，经济上要自理。

哈理在上大学时，还到纽约港曼哈顿码头参加劳动，开吊车把集装箱从货轮上卸下。哈理说："我父亲年轻时，比我更苦。他在普林斯顿大学读书时，为了交付昂贵的学费，每到假期就到密西西比河的货轮上当水手，干最脏最累的活。"

培养孩子节俭的品质，已越来越被许多父母所重视。勤俭节约不仅可以使各种东西充分发挥作用，而且有利于孩子独立生活能力的提高。现在的孩子花钱大手大脚的情况相当严重，其中的大部分钱是可以节省来的。孩子手中的钱最终来源于父母，换言之，孩子的浪费是父母约束不力造成的。

孩子的欲望总是很强烈，总是喜欢买一些新鲜的东西。刚开始时，孩子的这种欲望是无意识的，家长如果一味迎合就会滋长孩子的不良欲望。

许多父母都有这样的体会，每当带着孩子走进玩具店或者商店的时候，孩子总是会没完没了地要求父母买各种玩具和食品。这是许多父母感到头痛的问题。

一位妈妈每次带女儿去商店前，总是先跟女儿说："今天，妈妈带你去商店玩，你可以买一件你最想买的东西，价格在20元以内。你得先想好要什么才决定买。如果你要好几件东西，妈妈就不带你去了。"女儿听完妈妈的条件后，高兴地说："妈妈，我知道了。我最想要一个小孩子，不过我还得去店里看看什么孩子漂亮。”于是，妈妈带着女儿看各种各样的孩子，女儿最后买了一个自己喜欢的孩子回来。

这位妈妈让女儿自己决定买的东西，但又限定价格，从而有效地阻止了女儿的铺张浪费。

父母要帮助孩子科学合理地使用自己手中的钱。许多孩子花钱大手大脚的毛病就是父母给多少花多少，花完了再向父母要。为了克服孩子的这个毛病，父母可以帮助孩子制订一个合理的消费计划。例如，父母在给孩子钱的时候，可以提出一个支出原则，让孩子自己去制订计划，父母要对孩子的计划进行监督和检查，看看孩子能否根据计划合理地使用零花钱。在父母的指导和监督下，孩子就会逐渐合理地使用零花钱，养成节俭的习惯。

教育专家对父母的忠告

孩子养成节俭的习惯，才容易热爱生活，才容易形成健全的人格，才能够成为一个有益于社会的人。